Lean
Management

—

精益管理
极简落地工作笔记

大野咨询公司　策划
程亚辉　主编

化学工业出版社
·北京·

内容简介

  《精益管理极简落地工作笔记》是一本讲解如何全面实施企业精益管理的操作指南。本书通过图表、实例和精益管理实施过程中的实际模型，系统地介绍精益管理相关知识。本书分为四个部分，第一部分精益管理基础知识，内容涵盖打造精益企业的核心管理原理、打造精益企业的步骤和方法；第二部分经营精益管理，内容涵盖方针目标展开、高附加价值产品的开发；第三部分运营精益管理，内容涵盖卓越运营管理；第四部分制造精益管理，内容涵盖物料稳定供应的改善、稳定品质的改善、稳定设备的改善、稳定技能的改善、基础管理5S。

  本书可作为企业精益管理的培训工具，适合精益管理从业人员和精益改善的推行者使用，也适合准备开展精益管理活动的企业管理者、员工阅读和参考。

图书在版编目（CIP）数据

  精益管理极简落地工作笔记/大野咨询公司策划；
程亚辉主编. —北京：化学工业出版社，2023.10
  ISBN 978-7-122-43889-8

  Ⅰ.①精⋯ Ⅱ.①大⋯②程⋯ Ⅲ.①企业管理
Ⅳ.①F272

  中国国家版本馆CIP数据核字（2023）第137399号

责任编辑：陈　蕾   装帧设计：溢思视觉设计／程超
责任校对：宋　玮   E-mail: isstudio@126.com

出版发行：化学工业出版社（北京市东城区青年湖南街13号　邮政编码100011）
印　　刷：北京云浩印刷有限责任公司
装　　订：三河市振勇印装有限公司
787mm×1092mm　1/16　印张18$\frac{1}{2}$　字数368千字　2023年11月北京第1版第1次印刷

购书咨询：010-64518888   售后服务：010-64518899
网　　址：http://www.cip.com.cn
凡购买本书，如有缺损质量问题，本社销售中心负责调换。

定　　价：78.00元

专注做知识的转化者

介绍精益管理的书籍早已汗牛充栋，再写一本类似的精益知识介绍，自然没有什么意义。然而已经出版的专业书籍中，讲解如何转化和实践运用的却较少。在过去十多年的管理咨询辅导过程中，无论是我们辅导和培训过的客户，还是在工作中接触过的企业经营管理人员，或是一大部分提供咨询服务的专业从业者，对精益管理的导入，大都落入模仿使用工具的套路。强调精益管理工具、模仿精益管理的做法，虽然也能够给企业带来一些变化和成绩，但某种意义上也可以说，让企业走进了工具的误区，甚至会出现舍本逐末的状况，导致前期的改善成果无法得到长期维持，对经营的贡献有限，时效也很短。之所以会出现这样的情况，主要的因素是过于关注工具，更多地把它定义为生产工具，而非经营工具。

正是因为接触了众多走进误区的精益管理推行者，所以才激发了我们协助客户鉴别管理知识的使命，才有了本书的写作动机。

有关精益管理：

（1）精益管理不只是生产工具，还是经营工具，精益管理的本质是建立竞争优势，使企业获得长久持续的发展。

（2）精益管理的目的是通过制造方法的改变，降低经营成本。

（3）精益管理能够降低成本是不争的事实，不过精益管理到底能够降低哪些成本？如何实现成本降低呢？通常所说的成本降低，有时仅是成本的转移，只是将成本从一个改善点移动到了其他没有改善的点。

（4）精益管理能够消除七大浪费，所以很多公司的精益管理活动都是从消除七大浪费开始的。事实上，消除七大浪费只是工厂管理成本损失的表象，用来引导一线员工认识浪费、参与精益改善。精益改善不是自下而上的自发改善，而是自上而下的经营课题改善。

（5）浪费本身就是成本，能够消除浪费，就是降低成本。所以消除七大浪费确实是降低成本的活动，那么到底降低了多少成本？可以清晰地计算出来吗？很多人都以为这是显而易见的，实际上并不像想象中的那么直观。

（6）浪费是成本的表象，从原理上来讲，消除浪费的活动能够减少成本，却不见得能真正降低成本。

（7）精益管理能够降低成本，前提是将精益管理的改善活动，真正与财务层面的成本关联起来。

（8）精益管理活动可以从5S活动着手，所有从5S着手的精益管理活动，如果没有对经营课题进行改善，则5S活动的效果难以长久地维持。前期虽然有效果，后期可能会越来越不尽如人意。

（9）运用价值流图分析的方法，可以让精益管理显得更系统、更全面、更专业。然而，如果不能基于企业的发展战略，对理想价值流图做出系统规划，价值流图分析也只是一个解决当前问题的方法，并不能实现经营上的突破。

（10）精益管理确实运用了众多的IE知识，然而把IE当作精益管理的主要工具，也是不恰当的。

（11）对于众多的精益管理推行者来说，过于关注精益管理的工具和手段，而忽略了品质的改善，或者避开品质改善来做精益管理，会使建立起来的精益管理系统很不稳定。

（12）精益管理为了实现弹性生产而使用单元线，并不意味着只有做了单元线才算是精益管理。

（13）精益管理有个支柱叫自动化，其目的是防错，避免设备出现批量性的不良，但这并不意味着必须用自动化替代人，即使在人力成本逐渐升高的今天。

（14）精益管理会根据客户需求，使用看板（KanBan）建立后拉式生产模式，实现生产指令的功能，但这并不意味着所有的订单模式都适合看板，也不意味着后拉式生产方式不需要编制生产计划。恰恰相反，看板式生产方式更需要精准的生产计划。

（15）有人说丰田的发展已经没有以前那么好了，所以丰田式生产方式落后了，现在流行的是智能制造。事实上，精益方式依旧适用于很多企业，尤其适合装配类企业。对于众多的非装配类企业，精益方式也有很多可以借鉴的内容。

作为专业的企业管理技术咨询辅导顾问，我们能够很清醒地认识到：管理知识并不是我们创造的，我们只是知识的运用者和知识的实践转化者。如果不能对知识进行转化研究，拥有再多的知识，也只是听上去很有道理而已。另外，在知识越来越细分的今天，我们要做的不是通过对知识的再包装，额外创造所谓的独到知识，来彰显自己的与众不同，而是要弄清知识的原理与原则，做好知识的筛选，厘清知识点之间的相互关联和交互作用，谨慎地识别知识发挥作用时必须具备的前提条件，制定知识的转化步骤，降低每个转化步骤的实施难度，确保每个普通的管理者可以灵活地运用知识，减少管理人员的摸索过程，减少不必要的试行错误成本，快速建立有竞争优势的运营体制，让企业经营绩效真正发挥作用。如果您基于以上目的来考虑精益管理的实践转化，那么这本书的目的就达到了。

我们希望这本书可以为读者提供以下帮助。

第一，对于已经自行尝试推行精益管理的管理人员，为其解决存在的疑惑，并给出可以参照的步骤和方法。

第二，对于初学者，我们希望其一开始就建立起系统的精益管理思维，以使用为目的来展开学习，一开始就能够掌握精益管理的原理、原则、思维、方法、工具、步骤、衡量指标、推行技巧和注意事项，减少不必要的摸索，并为其提供更直截了当、可参照的方法。

笔者早年有幸追随日本老师学习TPS（Toyota Production System，丰田式生产方式），在老师的系统指导下，学习、观摩、实践、辅导和体验了TPS。跟随老师参与超过三十家公司的实践辅导，见证了众多公司运用这套理论和方法取得的卓越管理绩效。笔者在企业担任总经理期间，积累了企业导入和建立精益管理系统的工作实践经验；从事企业管理咨询辅导服务后，直到今天，拥有了超过十二年的精益管理实践辅导落地转化经验。笔者能了解企业经营管理人员对企业变化的殷切期望和对真正能发挥作用的管理方法的渴求，知道企业管理人员在选择管理方法时的困惑，明白众多企业摸索管理方法时走入的误区以及由此导致的试错成本，对企业管理人员想要改变的急迫心情感同身受。

我们编写的是一本介绍理论转化应有步骤和方法的书，为了能够更简便地突出精益管理的转化步骤和方法，受限于篇幅，我们专注于介绍精益管理的理论转化和实践运用，没有过多介绍基础理论知识，有关理论在其他介绍精益管理的专业书里，已经有了大量详细的介绍。这部分内容还请读者根据自身需要进行补充。

最后，祝愿阅读本书的企业经营和管理人员，运用本书提供的方法和步骤，快速达到经营改善的目的。

编者

目录

03
第三部分 运营精益管理

04
第四部分 制造精益管理

第一部分
精益管理基础知识

精益管理是一种管理方式、一种管理方向、一种管理方法论，是工业化发展的必然产物。丰田汽车是这种管理方法论的集大成者。打造精益企业，就是打造贯穿经营、运营、生产的综合管理体制，建立质量最好、速度最快、成本最低的高效运营体制，强化企业永续良性经营的基础。要想成功打造精益企业，首先必须了解：

（1）打造精益企业的核心管理原理。

（2）打造精益企业的步骤和方法。

第 1 章

打造精益企业的核心管理原理

1.1　概述

精益生产（lean production）是通过研究丰田汽车的运营模式，提炼出来的系统管理方法。

精益企业追求的经营状态，是企业的永续良性经营。永续经营意味着企业要具备与时俱进的竞争优势；良性经营意味着企业要具备良好的盈利能力，为企业长期发展提供动力源泉。打造卓越的精益企业，是指运用精益的经营思维、管理方法，构建卓越的精益管理系统。

管理是手段，经营才是目的。企业运用的一切管理工具，都要直接或间接地服务于企业的经营目的。管理方法如果脱离为经营服务的目的，过于强调方法的运用，把管理方法的导入当作目的，忽略了管理方法对经营的贡献，就容易流于形式。很多企业在推行精益时，正是过于强调工具和方法的运用，没有考虑如何运用工具和方法为企业经营服务，从而走入了误区。

一切管理手段，都服务于经营。现有的各种管理手段，如果运用得当，都能够为经营作出贡献。如何让管理方法真正发挥作用，取决于管理方法运用的前提条件是否成立，而不是方法运用是否妥当，也不在于方法运用是否按部就班。很多企业，在导入和推行管理方法时，过分关注方法本身，甚至要求把企业的资源尽可能地投向要推行的管理方法，把手段当目的，以致最终没能对经营作出贡献。这样的例子，比比皆是。

所以，当我们谈如何打造精益企业前，不妨先谈谈精益的管理方法对经营的贡献。应跳出精益既有的套路，站在经营的视角来认真审视精益，小心谨慎地思考精益到底能够给经营带来什么样的贡献，精益如何为经营带来贡献？然后再确认导入精益需要具备什么样的前提条件，或者精益在什么样的条件下才能带来贡献？当把这些问题思考透彻，再来考虑按什么样的步骤导入精益，如何根据企业自身的情况选择精益方法，导入精益工具。应立足于为企业的经营作出贡献这一经营思路，来开展精益的改善活动。

我们常说的精益生产，实际上只是丰田汽车公司生产层面的管理方法。如果要打造精益企业，只进行生产层面的改善远远不够。从经营到运营，再从运营到制造，自上而上、系统全面地进行规划和改善，才能真正为经营作出贡献。

当我们尝试去了解一套理论体系时，通常需要具备"原理性、系统性、关联性"的思维，当我们去掌握新方法时，建议思考该方法的"核心原理、基本假设、实现目的、活动内容、运用前提、活动步骤、相关工具、主导岗位、效果预估"等方面内容。如果我们能够全方位地了解以上内容，并把以上内容进行系统性的关联，那么新理论、新方法就会更容易被掌握。

使用丰田式生产方式构建起来的精益企业，其核心运营思维，如图1-1所示。

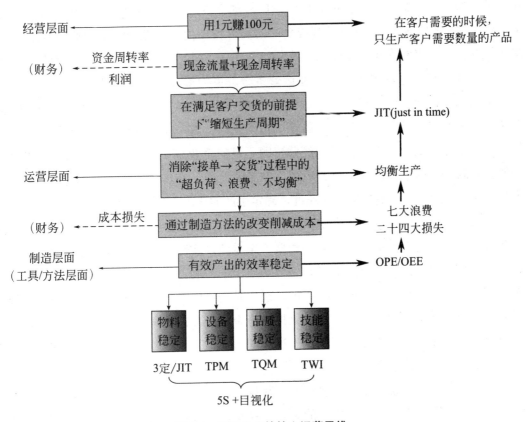

图1-1　精益企业的核心运营思维

1.2　经营层面——用1元赚100元

1.2.1　只在客户需要时，才启动生产，避免产生占用经营资金的库存

丰田式生产方式的核心JIT（just in time），是用最少的投入（input），获得最大的经营收益（output）。

丰田喜一郎创办丰田汽车时，资金并不充足，经营实力决定了生产方式，丰田没有办法投入大量资金来生产汽车。基于企业自身资源，丰田喜一郎创造性地提出了"只在消费者需要时，才生产需要数量的汽车"的想法。也就是说，当消费者决定购买汽车时，企业只在完成销售后，才开始生产汽车。这样企业就能把生产出来的汽车，直接交付给客户，快速完成销售和回款的过程。这一创造性的想法，有别于当时传统汽车企业的运营模式。当时汽车企业一般的做法是，先把汽车生产出来变成库存，再把汽车销售出去。由于只有完成销售才能回款，传统的汽车生产方式，意味着汽车企业在销售前就需要把汽车生产出来，这样一来，企业会有大量的汽车库存。更为重要的是，生产这些待销售的汽车，需要购买大量的原材料。如此一来，在为汽车销售做足准备的同时，需要投入数额巨大的运营资金。对于初创时期的丰田汽车来说，显然不具备这样的经营实力。如果消费者决定购买后，在消费者可接受的购买等待期内，企业快速组织原料启动生产，那么所有生产出来的汽车，都是可以直接销售出去并能够立刻回款的。这样就不会因提前生产变成库存，而占用大量的企业运营资金。更为重要的是，消费者在收到汽车后，企业可以立刻回款。由于企业的回款日和向供应商的付款日，两者之间存在时间差，所以企业几乎不需要投入运营资金，就可以组织生产。汽车企业的运营资金基本上等同于供应商的垫资资金。对于初创时期经营资源不足的企业来说，这是投入最少、风险最低的经营方式。所以丰田汽车，一开始的生产策略就是，在客户需要购买的时候，只生产客户需要数量的汽车；根据销售的速度，确定生产的速度；生产为销售服务。

如果企业的生产数量，完全由销售订单来决定，那么企业就不会存在成品库存。虽然在财务层面，通常会把成品库存当作资产来看待，实际上，如果没有完成销售，作为资产的成品库存，并不能给企业带来任何实质上的盈利。反过来，生产成品库存需要投入和占用资金，成品库存非但不是资产，反而是企业的负债。不把库存当作资产，反而视为负债，是革命性的经营思路。如果把看待企业库存的视角从资产转变为负债，那么一切库存都意味着占用资金。正是基于这样的考虑，应严格控制成品库存的产生，把库存当作企业的"万恶之源"来看待。

在客户需要的时候，才生产客户需要数量的产品。意味着客户不需要时，不可以提前生产出来；当客户需要时，成品的装配、检验、出货要一气呵成。如果在客户需要时才启动生产，就要求企业的生产过程非常稳定，如果稳定的生产过程这个前提条件不具备，这种经营思维几乎难以实现。稳定的生产过程，才能确保及时有效地交货。生产过程的稳定，则需要生产效率的稳定、物料供应的稳定、产品质量的稳定、设备效率的稳定、人员效率的稳定。稳定的生产过程，是收到客户需求后才启动生产的必备条件。

1.2.2　企业的经营核心：用1元赚100元

从运营形式上来看，丰田汽车是先销售再启动生产。从经营的角度来看，丰田汽车追求的方式是，在投入最小的前提下，通过提升资金的利用效率（资金周转次数），获得最大的经营收益。

当企业完全按照客户需求来启动生产，能够在客户需要时，不早不晚地把产品生产出来；在确保销售不断货的前提下，又能避免过量生产导致的库存，企业的运营资金就不会被库存占用。如果能够做到这一点，企业的运营资金就可以降到最低的水平，企业只需要投入满足订单生产的必要运营资金即可。

在日本一直有"销售的丰田、技术的日产"的说法，丰田汽车非常注重销售。只有扩大销售，才能增加企业的营收。而扩大销售，需要生产环节强有力的支持。在不生产库存的及时制生产模式下，企业在确保扩大销售的同时，缩短了内部的生产周期，尽可能地压缩了生产成本。丰田式生产方式，实现了快速销售、快速回款的营收最大化，以及内部生产投入费用最小化的收益倍增效果。

企业通过购买原材料，经生产加工后变成成品，然后销售出去，把获取的产品附加价值转变成利润。企业购买原料，通常有一定的付款周期（比如月结30天、月结60天），在付款周期内，企业完成的销售次数越多，供应商垫资就越多。企业销售回款后，暂时不用付款给供应商（未到约定付款日期），如此一来，企业就会有足够的现金流。现金流通常被称为企业的"血液"，重要性自不用说。如果企业一直拥有大量的现金流，那么企业就可以实现"不借金经营"（企业不需要向银行贷款就可以良性运转）。

完成销售后，企业快速组织物料、生产、交货，快速回款并获取利润。这个过程，速度越快越好、周期越短越好。如果企业可以持续不断地良性运转下去，按照丰田汽车的说法，就实现了"用1元赚100元"的资金快速周转和增值的目的。投入1元的生产运营成本，赚取100元的经营利润，可达到用最小的投入，获取最大的产出。

1.3　运营层面——消除"超负荷、浪费、不均衡"

1.3.1　交货的前提下，无限缩短产品的生产周期

为了赚取更多的利润，就需要更快地完成"销售—生产—交货"。如果销售速度很快，而生产周期很长，就必须备足成品库存，用于防止因此导致的销售断货。要防止断货，又不希望提前生产出成品而占用资金，就必须确保工厂的生产周期短于销售周期（消费者愿意等待的周期）。只有这样，才能在事前不生产库存的前提下，实现快速交货。如果生产周期过长，远远超出了消费者愿意等待的周期，就必然会产生库存。

或许有人会说："如果生产周期没有办法缩短，我们把客户等待周期（交货周期）延长一点，大于生产周期不就行了。"但是，满足客户需求才能扩大销售，所以企业应尽可能地改善生产，匹配客户需求。

或许又有人会说："缩短交货周期和生产周期的目的，就是让生产和交货周期短于供应商的付款周期，那我们直接把供应商的付款周期延长。"我们也不建议为了企业自身

利益，把所有的成本都转嫁到供应商身上。利用企业自身的强势地位，强压供应商接受不合理的付款周期，这种做法虽然被很多大型企业用来转嫁成本，但并不是精益的思维。精益企业强调的是互惠互利，处于供应链上下游的企业之间，应当互相协同，一起服务好最终消费者。企业应当思考如何在改善自身状况的同时，协助提供服务的供应商进行改善，以建立强大、有保障的供应链体系。

企业接到订单后或者在客户需要交货时才启动生产，必须具备的前提就是生产周期短于交货周期。那么，如何缩短生产周期呢？生产周期能够最大限度地缩短到什么程度呢？

精益的思维，是将产品的生产周期，缩短到等同于产品的工艺加工周期。生产周期无限等同于产品的工艺周期，是缩短生产周期的核心。

产品是按照事先设定好的加工工艺流程制作出来的。一件产品从投料开始，不经过任何停顿，按工艺流程连续加工，直到变成最终的完成品，这个过程所花费的时间就是产品的工艺加工周期。严格意义上来说，工艺加工周期是按工艺改变原料物理形状和化学性质的各工序加工时间（cycletime，以下简称CT）之和。

产品的工艺加工周期 = 第1工序的CT + 第2工序的CT + …… + 最后完成品工序的CT。

需要注意的有两点：

（1）每个工序的CT，是以单件产品为单位测量出来的加工工时。

（2）工序间不存在排队等待的时间，一个工序加工完成，直接转到后一个工序，直至产品加工完成。

简单来说，产品的工艺加工周期就是单件产品的加工周期，最短的生产周期，意味着以一件产品为批量的流转加工，简称单件流（one piece flow）。

在精益的概念里，之所以要追求单件流，目的就是无限缩短生产周期，让生产周期等同于产品的工艺加工周期。

实现单件流必须具备的前提，一是完全按产品工艺流程的先后顺序，把所有的工序串联成连续不断的生产线。二是每个工序的加工批量，可以最小化到单件。事实上，受限于每个产品的加工工艺，很多企业很难具备这两个前提。但是致力于生产周期无限缩短，是精益改善必须持续坚持的追求。

企业在确保交货的前提下，无限缩短生产周期，目的就是不生产占用资金的库存。如果生产周期无限缩短，那么就可以实现在接到订单后才启动生产。实际上，生产周期不单单是产品的加工时间，还包括订单的处理时间（间接部门的事务处理时间）、生产的准备时间（工艺和物料的事前准备），以及上面提到的生产加工时间和成品出库后的货物运送时间。

如果只是站在工厂生产的角度来看，生产加工时间的缩短，就是尽可能实现上述的单件流，让产品的生产加工时间等同于产品的工艺加工时间。

站在经营的角度来思考，如果追求运营成本的最小化，实现1元赚100元的经营效果，就必须缩短图1-2所示四个方面的时间。

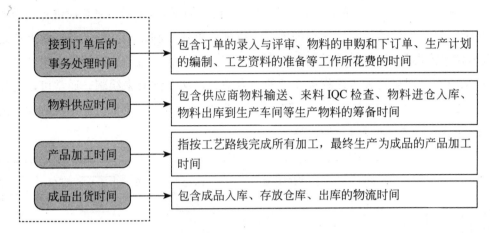

图1-2　实现1元赚100元的经营效果需节约的时间

精益企业的快速反应，需要在上述四个方面得到充分的体现。

如果希望在上述四个方面实现突破，实现革命性的改善，就需要对内部的运营流程进行全面、系统、深入的调查。

1.3.2　接单到交货的运营流程，消除其中所有不增加价值的无效工作

企业内的工作，受各项工作的制约，通常根据功能对部门和岗位进行精细分工，如图1-3所示。部门间跨越职能的工作联系，决定了企业的运营效率。如果期望实现运营投入最小化，使内部的运营周期短于客户对产品的需求周期，就需要对从接单到交货的全过程进行系统性的梳理，确保全过程的运营流程顺畅、连续、高效。从这个意义上来讲，打造精益企业等同于打造高效的运营系统。高效的运营系统始于客户（从客户下订单开始）、终于客户（到客户订单结束）。

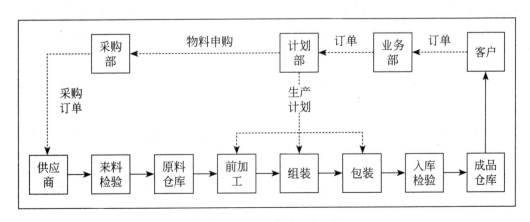

图1-3　企业运营的简易流程

精益企业的高效运营系统，主要是对两个方面进行系统规划和改善，一个方面是从客户下单开始到物料采购订单下达到供应商的信息处理流程；另一个方面是从供应商送货开始到完成生产加工、成品出货的实物加工流程，如图1-4所示。对企业进行精益改善时，通常需要把当前的运营流程详细地调查出来，整体绘制在一张纸上，专业上称之为"物流与信息流图"。绘制物流与信息流图时，应把信息处理流程放在纸的上半部分，自右向左来绘制。把实物加工流程放在纸的下半部分，从左向右来绘制。通常可以选择一张A0幅面的白纸，上下对折，上半部分绘制信息处理流程，下半部分绘制实物加工流程（具体的绘制方法请参照第4章的内容）。

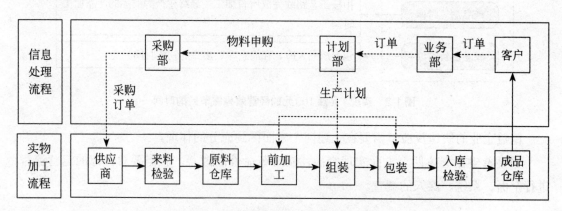

图1-4　信息处理流程和实物加工流程

打造精益企业，需要对信息处理流程和实物加工流程进行系统性的规划和改善。为了减少运营投入、缩短生产运营周期、提升运营效率，企业需要确保从接单到交货全过程的流畅，既要做到信息处理流程的顺畅，还要做到实物加工流程的顺畅。

1.3.2.1　实物加工流程

实物加工流程的顺畅，就是尽可能按照单件流的思想，把每个加工工序串联为生产线，使产品单件连续流动加工。即使无法做到把每个车间的每个工序都串联成生产线，也要考虑如何把每个车间的每个工序尽可能地无限靠近，减少工序之间的断点。把产品加工的每个工序尽可能地放在同一个物理空间内，有助于减少产品加工的环节，继而实现缩短加工周期的目的。

工序之间的断点越多，工序间存在的搬运现象就越多，为了提升搬运的效率，企业会希望增加每一次的搬运数量，这样一来，工序间就会产生（或停留）过多的中间库存。库存越多，占用面积就越大，工序间停顿、排队的时间就会增加，生产周期就会拉长。

所以确保实物加工流程的顺畅，就要尽可能地做到连线生产，消除工序之间的断点。没有断点就不会产生停顿，没有断点就没有中间库存，没有断点就不会产生搬运。

1.3.2.2　信息处理流程

信息处理流程的顺畅，需要在各间接部门之间，实现订单信息的快速流转。订单信息处理的每个环节，都要准确、快速，并且尽可能地不停顿。一个部门处理完该部门分担的任务后，要立刻转给另一个部门，避免在信息处理过程中有长时间的停留、等待和排队，从而实现信息处理流程的快速和高效。事实上，受限于每个事务部门自身的工作方式和习惯，部门间形成的壁垒，反而会造成信息处理的不及时，以及大幅度的延期和滞留。很多企业甚至出现"信息处理的周期远长于实物加工的周期"这样不合理的现象。

也有很多企业通过导入软件系统来实现信息处理的高效，实际上其带来的效果并不理想，问题在于在导入软件之前，没能对运营系统进行系统的梳理和规划。虽然导入软件之前，软件服务商会做事前调研，但由于过分关注软件的实施逻辑而非管理改善逻辑，通常达不到本文所提的目的。

信息处理流程的顺畅，在于打通间接部门之间的壁垒，清晰界定部门内的信息处理流程，以及部门间信息交接的方式（频度、时间节点、交接人）。如何确保信息在处理、传递过程中准确和不失真，是信息处理的关键。在缺少或未掌握系统、专业的改善方法之前，把各间接部门负责信息处理的人员聚集在一起办公，是一个简便有效的方法。

1.3.2.3　关注并消除运营流程中"超负荷、浪费、不均衡"现象

从接到客户下达的订单到完成生产交货，无论是信息处理流程还是实物加工流程，环节都比较多，如何打造精益企业，实现卓越、高效的运营呢？核心在于关注并消除运营流程中存在的"超负荷、浪费、不均衡"现象（见图1-5），这三种现象是客户需求和生产能力不匹配的具体表现。消除"超负荷、浪费、不均衡"的现象，目的在于追求生产能力和客户需求之间的极致匹配，实现均衡生产。

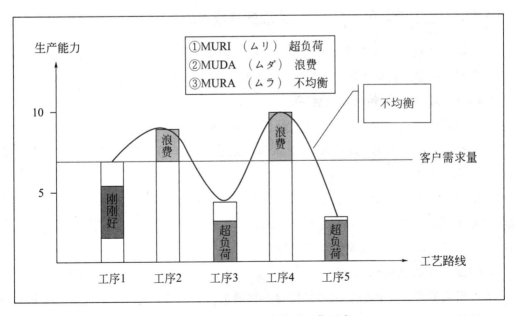

图1-5　造成成本损失的"3M"现象

接下来我们对三种现象进行详细说明。

（1）超负荷：日文为MURI，指的是生产能力小于客户需求。由于能力不足，难以满足需求，所造成的超负荷生产现象，需要临时增加设备和人力，提升生产能力，才能和客户需求相匹配。

（2）浪费：日文为MUDA，指的是生产能力大于客户需求，这时就会出现生产能力富余，富余产能则意味着浪费。

（3）不均衡：日文为MURA，指的是受客户需求变化的影响，有些工序能力不足（超负荷），有些工序能力富余（浪费）；或加工能力时而不足、时而富余。

这三种现象（简称"3M"），都会导致生产成本的损失，所以企业务必致力于消除信息处理和实物加工过程中存在的这三种现象，追求信息处理流程和实物加工流程的极致均衡，达到既不会出现能力不足，又不会出现能力富余的"刚刚好"的状态。

消除3M现象，追求极致的均衡生产，应运用IE（industrial engineering，工业工程）生产线平衡的概念，追求生产状态的均衡和稳定，从而将生产运营成本降到最低。

均衡生产是实现"不多不少刚刚好"的产能和需求匹配，是企业应当极致追求的方向。实现均衡生产，需要对信息处理、产品加工进行系统的改善，实现生产方式的全面革新。企业追求均衡生产的过程，就是通过制造方法的改变实现制造成本削减的过程。这一理念涉及面广、改善课题众多，将在第2章进行详细介绍。

1.4 制造层面——有效产出的效率稳定

1.4.1 通过制造方法的改变，实现削减成本的目的

精益希望达到的理想生产状态就是，彻底地消除浪费，实现成本削减。这里所讲的浪费，指的是成本结构树中存在的损失，而非精益中的七大浪费现象。

1.4.1.1 精益中提到的七大浪费

精益中提到的七大浪费，指的是生产现场存在的七种浪费现象，分别是过量生产的浪费、等待的浪费、搬运的浪费、加工本身的浪费、动作的浪费、生产不良品的浪费、库存的浪费。提出七种浪费现象的目的，是希望全员具备浪费消除意识，能够在日常工作中识别浪费，继而提出针对浪费的改善建议。识别七种浪费现象的活动，通常要与创意功夫提案活动一并使用，以鼓励全员参与改善。严格意义上来讲，识别七大浪费的活动，是带动基层员工提出合理化建议时使用的方法。

1.4.1.2 成本损失的浪费

成本损失的浪费，指的是成本结构树中材料费、人工费、制造费等方面存在的成本损失。往往是由于对新产品设计、原辅材料利用率、生产工艺和加工方法的设置、生产

布局的设计、人员技能的偏差、设备加工效率、能源利用效率等考虑不周，所带来的成本损失。产品成本的组成项目，如表1-1所示。

表 1-1　成本的组成项目

成本的组成项目					
总价格	总成本	工厂成本	制造成本	直接材料费用	1.材料费用
					2.外包加工费用
					3.模具费用
					4.损失费用
					小计：A= 1+2+3+4
				5.直接劳务费用	
				6.间接劳务费用	
				★人工费	
				★设备费用	
				★通用费用	
				7.各种材料费用	
				8.制造成本合计：B= A+5 +6+7	
			附加费用	9.技术部门费用(人工费)	
				10.工厂辅助部门费用	
				★人工费	
				★设备费用	
				★通用费用	
				11.专利使用费用	
				12.材料老化准备费用	
				13.预算保险费用	
				小计：C = 9+10+11+12+13	
			工厂成本：D =B+C		
		销售费用	14.运输费用		
			15.保管费用		
			16.销售手续费用		
			17.销售扩大费用(促销费用)		
			18.广告宣传费用		
			19.营业部门费用		
			小计：E= 14+15+16+17+18+19		
		管理费用	20.管理费用：F		
			21.普通税费：G		
		总成本合计：H=B+D+E+F+G			
	22.利润：I				
	23.销售价格：J=H+I				

　　减少损失，首先要对工厂存在的损失进行调查，损失项目的分类见图1-6。由于工厂的产品类别和加工工艺不同，需要根据工厂的实际情况，对损失现象进行定义，见表1-2。

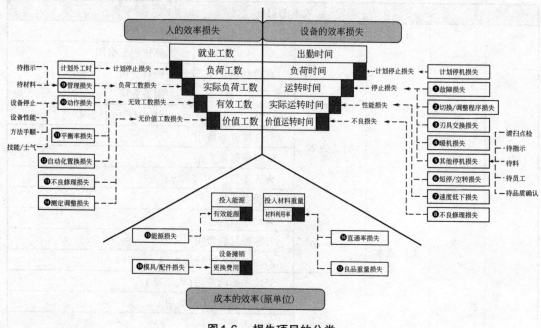

图1-6　损失项目的分类

表1-2　损失现象的定义

序号	损失名称	实际定义	单位	计算公式	资料提供
1	故障	非计划停机，停机时间超过10分钟，需要维修人员修理	小时	（直接人工费×停机时间×操作工人数）+（物料损失重量×物料单价）+（包材损失数量×包材单价）+故障零件更换成本+外部服务费用	工程部、财务部、生产部
2	准备、调整	换品种、换杯子、换盖膜、换套标、换缸、换模具等停机时间	小时	（物料损失重量×物料单价）+（包材损失数量×包材单价）+（直接人工费×停机时间×操作工人数）	生产部、财务部
3	待机	停机CIL、上游等待、下游等待、开会、培训、等CIP、等开机、等待指示等停机时间	小时	（物料损失重量×物料单价）+（直接人工费×停机时间×操作工人数）	生产部、财务部
4	启动、结束	SIP、CIP、开机前准备、结束后清扫等停机时间	小时	（物料损失重量×物料单价）+（包材损失数量×包材单价）+（直接人工费×停机时间×操作工人数）	生产部、财务部

续表

序号	损失名称	实际定义	单位	计算公式	资料提供
5	中间消毒	设备正常生产时，为保证产品质量而对设备关键部位进行消毒、清洗等工作所造成的停机时间	小时	（物料损失重量×物料单价）+（包材损失数量×包材单价）+（直接人工费×停机时间×操作工人数）	生产部、财务部
6	小停机和空转	包括少于10分钟的停机时间	小时	（直接人工费×停机时间×操作工人数）+（物料损失重量×物料单价）+（包材损失数量×包材单价）+故障零件更换成本	生产部、财务部
7	速度降低	使过程不能以其理论最高转速（最低周期时间）运行的任何事情	小时	直接人工费×停机时间×操作工人数	生产部、财务部
8	不良品报废	稳定生产期间出现的不良品及修复不良所用的时间和人工等	千克	（物料损失重量×物料单价）+（包材损失数量×包材单价）+（直接人工费×停机时间×操作工人数）	生产部、财务部
9	计划停机	由维护人员对设备进行正常的维护保养（按计划执行）	小时	故障零件更换成本+外部服务费用	工程部、财务部
10	管理损失	由于等待材料、等待指示等发生的人员闲置损失	小时	直接人工费×停机时间×操作工人数	生产部、财务部
11	人员效率低下损失	员工岗位工作未合理安排，造成损失	小时	直接人工费×操作工人数×工作时间	生产部、财务部
12	材料损失	预处理产生的生产材料损耗	千克	材料损失重量×生产单价	生产部、财务部
13	包材损失	总投入包材数量和总产出产品包材数量的差所产生的包材损失（扣除灌装工段已统计过的损耗）	千克（个、米）	包材数量×包材单价	生产部、财务部
14	水耗损失	生产产品所需水的损耗	吨	（实际耗用水量－标准耗用水量）×标准单价	财务部
15	电耗损失	生产产品所需电的损耗	度	（实际耗用电量－标准耗用电量）×标准单价	财务部
16	煤耗损失	生产产品所需煤的损耗	吨	（实际耗用煤量－标准耗用煤量）×标准单价	财务部

对工厂存在的损失进行详细的定义，目的是要在管理与成本之间建立关联。通常，负责成本计算的财务人员，由于不了解实际的生产工作，无法提出成本改善的具体建议。而了解日常工作的管理人员，由于无法掌握管理损失导致的实际成本金额，不能开展有针对性的经营成本改善活动，造成管理重点和成本关注重点不能聚焦，错失改善机

会，甚至还会使财务管理和生产管理之间产生误解。如果在损失现象和成本之间建立关联，见表1-3，就等于在管理行为和成本管控之间建立了沟通的桥梁，能够对损失进行更直观、更系统的识别和改善。

表 1-3　损失现象和成本科目关联

损失分类		损失现象	成本科目						
			直接材料费	直接人工费	设备费	能源动力费	消耗品费	检验费	一般管理费
作业率	1	作业度损失		●					
	2	停机损失		●	●				
时间稼动率	3	换线损失		●	●	●			
	4	刀具损失		●	●		●		
	5	开机损失（暖机）		●	●	●			
	6	故障损失	●	●	●				
性能稼动率	7	小停机损失		●	●				
	8	速度低下损失		●	●				
良品率	9	不良品损失	●	●			●	●	
作业能率	10	等待损失		●					
	11	无效动作损失		●					
	12	编成效率损失		●					
原单位效率	13	测量损失						●	
	14	自动化置换损失		●					
	15	能源损失				●			
管理效率	16	原料生产率损失	●						
	17	制模具寿命损失			●				
	18	半成品库存损失						●	●
	19	半成品报废损失	●	●	●	●			
	20	成品呆滞损失	●	●	●	●			
	21	成品库存损失						●	●
	22	物料呆滞损失	●	●	●				
	23	物料库存损失						●	●
	24	客诉损失	●	●					●

1.4.1.3　成本损失和七大浪费之间的关联

经营层面提出的浪费，指的是上述所谈的成本损失。削减成本损失的改善活动和识别生产过程中七大浪费的活动，有着很大的不同。成本损失和七大浪费之间的关联如表1-4所示。

表 1-4　成本损失和七大浪费之间的关联

损失分类		损失现象	七大浪费							其他浪费
			过量生产的浪费	等待的浪费	搬运的浪费	加工的浪费	动作的浪费	库存的浪费	不良的浪费	
作业率	1	作业度损失		○						
	2	停机损失		○						
时间稼动率	3	换线损失	○	○						
	4	刀具损失		○						
	5	开机损失（暖机）		○						
	6	故障损失	○	○						
性能稼动率	7	小停机损失	○	○						○
	8	速度低下损失					○		○	
良品率	9	不良品损失	○							
作业能率	10	等待损失		○	○		○			
	11	无效动作损失			○		○			
	12	编成效率损失		○	○		○			
原单位效率	13	测量损失		○			○			
	14	自动化置换损失			○		○			
	15	能源损失				○	○			
管理效率	16	原料生产率损失								○
	17	制模具寿命损失				○				
	18	半成品库存损失	○					○		
	19	半成品报废损失	○					○		
	20	成品呆滞损失	○					○		
	21	成品库存损失	○					○		
	22	物料呆滞损失						○		
	23	物料库存损失						○		
	24	客诉损失							○	

1.4.2　始终关注并提升有效产出，通过持续改善，打造稳定的生产体制

制造层面的精益活动，始终以稳定有效的产出为目的。

1.4.2.1　有效产出的含义

所谓的有效产出，是指制造出来能够直接交货、直接回款的良品。精益企业的理想经营模式是按需生产，客户需要时才启动生产，成品生产出来后，以不早不晚"刚刚好"的时间交付给客户。所有按客户需求直接交付的产品，就是有效产出。即便是客户的正式订单，产品未到交货日期就提前生产出来，也不是有效产出，反而被定义为提前生产的浪费和库存的浪费。

在客户需要时刚好把成品制造出来，需要非常稳定的生产过程。如果生产过程经常因异常因素发生生产中断或停顿，那么就会带来不能及时交货的风险。很多企业，正是因为生产过程中发生异常的概率很高，所以才不敢在临近交货时启动生产，越是尽早生产，才越会安心。启动生产的时机，是精益企业和传统企业之间的显著差异之一。

稳定的生产，一方面意味着能够及时完成生产计划，所以通常使用计划达成率来衡量生产的稳定性；另一方面又意味着生产过程中不会出现导致生产中断和停顿的异常因素。如果企业生产过程中发生异常的概率很高，却又表现出很高的计划达成率，说明生产任务远低于生产能力；或者为了让计划达成率的数据变好，安排生产计划时预留了过多的余量，这说明制订生产计划的工作，存在浪费（余量）。

打造稳定的生产过程，需要事前预防异常的发生，并建立异常发生后的快速处理机制。出现的异常现象和导致的结果，会记录在生产报表中，企业通常会建立异常报告、处理和统计的管理机制。对生产过程曾经发生的异常现象进行分析，并制定事前识别和预防的措施，可有效防止异常的出现。只要企业对曾出现的异常有充分的记录和预案，后续生产过程中就可以事前识别和预防该异常现象。某种意义上，能否事前预知异常的发生并采取有效的预防手段，是衡量管理人员管理能力的一项重要内容。管理的意义不只是把确定的工作做好，还在于把不确定的工作变为确定。做好事前管理、预防异常发生，是管理人员应当重点关注的工作。但多数情况下，善于事后采取补救措施的管理人员，往往更容易获得重视和好评。之所以这样，是因为企业不重视事前管理。这也是企业需要注意和有必要作出调整的内容。

1.4.2.2　有效产出的衡量指标

有效产出可以从两个方面来衡量：生产计划达成率和总合效率。

（1）每日的生产计划达成率。评价每日生产计划达成率的目的在于提升每天、每班计划达成的精度。以月计划、周计划为频度来评价生产计划达成率的方式，由于间隔太长，精度反而不高。

（2）总合效率OEE。总合效率OEE（overall equipment effectiveness），是指设备或生产线实际生产能力和理论最大生产能力的比率，是衡量设备或生产线效率发挥水平的指标。计算方式如下：

$$设备总合效率 = 时间运转率 \times 性能稼动率 \times 良品率$$

其中，

$$时间运转率=\frac{负荷时间-停机时间}{负荷时间}\times 100\%$$

$$性能稼动率=\frac{基准周期时间}{实际生产速度}\times\frac{实际生产速度\times 生产数量}{（负荷时间-停机时间）}\times 100\%$$

⇩　　　　　　　　　⇩　　　　　　　　　　简化为

速度运转率　　　　　　　　实际运转率

$$性能稼动率=\frac{基准周期时间\times 生产数量}{运转时间}\times 100\%\longleftarrow$$

$$良品率=\frac{生产数量-不良品数}{生产数量}\times 100\%$$

负荷时间是指可以用来生产的时间，通常是出勤时间减去计划停产时间后用来生产的时间。

停机时间是指生产运转过程中存在的非计划停机现象的时间累计，比如故障、品质异常、欠料、换型等导致的停机时间。

基准周期时间（cycle time）指设备或生产线设计的节拍（tact time），通常是性能理想发挥时，以最快的生产速度加工产品的周期时间。有时以历史最高水平作为基准。

实际生产速度是现状下的实际生产速度。

运转时间指的是真正用来生产的时间，等于负荷时间减去停机时间

生产数量指运转时间内生产出来的所有产品，是包含良品和不良品在内的总生产数量。

简化后的总合效率计算公式是：

$$设备总合效率=　时间运转率　\times　性能稼动率　\times　良品率$$

⇩　　　　　　　　　　⇩　　　　　　　　⇩

$$设备总合效率=\frac{负荷时间-停机时间}{负荷时间}\times\frac{基准周期时间\times 生产数量}{（负荷时间-停机时间）}\times\frac{良品数量}{生产数量}\times 100\%$$

$$设备总合效率=\frac{基准周期时间\times 良品数量}{负荷时间}\times 100\%$$

设备总合效率代表着负荷时间内，实际产量与理论最大产量的比值。该比值越大越好，比值越大，代表生产效率越高；生产效率越高，意味着单位产品摊销的生产成本越低。

既然总合效率是实际产量与理论最大产量的比值这样简单的比例关系，那为何要用时间运转率、性能稼动率、良品率的乘积来计算呢？目的是更好地改善和分工。

①时间运转率：通常由生产部门主导改善。

$$时间运转率 = \frac{负荷时间 - 停机时间}{负荷时间} \times 100\%$$

通常，每班或每天的负荷时间基本不变，导致时间运转率发生变化的因素，在于停机时间的多少。导致生产过程中停机的因素，通常是故障、等待物料、等待生产指示、转换型号、转换模具或刀具、转换材料、调整程序、初始开机时的设备预热（暖机）、生产过程出现的品质异常等。这些异常的预防和改善，通常由生产部门的负责人来主导。每个班发生的这些异常，也应该由生产部门记录在每班的生产日报中，并以周和月为单位进行统计和汇总，然后根据停机时间导致的损失大小，设定专门的课题进行改善，来提升时间运转率。

②性能稼动率：通常由设备部门来主导改善。

$$性能稼动率 = \frac{基准周期时间}{实际生产速度} \times \frac{实际生产速度 \times 生产数量}{（负荷时间 - 停机时间）} \times 100\%$$

$$\Downarrow \qquad\qquad\qquad\qquad \Downarrow$$

$$速度运转率 \qquad\qquad\qquad 实际运转率$$

设备或生产线的性能稼动率，指的是实际生产速度和理论最大速度的差距。两者之间的差距称为速度降低的损失，通常是因为设备的性能无法充分发挥所导致的。比如，以最快的速度运转时，不良品会增加；或者设备的稳定性变差，会频繁出现短暂停机等现象。

设备的实际运转效率，通常以生产数量表现出来。在设备运转过程中，除了长时间停止（超5分钟以上）外，还会出现短暂停止（时间在5分钟内）的现象。这类短暂停止通常由操作工直接排除，并有发生频次多、恢复时间短等特征。因为记录这类现象会占用太多的时间，所以通常不把它算在影响实际运转率的停机时间内。值得注意的是，如果短暂停机的信息由设备自动采集，则可以直接归到停机时间中。这类短暂停机会影响实际运转效率，应及时作出改善。

③良品率：通常由质量管理部门主导改善。

$$良品率 = \frac{生产数量 - 不良品数}{生产数量} \times 100\%$$

加工过程中出现的不良品，不但会带来生产数量减少的损失，还会带来材料费、人工费的成本损失。持续不断地针对不良现象进行改善，挑战生产加工过程中的0不良，是质量管理部门的一个重要使命。

1.4.2.3　打造稳定生产体制的四个方面

打造稳定的生产体制，提升OEE，需要事前预防影响OEE的损失现象发生。影响OEE的损失现象见图1-7。

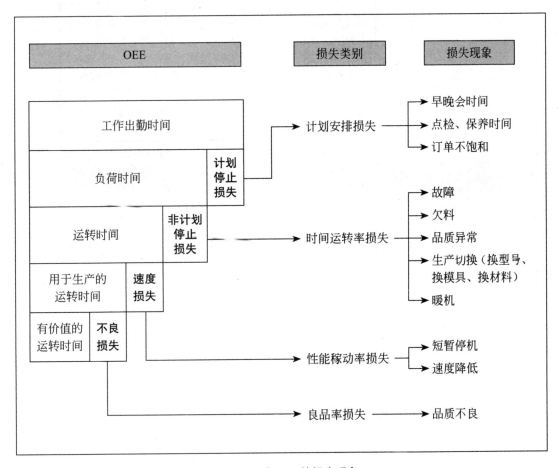

图1-7　影响OEE的损失现象

总体来讲，确保生产效率的稳定，需要做到：

（1）物料供应稳定。

（2）设备效率稳定。

（3）人员效率稳定。

（4）产品质量稳定。

如果不能确保物料供应、设备效率、人员效率、产品质量等方面的稳定，那么有效产出不可能实现真正稳定。没有稳定的有效产出，满足交货的风险会增加，就无法实现降低投入成本的均衡生产。

综上所述，打造精益企业，需要从经营环节自上而下地进行系统规划和设计，如图1-8所示。

经营层面 👉 以实现营收最大化为目的，以提升现金流量和资金周转效率为切入点，制定按需生产的经营方针，有计划、有步骤地打造在客户需要时才启动生产的管理体制

运营层面 👉 通过对从接单到交货的全生产流程进行梳理，无限缩短生产周期，提升企业的快速反应能力，打通信息处理流程中存在的部门壁垒，追求实物加工流程的连续生产，减少库存。消除实物流和信息流中"超负荷、浪费、不均衡"等现象，追求生产过程的极致平衡。通过削减工厂存在的 24 大损失进行成本改善。打造速度最快、成本最低的核心运营流程

制造层面 👉 追求有效产出的稳定，提升计划达成率和 OEE。预防影响计划达成率和 OEE 的损失现象发生，建立异常预防和异常快速处理机制，打造物料供应稳定、设备效率稳定、人员加工效率稳定、品质稳定的生产体制

图 1-8　打造精益企业的综合管理体制

第 2 章

打造精益企业的步骤和方法

打造精益企业的最终目的是实现永续良性经营。

企业实现永续良性经营的核心，在于打造绝对领先的竞争优势。

打造精益企业的首要任务是，识别企业所处的竞争地位，通过内外部环境的优劣势分析，打造差异化竞争优势，使企业在行业竞争中，长久地具备领先的竞争优势，这也是企业长期存续发展的根本。

实现精益企业长久永续良性经营，需要具备两个前提，一是具备长期领先的竞争优势，二是具备能够支撑企业长期发展的盈利能力，如图2-1所示。

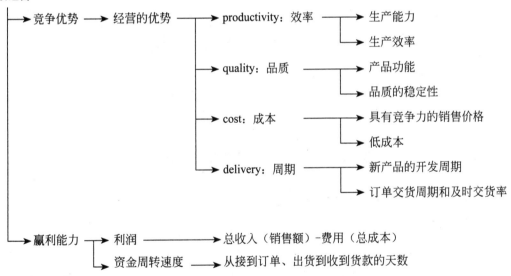

图2-1 永续经营具备的前提

站在经营的角度，企业确保竞争优势和持续不断的赢利能力是企业长久良性经营的重心。为了达到这个目的，企业的经营者和核心管理干部，需要具备对企业作出宏观规划的能力，能根据企业所处的内外部环境，立足企业的实际，对企业的中长期发展方针和目标，作出全面、系统性的定位。打造精益企业，经营层面的系统规划必不可少，相关内容请参照第3章的内容。

2.1　打造精益企业的三个阶段

从丰田汽车生产方式提炼出来的精益，发展到今天，早已由最初的生产管理工具，演变成涵盖经营、运营和生产的系统管理方法。打造精益企业的过程，就是让企业能够长期处于持续盈利、永续经营的理想状态，使企业处于绝对领先的竞争地位，确保高增长、高收益。企业如何达到这种理想状态呢？现在我们针对一般企业（已经是绝对领先的企业忽略以下内容），谈谈如何从当前的状态提升到绝对领先的理想状态。大致来说，可以由三个阶段的改善活动来实现，如图2-2所示。

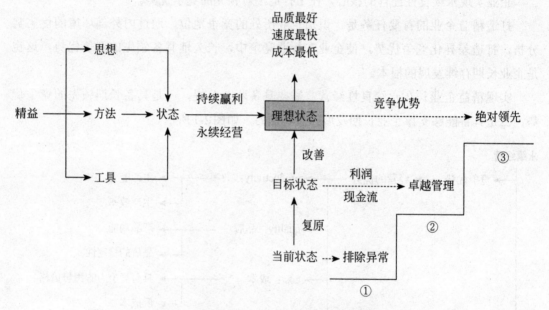

图2-2　精益企业实现理想状态的三个阶段活动

2.1.1　第一阶段：排除异常阶段

所谓的异常是指脱离现有管理标准的异常事件和现象。

任何企业，无论处在哪一个发展阶段，都会或多或少存在这样那样的异常。所以持续不断地解决异常，实现当前管理水平的突破性提升，应该是企业长期坚持的工作。如何制定标准、识别异常，继而完善标准，是这个阶段的工作重点。

2.1.1.1　识别异常现象

对于异常现象，需要优先考虑其对经营的影响程度。异常现象发生后，其造成的后果和严重程度通常会有时滞现象，即异常的影响会随着时间的推移逐步呈现出来。异常的时滞现象，有时会让管理人员对异常的影响及严重度产生误判，这是管理人员务必要注意的内容。

为了更好地识别异常现象带来的影响，可以先把异常现象会产生的直接影响和间接影响使用关联图的形式全面、系统地列出来。然后识别出影响程度高、后果损失大的异常现象，优先进行改善。重大异常现象如下所示。

（1）无法及时交货。

（2）生产计划达成率低。

（3）产能波动大。

（4）生产线中途停线的现象频发。

（5）设备故障频发。

（6）批量不良事件多发。

（7）客诉事件频发。

（8）制程不良率波动大。

（9）物料供应不及时。

（10）物料品质波动大。

（11）员工作业技能影响效率和品质等。

若存在以上所列情况，说明企业还没能进入稳定状态。此时的当务之急，是先将企业从异常状态调整为稳定状态。这类重大异常现象，通常是因为企业未建立应有的管理规范和标准所导致的。

2.1.1.2　应当优先开展的工作

处在这个阶段的企业，应当优先开展的工作为：

（1）建立物料管理和供应标准，三定标准（定容、定量、定位）。

（2）建立品质管理标准，建议导入TQM活动（全面质量管理total quality management，简称TQM）。

（3）建立设备管理标准，建议导入TPM活动（全员设备维护 total productive maintenance，简称TPM）。

（4）建立生产线管理标准，建议导入IE方法（工业工程 industrial engineering，简称IE）。

（5）建立生产计划管理标准，产销协调、计划编制、物料控制等。

（6）建立员工技能训练标准，运用TWI（一线主管技能训练training within industry，简称TWI）。

（7）识别当前存在的管理瓶颈，优先改善当前的弱项、补充企业的短板。

（8）导入持续改善的提升活动，QC Story 活动。

此阶段的工作重点如图2-3所示。

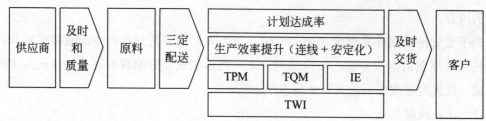

图2-3 第一阶段的工作重点

通过建立基本的管理规范和标准，优先稳定企业的生产管理，可将企业从异常多发的阶段，恢复到稳定生产的阶段，为企业建立能够良性运营的基础。排除异常的阶段，我们又称之为稳定生产的制造精益阶段。

2.1.2　第二阶段：卓越管理阶段

通过第一阶段的改善活动，虽然稳定了生产管理，但只是将企业从事后应急的状态，恢复到稳定、有序的正常生产状态。这时候，基本的管理规范和管理标准能够建立，生产管理活动能够按标准实施，六大机能管理指标P（productive，效率）、Q（quality，品质）、C（cost，成本）、D（delivery，交期）、S（safety，安全）、M（morale，士气和氛围）能够得到改善，但还不能达到卓越管理的水平。所以，企业应该在第一阶段稳定生产的基础之上，进行更进一步的改善，使企业从稳定状态提升到卓越管理的状态。

从经营的角度来看，卓越管理的状态，一定是能够提升盈利能力、增加现金流的健康状态。丰田汽车公司就是这类状态的卓越代表。

丰田汽车公司考虑到，资本主义每隔若干年就会发生经济危机，为了使公司在经济危机时，在连续三年持续亏损的情况下也不倒闭，必须确保公司有足够的现金来抵抗风险。打造卓越管理，提升企业的盈利能力，保证企业有足够的现金流，可以确保企业具备长足发展的基础。

打造精益企业的第二个阶段，是在企业现有基础上，提升企业的盈利能力，增加企业的现金流。在这个阶段，管理的重点从生产现场，扩展到企业的运营管理。所以打造精益企业，就是打造卓越的运营管理。运营管理贯穿了接单、计划、采购、生产、交货的全过程，这也是企业良性运作的核心流程，如图2-4所示。

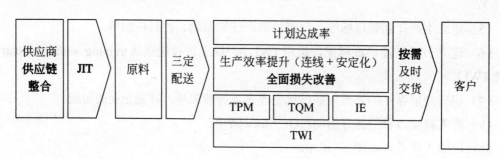

图2-4 第二阶段的工作重点

一方面，从增加现金流的角度来思考。打造卓越的运营管理，意味着提升企业的快速反应能力。在满足及时交货的前提下，通过让"生产—交货—回款"的周期远远小于供应商的付款周期，并运用几乎不投入运作资金的思维，来经营企业。使企业产生现金（带附加值的利润）的速度，远远大于企业付出现金（付款给供应商）的速度，从而赚取并增加现金流。

根据满足客户需求要"刚好及时"的生产思维，为了让"生产—交货—回款"的周期，远远小于供应商的付款周期，意味着必须缩短企业内部的生产周期和企业外部的物料供应周期，减少甚至是杜绝库存，以提升快速交货能力。如果能确保第一阶段排除异常后的生产系统足够稳定，那么第二阶段卓越管理的重点，就是缩短企业外部的物料供应周期，可实施 JIT（刚好及时 just in time 的简称）供料。

另一方面，从提升盈利能力的角度来思考。根据公式：

$$利润 = 销售价格 - 成本$$

提升盈利能力的重点在于削减整体运营成本。

削减运营成本，建议从成本表的科目入手，削减直接物料成本、直接人工成本、制造费用，尽可能将固定成本转化为变动成本。可以通过全面、系统地调查成本损失，识别并优先选择对经营贡献大的成本改善课题，营造持续不断的改善氛围，开展成本损失改善的专项活动。企业全面的损失改善活动，又称为革命性的降低成本改善活动。丰田汽车公司把成本损失，形象地描述为"湿毛巾中的水分"，把彻底削减成本的损失改善活动，形容为"拧干毛巾的最后一滴水"。

打造卓越的运营管理过程，我们又称为运营精益的改善过程。

2.1.3　第三阶段：绝对领先阶段

通过第二阶段的卓越运营管理改善，大幅度提升了企业盈利能力，减少了企业运营资金的投入，增加了企业的现金流。企业的经营状况进入良性经营的阶段。那么如何将企业当前的卓越盈利能力长期保持下去？如何使企业具备长期良性发展的基础？企业的经营者有必要立足当前实际，将管理的视角从关注当前调整为关注未来，作出企业的中长期发展规划。

第三阶段的任务是，站在股东的立场，作出中长期的战略部署，实现企业的永续经营，提高投资回报率。这个阶段需要重点关注的工作有两大方面（见图2-5），一是实施差异化竞争策略；二是确保企业持续的高盈利能力。一方面，中长期战略思考需要研讨的内容非常多，通常又属于企业的机密信息，只在企业核心经营层的小范围内进行探讨和实施。所以我们只讨论战略落地的环节，重点介绍方针目标管理的内容。另一方面，保持企业的高赢利能力，需要对产品的盈利能力进行调查和分析，考虑产品的生命周期和更新换代的必然性，持续不断地开发有卖点、高附加价值的新产品，这也将是我们讨论的重点。

打造精益企业绝对领先的竞争优势，我们又称为经营精益。

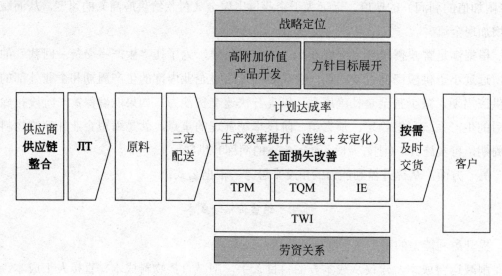

图2-5　第三阶段的工作重点（阴影部分）

综上所述，打造精益企业的重点，贯穿了企业的经营、运营、生产三个方面；涵盖了核心经营层的战略定位、方针目标展开、高附加价值产品开发，运营层的物流和信息流改善、JIT供料和供应链整合，以及现场生产管理的稳定化改善。打造精益企业是一个与经营、运营、生产高度关联的系统性改善，不只是生产层面改善工具的导入和运用。所以必须立足经营，结合企业自身的实际情况，有重点、有步骤、有计划地实施改善。

2.2　打造精益企业的导入技巧和分工

打造精益企业的过程，可以分为以下三个阶段。

第一阶段是排除异常、稳定制造的制造精益。

第二阶段是打造卓越管理、提升盈利能力的运营精益。

第三阶段是打造绝对领先竞争地位、实现永续良性经营的经营精益。

企业需要立足自身的实际情况，对自己所处的阶段进行评估，然后有针对性地导入三个阶段的内容。如果企业现在正在实施三个阶段的内容，那么可根据后面章节的详细内容，确认实施是否到位。

打造精益企业的改善过程，是把精益活动融入企业日常管理的过程，通常没有必要成立一个专门的部门来推进。有很多企业，为了加快精益活动的推进速度，会特意挑选出管理骨干，成立专门的精益部门或推进办公室，这种加速推行的急迫心态，自然可以理解。但需要注意的是，如何把专项的改善活动与企业的日常活动紧密地结合起来。企业的管理工作通常可以分为两大部分，第一部分是自上而下的部门级管理；第二部分是横向跨越各职能部门的机能级管理。精益的改善提升活动，是横向的机能级管理，是对纵向部门级管理的补充和完善，两者的目的、功能、活动范围各不相同。如果企业成立了专门的精益推行组织，建议考虑推行组织的活动指标是否与日常管理活动的指标冲突，以免两者之间出现指标重叠、交叉、冲突，非但没能形成互相促进的关系，反而成了彼此的牵制。企业最应当避免的就是，精益改善活动与日常管理活动各自为中心，没能形成合力。

结合一般企业的实际情况，要想全面有效地推进精益改善活动，打造卓越管理的精益企业，建议按照图2-6所示的方式，有重点地分工推行。

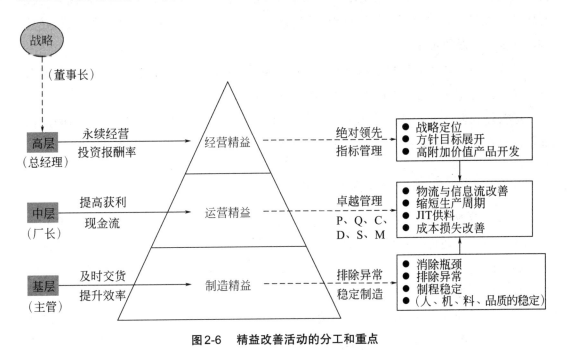

图2-6　精益改善活动的分工和重点

2.2.1　经营层面的精益改善活动

经营精益改善活动通常由总经理亲自挂帅，总经理需要站在董事长和股东的立场，考虑如何提高投资回报率，建立企业绝对领先的竞争地位。首先，指出企业应当改善的方向和重点，将改善方向和重点，转化为企业的经营方针和目标。然后，提供支持经营方针和目标的资源，并确保经营方针和目标顺利达成。最后，建立企业长足发展的竞争优势。

同时，总经理需要为短期经营指标负责，设定未来1～3年的营业额目标和利润目标，带领管理团队制定达成营业额和利润目标的方针措施，并将营业额目标和利润目标逐层分解到基层，建立指标定期评估和改善机制，确保经营指标（也叫经营目标）顺利达成。

另外，为了实现经营收益的增长，企业需要开发有卖点、高附加价值的新产品，确保新产品如期完成开发、如期导入量产，这也是经营精益改善的重点。

2.2.2 运营层面的精益改善活动

运营精益改善活动通常由厂长主导，厂长需要站在总经理的立场，考虑如何增加企业利润和现金流。并将总经理提出的经营目标（也叫经营指标，即上述经营精益的内容）分解为P、Q、C、D、S、M六大机能指标。同时根据六大机能指标，对运营流程（从接单到交货）进行梳理，运用物流和信息流图来对当前的运营状况作出分析，结合总经理提出的中长期方针和目标，绘制出企业未来发展的蓝图（理想的物流与信息流图），通过对比企业现状与理想蓝图之间的差距，识别运营流程中存在的课题，制订课题改善的计划，并主导课题的实施。

另外，为了提高企业的盈利能力，厂长需要亲自带队，对当前的成本损失进行调查、分析和改善，建立持续挖掘成本损失、改善损失的体制。

运营精益除了运营课题和改善损失外，还需要重点关注管理干部改善能力的培养。通过课题和损失改善，提升管理干部识别课题、制定课题、改善课题的能力。

2.2.3 制造层面的精益改善活动

制造精益改善活动通常由生产主管（或生产经理）主导，主管应站在厂长的立场，考虑如何打造卓越的生产管理模式，提高及时交货能力，提升生产效率。同时关注人、机、料、法、环等生产五要素，识别生产五要素有可能发生的异常现象，做好事前预防，打造高度稳定的生产线。

制造精益的改善活动，需要承接厂长在运营精益层面提出的改善课题，运用精益、IE、TPM、TQM、TWI等专业工具，对课题进行深挖，彻底解决异常，防止问题再发生。然后将改善的成果转化成日常管理标准，并对一线员工进行传达教育，监督标准的实施过程，识别并改善标准实施过程中的困难点，确保标准可以简便、有效地实施。

2.2.4 精益改善的切入方式

2.2.4.1 精益改善的系统性和关联性

由高层主导的经营层面的精益改善，用来解决企业长期发展的问题，在某种意义上，属于企业发展的"志向"，需要的是宏观规划能力。由中层主导的运营层面的精益改善，用来解决企业系统完善问题，重点在于"俯瞰"全局，需要的是制定课题和解决课题的能力。由基层主导的生产层面的精益改善，用来解决企业最基本的生产功能稳定性问题，重点在于"深挖"异常,必须使用"利器"(各种改善工具)将异常的"根"挖出来,需要的是排除异常和制定标准的能力。

制造、运营、经营三个层面的精益改善活动,虽然相互关联,但实现目的、主导人员、实施范围、活动内容等却各不相同,如表2-1所示。

表 2-1　三个层面精益改善活动的区别

项目	制造精益	运营精益	经营精益
主导人员	主管、班长、工程师	厂长、总监	总经理
改善视角	厂长	总经理	董事长
实现目的	排除异常、稳定生产 打造卓越工厂管理的基础	提高盈利能力、优化现金流 实现卓越的工厂管理	提高投资报酬率 实现永续经营
活动范围	生产车间 (示范单位→扩展)	全工厂 (全工厂水平展开)	全公司
活动内容	瓶颈工序改善 制程安定化和连线 损失调查和改善	信息流改善(间接部门效率化) 实物流改善 全面损失改善 工厂全面损失改善	产品盈利能力分析 产品附加价值分析 经营策略展开 产品成本改善
使用步骤	个别改善程序(QC Story)	物流与信息流改善程序 损失改善程序	方针目标展开程序 高附加价值产品开发程序
相关工具	·SMED　　·快速配送 ·5S和三定　·少人化 ·KanBan　·标准化 ·灯号管理　·自动化 ·目视管理　·Poka-yoke ·TPM/TQM　·IE	·物流与信息流分析 ·差距分析 ·课题展开 ·损失改善 ·JIT供料	·方针目标展开 ·同步工程 ·VA/VE ·QFD
改善效果	效率(P):↗20%~50% 品质(Q):↘50% 成本(C):↘10%~30% 交期(D):↘30%~50% 安全(S):↘50% 士气(M):营造改善氛围	库存周转率:↘30%~80% 生产周期:↘50% 效率(P):↗20%~50% 品质(Q):↘80% 成本(C):↘30%~50% 交期(D):↘30%~50% 安全(S):↘0% 士气(M):创意功夫提案	提升利润、现金流量等

很多时候,使用机械分割的方式,对管理方法进行硬性区分,把本来紧密关联的内容,切分成独立的模块,会出现局部优而整体劣的现象。把整体分成多个模块,虽然方便了每个模块的介绍,却不利于搭建整体系统。如果想打造精益企业,需要先对精益改善的系统性和关联性作出整体说明。精益改善的系统图如图2-7所示。

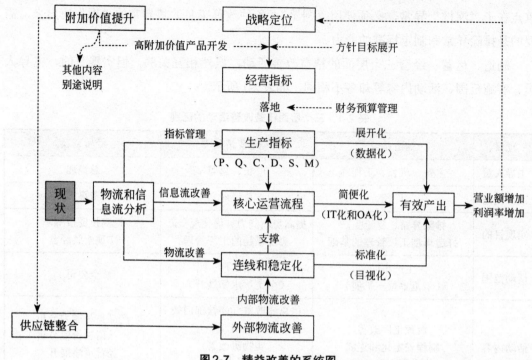

图2-7　精益改善的系统图

自上而下从战略定位到生产指标再到核心运营流程，是经营精益的改善内容。从底部的外部物流改善到连线和稳定化，是浓缩后的制造精益内容。自上而下的经营精益，对运营精益的改善活动，提出了方向和目标。从下向上浓缩为连线和稳定化的制造精益，为运营精益的改善活动，提供了强有力的支撑。最为重要的是中部从左向右（现状到营业额增加）的运营精益，起到了承上启下的关键作用。所有的精益改善活动，最终都必须在核心运营流程（从接单到交货的全过程）得以实现。脱离了核心运营流程这个主线，点对点的精益改善即使能带来一些局部变化，也不会对经营收益有帮助。

所以，打造精益企业，从核心运营流程的梳理和改善着手，见效最快。

2.2.4.2　精益改善的切入步骤

（1）全面、系统地识别企业当前存在的问题

精益改善的第一步，就是把企业的真实现状清晰地还原出来，把企业当前存在的问题全面、系统地识别出来。用来描述企业现状的工具是物流和信息流图（价值流图）。首先，将企业从客户下单到交货的全过程，用一张图（一页纸）全面地关联起来。然后，确认当前的运营流程中，在增加营业额和利润、提升有效产出等方面存在哪些影响和制约因素。通常通过P、Q、C、D、S、M六大机能指标进行确认。

P（效率Productive）：生产能力、生产效率、人均产出效率等。

Q（品质Quality）：市场投诉、不良率等。

C（成本Cost）：生产成本、人工成本、材料损耗、工厂24大损失等。

D（交期 delivery）：交货周期、新产品的开发周期、样品的制作周期等。

S（安全 safety）：经营风险识别、职业伤害等。

M（士气和氛围 morale）：技能训练、改善氛围等。

如此一来，就能把企业当前存在的经营课题识别出来，这也是基于现状的反省。然而单纯地改善现状，虽然能减少企业存在的异常，但并不会让企业真正达到卓越状态。卓越的企业除了解决当前存在的课题外，还要建立长期发展的竞争优势。

（2）考虑如何打造企业的竞争优势

除了识别当前经营异常外，通常还需要考虑如何打造企业的竞争优势。此时，应当结合经营精益提出的战略定位，规划出企业核心运营流程的理想状态。所谓的理想状态，就是能够支撑企业长期良性经营的状态。虽然从管理的角度来看，理想状态和卓越管理存在共性，但实际上还是有区别的。理想状态是企业应当变成的样子，是企业的发展蓝图，要把发展中的不确定因素变得确定、可控，解决"该做什么"的问题。卓越管理是持续对各项管理进行深化，在确定性中消除异常，解决"如何做得更好"的问题。

（3）对精益企业的理想运营状态作出规划

根据企业未来的竞争定位以及对现状的反省，对精益企业的理想运营状态作出规划。追求在当前和未来实现营业额和利润的双增长。可以把企业理想的运营状态，用物流和信息流图的格式在一张纸上呈现出来。

（4）识别现状与理想的差距，梳理课题清单

首先，把规划出来的理想图与现状图进行比较（见图 2-8），识别出现状与理想的差距，并将差距设定为需要改善的课题。其次，把企业从现状变成理想状态时需要改善的所有课题梳理出来，汇总成为课题清单。最后，根据企业资源配置的实际能力，确定课题改善的优先顺序，并制订具体的实施计划。

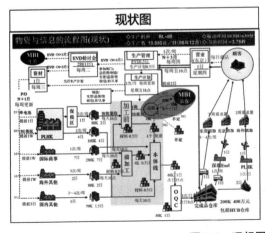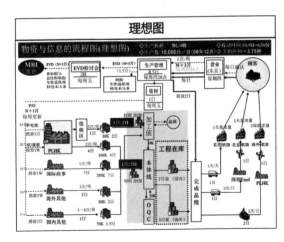

图2-8　理想图与现状图的比较

（5）课题逐一分解

企业从现状变为理想状态，通常可以先归纳为P、Q、C、D、S、M等几个课题，然后再逐一展开为大课题、中课题、小课题，同时指定课题改善的主导部门、负责人、衡量指标，并由负责人制订改善计划，实施改善及追踪改善进度和效果，如图2-9所示。

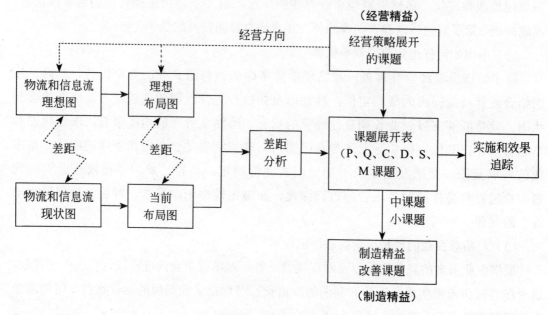

图2-9 课题逐一展开

根据物流与信息流图中识别出的课题，逐层分解出中课题和小课题，通常直接由制造精益承接，从而实现运营精益和制造精益的有效衔接。运营精益为制造精益指明了改善方向和具体的课题；制造精益为运营精益提供了强有力的改善支撑。

2.3 打造精益企业的实施步骤和重点

不同的企业，管理基础不同，所以打造精益企业的实施步骤和改善周期也各不相同。结合一般行业的共性来看，运用精益工具打造精益企业的阶段、步骤和内容，可以参照图2-10所示的简易路线来实施。

2.3.1 第一阶段：共识期和导入期

2.3.1.1 共识期

万事开头难，对于未曾体验过精益改善成果的企业来说，尝试进行精益改善，有助于减少企业的试错风险。初期不建议企业将活动面扩展得很大。人在没有见到改善效果之前，观念不会发生真正改变，这是最为浅显的道理。企业导入的改善活动，务必以快

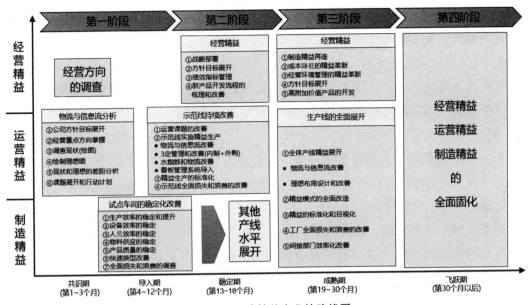

图2-10　打造精益企业的路线图

速达到效果为重点。如果改善活动在形式上投入很多，虽然有助于在短时间内把人的兴奋点拉起来，但几个月后没有达到预期的效果，人们参与活动的热情就会大幅度降低，甚至出现怀疑、抗拒的心理。这样就会对活动的推行带来很大的负面作用。为了让活动取得更好的效果，所以先尝试着进行。

在初始的共识期，可以先简单地与经营层做些交流，了解一下经营的重点和方向，将改善活动的重点，聚焦到经营层关注的方向上。企业推行活动时，如果有人抱怨老板和总经理不支持，通常是改善活动与经营方向出现了不一致。

2.3.1.2　导入期

（1）识别出瓶颈和课题

在了解经营层的关注方向后，使用物流与信息流图的方式，对企业的运营流程进行详细的梳理，识别出企业当前面临的瓶颈和课题。比较合适的做法是，在瓶颈和课题识别出来后，先向经营层进行汇报，确定课题改善的紧迫程度和优先顺序。然后再逐层分解课题，制订改善计划。

（2）选择试点区域

根据识别出来的瓶颈和课题，确定内部优先试行的区域，此时可以优先选择有代表性的试点车间、试点生产线，或者试点设备。选择试点区域时，可以从以下几个方面来考虑。

●公司的瓶颈：一旦瓶颈得到改善，就可以为公司带来非常直观、有价值的贡献。

●公司最弱的区域：如果能将公司最弱、最差的区域改善出效果，也会带来非常直观、有效的贡献。

33

●公司最强的区域：如果能将公司最强、最好的区域改善出效果，就能够体现出精益改善的威力，会更令人信服。

（3）对试点区域进行改善

试点区域选择出来后，需要对该区域急需解决的问题进行调查，然后再根据实际情况，优先选择改善工具。有必要指出的是，精益的改善活动，并不是直接把精益改善工具拿来使用，而是要根据企业的实际需要，确定优先导入哪些改善工具。精益改善是为经营服务的，只要能够为经营带来效果，无论是否归类为精益工具，都可以拿来使用。反过来，如果不考虑经营服务这个目的，只是认为精益工具很有效，便直接拿过来使用，都会走进把手段当目的的误区。

试点区域的改善重点，大多是P、Q、C、D、S、M等方面。哪方面的问题最迫切，就优先选择哪方面的工具来改善。精益改善的工具，通常包括IE、TPM、TQM、TWI、5S、三定等。这些管理的基础工具，企业有必要主动练习和掌握。

> **提醒您**
>
> 在第一阶段导入期，应专注于在试点区域进行课题改善。一般来讲，3～6个月的改善周期，足以为企业带来很大的变化效果了。

在全面导入之前优先选择示范区改善，是一种小范围试错的思维，可以将初期试错成本降到最低。

2.3.2　第二阶段：稳定期

经过第一阶段试点区域的改善，企业获得了改善成果。一方面要考虑如何把改善成果快速放大，可以将试点区域的改善方法、改善技巧、改善成果，以及通过改善形成的管理标准，直接推广到其他车间（水平展开），这样可以快速见效。

另一方面，之所以在第一阶段只选择试点区域来进行改善，是想通过小范围尝试，体验精益改善所带来的效果，坚定企业管理人员的信心。当在试点区域的尝试取得了成果后，就可以对试点区域进行全面、系统的改善。这时可以通过试点区域的深入改善，学习和掌握精益的系统方法。

2.3.3　第三阶段：成熟期

经过第一阶段试点成果的水平展开和第二阶段稳定期的深入改善，企业可以快速体验到精益的改善效果。见到效果后，企业就不会质疑精益改善活动，对精益改善活动的顾虑就会消除。此时可以将经营精益、运营精益、制造精益三个层面的活动，同步展开来推行。

首先，通过经营精益的改善活动，对企业的发展方向作出清晰的规划，全面导入方针目标管理活动（详细内容参照经营精益章节的内容），制定企业的经营方针、经营指标、关键绩效指标、工作指标，梳理影响企业经营指标的课题。

同时，根据企业的经营定位，规划出理想的物流与信息流图。通过与现状的物流与信息流图进行比较，识别差距、制定课题。并将识别出的课题，一同纳入课题改善计划。

然后，根据课题改善计划，选择制造精益深挖课题所需的改善工具，有计划、有步骤地开展全面改善活动。经营层、运营层、管理层三个层面的精益改善活动，齐头并进、同步实施。

2.3.4　第四阶段：飞跃期

走过了三个阶段，精益改善活动在企业里已经扎根，并融入了企业的日常管理活动之中。这时就可以通过持续改善，使企业向卓越的精益企业转变了。

2.4　精益改善评价指标

实施有效的精益改善活动，打造卓越管理的精益企业，可以带来显著的成果，相应的评价指标，见表2-2。

表 2-2　精益改善相关的评价指标

序号	指标	机能区分	单位	趋势	定义
1	生产量	P	吨/月	↗	工厂当月总的生产量
2	新产品贡献率	P	%	↗	（新产品第一年的生产量/工厂当年总的生产量）×100%
3	采购及时率	D	%	↗	（准时到货次数/采购总次数）×100%
4	采购周期（主材）	D	天	↘	从采购下单到主材回厂入库的天数（取批次的平均值）
5	OEE	P	%	↗	设备每日OEE的平均值＝时间稼动率×性能稼动率×良品率
6	设备故障次数	P	次/月	↘	A、B类设备，每月因设备原因停止超过10分钟（含10分钟）的次数
7	标准生产效率	P	标准吨/人·小时	↗	工厂当班总的生产量（换算为标准吨）/（当班出勤人数×当班出勤时间）
8	生产成本	C	元/吨	↘	每吨产出的制造成本＝原料成本＋人工成本＋制造成本

续表

序号	指标	机能区分	单位	趋势	定义
9	库存金额（局部）	C	万元	↘	库存金额=原料库存金额+包材库存金额+备件备品库存金额
10	重大客诉	Q	次/年	↘	重大客诉指： （1）给工厂带来重大损失的客诉 （2）质量性投诉，同一产品、同一批次、同一不良现象投诉超过10件
11	工厂客诉总次数	Q	次/月	↘	当月收到的客诉次数合计
12	食安高风险	Q	处所	↘	食品安全危害评价高风险处所的合计
13	评级安全事故	S	件/年	↘	工作中出现的评级安全事故次数的合计
14	停工工伤次数	S	件/年	↘	工作中出现的导致员工停工休息的安全事故次数的合计
15	员工满意度	M	%	↗	一年中定期实施的员工满意度调查结果的平均值
16	生产周期	D	小时	↘	产品从主材进厂到成品入库的生产时间
17	时间稼动率	P	%	↗	（工作稼动时间－停止时间）×100%/工作稼动时间
18	累计减少人员数量	C	人	↘	生产车间累计减少的作业人员数量
19	原料损失率	C	%	↘	（原料损失重量/生产总产量）×100%
20	累计改善收益	C	万元	↗	TPM改善活动收益的累计金额
21	性能稼动率	P	%	↗	（当班产量×标准CT）×100%/（工作稼动时间－停止时间）
22	小停机次数	P	次/月	↘	设备原因停机时间小于10分钟的停机次数合计
23	A、B类设备零小停机台数	P	台	↗	连续一个月没有出现小停机（零小停机）的A、B类设备总台数
24	F条累计贴付件数	M	件	↗	贴付F条的累计数量
25	F条累计改善件数	M	件	↗	F条完成改善的累计数量
26	CIL时间	P	分钟/天	↘	1天内花费在设备清扫、点检、润滑上的总时间（分钟）
27	OPL累计件数	M	件	↗	完成OPL的总件数

序号	指标	机能区分	单位	趋势	定义
28	食品安全F条累计件数	M	件	↗	食品安全F条贴付的累计数量
29	食品安全F条累计改善件数	M	件	↗	食品安全F条完成改善的累计数量
30	零故障设备台数	P	台	↗	连续3个月没有出现故障（零故障）的设备台数合计
31	零故障生产线数量	P	条	↗	连续3个月没有出现故障（零故障）的生产线条数合计
32	A类设备零故障比率	P	%	↗	A类设备零故障台数×100%/零故障设备台数
33	故障时间	P	小时/月	↘	当月设备原因停止时间超过10分的累计故障时间
34	MTTR	P	小时/次	↘	平均故障修复时间=（设备故障修复时间/设备故障次数）
35	保全成本	C	万元/月	↘	当月保全成本=故障修理费用+保养费用+设备改良费用
36	设备备件库存金额	C	万元	↘	当月的设备备件库存金额
37	生产线不良品率	Q	PPM	↘	各生产线不良品率的平均值，生产线不良品率=（不良品数量/生产数量）×100%
38	QM矩阵的遵守度	Q	%	↗	（巡回检查总件数−未遵守件数）×100%/巡回检查总件数
39	异物食安高风险	Q	处所	↘	异物引起的食品安全危害高风险的处所合计
40	设计变更品质异常率	Q	%	↘	（设计变更导致的品质异常次数/设计变更总次数）×100%
41	新设备食安高风险	Q	处所	↘	新设备导入时的食安高风险处所合计
42	新产品食安高风险	Q	处所	↘	新产品导入时的食安高风险处所合计
43	新设备不良品率	Q	%	↘	新设备导入时的不良品率
44	新产品不良品率	Q	%	↘	新产品导入时的不良品率
45	LCC削减率	C	%	↗	（计划LCC−实际LCC）×100%/计划LCC
46	开发周期	D	天	↘	生产导入的实际天数
47	设备导入阶段变更率	Q	%	↘	（设备导入阶段变更次数/全周期的设备变更次数）×100%

序号	指标	机能区分	单位	趋势	定义
48	MP反馈累计件数	Q	件	↗	设备企划到量产开始，设备导入期间MP反馈件数的累计
49	初期流动解除时间	D	天	↘	初期流动管理开始到解除的实际（必要）天数
50	讲师人数	M	人	↗	工厂内具备讲师能力（认定）可实施教育训练计划指标的总人数
51	生产多能工人数	M	人	↗	生产部门掌握2个以上操作技能的员工总人数
52	检验多能工人数	M	人	↗	品质检验部门掌握2个以上检验技能的检验总人数
53	自主保全技能人数（初级）	M	人	↗	根据事前制定的评价基准，达到基准要求（进行认定）的人数
54	自主保全技能人数（中级）	M	人	↗	根据事前制定的评价基准，达到基准要求（进行认定）的人数
55	自主保全技能人数（高级）	M	人	↗	根据事前制定的评价基准，达到基准要求（进行认定）的人数
56	专门保全技能人数（初级）	M	人	↗	根据事前制定的评价基准，达到基准要求（进行认定）的人数
57	专门保全技能人数（中级）	M	人	↗	根据事前制定的评价基准，达到基准要求（进行认定）的人数
58	专门保全技能人数（高级）	M	人	↗	根据事前制定的评价基准，达到基准要求（进行认定）的人数
59	品质保全技能人数（初级）	M	人	↗	根据事前制定的评价基准，达到基准要求（进行认定）的人数
60	品质保全技能人数（中级）	M	人	↗	根据事前制定的评价基准，达到基准要求（进行认定）的人数
61	品质保全技能人数（高级）	M	人	↗	根据事前制定的评价基准，达到基准要求（进行认定）的人数
62	累计改善提案件数	M	件	↗	一年中，采用的改善提案累计件数
63	原辅料库存金额	C	万元/月	↘	月末原辅料库存金额=（入库量−生产领用量）×标准单价
64	包材库存金额	C	万元/月	↘	月末包装库存金额=（入库量−生产领用量）×标准单价
65	呆滞物料报废金额	C	万元/年	↘	呆滞物料库存金额=库存数量×标准单价

序号	指标	机能区分	单位	趋势	定义
66	原辅料库存周转率	C	%	↗	当月原辅料出金额/库存金额（上期和本期的平均值）
67	物料采购损失	C	万元/年	↘	采购数量与实际生产数量不一致导致的原辅料、包材损失费用的合计
68	安全中级风险以上作业处所	S	件	↘	安全风险评价3级（含）以上的作业处所的累计
69	非停工工伤	S	件/月	↘	工作中出现的不需要停工休息的轻微工伤的累计
70	红药水事件	S	件/月	↘	工作中出现的轻微身体伤害事件的累计
71	惊吓事件	S	件/月	↘	工作中出现的惊吓（事实上未出现伤害）事件的累计
72	安全教育时间	S	小时/月	↗	安全教育总人时（人数×教育时间）/工厂总人数
73	高劳动强度工作处所	S	处所	↘	劳动强度评价6点以上的作业处所累计
74	高温作业处所	S	处所	↘	工作中温度超过35℃的作业场所累计
75	噪音超标作业处所	S	处所	↘	工作中噪音值超过85dB的作业场所累计
76	固形废弃物量	C	吨/月	↘	每月每生产1吨产品发生的固形废弃物量合计
77	液状废弃物量	C	吨/月	↘	每月每生产1吨产品发生的液状废弃物量合计
78	电力消耗量	C	千瓦时/吨	↘	每生产1吨产品平均消耗的用电量
79	天然气消耗量	C	立方米/吨	↘	每生产1吨产品平均消耗的天然气量

2.5　精益改善组织架构和活动形式

2.5.1　精益改善组织架构

企业开展精益改善活动，无须成立专门的改善部门，精益改善的活动要融入到企业的日常管理中。所以精益改善活动的主导者和参与人员，都由当前的管理人员兼任。常规的做法是，由总经理挂帅，然后指定厂长（或者同等级别的管理干部）作为精益改善活动的总负责人，主导企业的精益改善活动。

精益的改善活动，是在企业现有的、自上而下的部门管理基础之上，增加了横向跨部门课题改善小组，通过企业课题的专项提升改善，实现经营突破，并将课题改善的成果形成标准，及时更新到企业的日常管理中。精益的改善活动，只需在当前的管理干部中，选出擅长在P、Q、C、D、S、M等几个方面改善的人员，并指定他们为改善小组长。

为企业推荐的精益改善活动的组织架构，如图2-11所示。

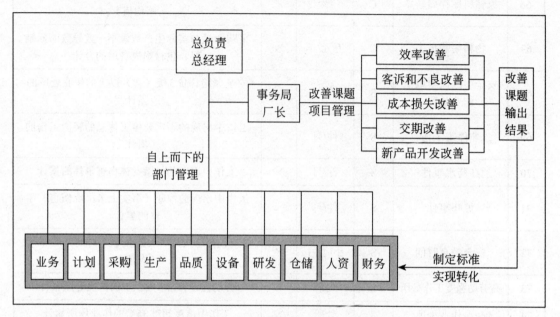

图2-11　精益改善活动推行的组织架构

2.5.2　精益改善活动形式

精益改善活动的重点，在于课题的专项改善活动，建议使用QC Story（品管履历）的活动方法和步骤。先指定每个活动的小组长（由当前的管理干部兼任），然后再由小组长根据实际工作的需要，从各个部门选择活动的组员。一般来说，不建议一人参与多个改善小组，一来会承担太多的工作量，二来也不利于改善活动的全员参与。专项改善的小组活动，通常由组长对本组成员的改善工作进行分工，并以周为单位，组织小组成员召开现场改善会议。工厂整体的改善活动，通常由厂长定期召集改善组长进行改善进度和效果的分析，并及时提供人力、物力的支持。

第二部分
经营精益管理

经营层面的精益，是要解决企业发展定位和产品利润率等问题，并为运营精益指明具体的方向，提出具体的要求和衡量指标，其重点在于：

（1）方针目标展开。

（2）高附加价值产品的开发。

第 3 章
方针目标展开

方针管理和日常管理，是企业经营管理活动中两个紧密连接、互相促进、同步实施的循环工作。一方面，方针管理为日常管理指明了改善和提升的方向；另一方面，实施方针管理本身就是为了更有针对性地开展日常管理。企业的管理活动实际上就是日常维持和提升改善两个管理活动的循环，见图3-1。日常管理是管理标准的日常维持活动，方针管理是重点课题的专项提升改善活动。日常管理活动的循环称为标准维持的SDCA循环，重点课题的改善活动称为改善提升的PDCA循环。方针管理活动就是通过重点课题的提升改善（管理变革），将日常管理提升到更高的水平，然后按照SDCA的日常管理循环，彻底地贯彻实施企业变革，如图3-2所示。

3.1 方针目标管理

方针目标管理是在目标管理的基础上演变而来的管理手段，是企业达成中长期经营计划的管理手段。

3.1.1 方针目标的含义

方针是企业经营层正式明确的企业使命、经营理念和发展愿景，是为了达成中长期经营计划，所指明的企业经营意图和方向；一般来说，目标包含三个要素：重点课题、目标和方策（方针和措施），如图3-3所示。

3.1.2 方针管理和日常管理的关系

方针目标管理的重点，在于对企业重点课题的改善。重点课题来自于两个方面，一方面，对当前管理工作进行反省，把当前管理工作中反复发生、未能得到彻底解决的异常现象定义为必须解决的课题。另一方面，根据企业的中长期发展规划，识别出必须突破的制约因素，并将其定义为重点课题。

方针管理和日常管理的关系如图3-4所示。

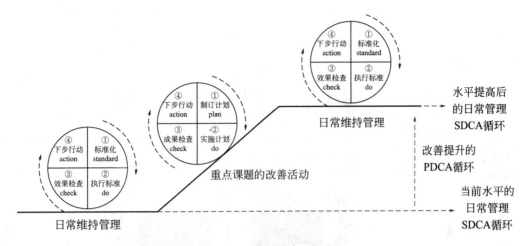

图3-1 维持管理的SDCA循环和改善提升的PDCA循环

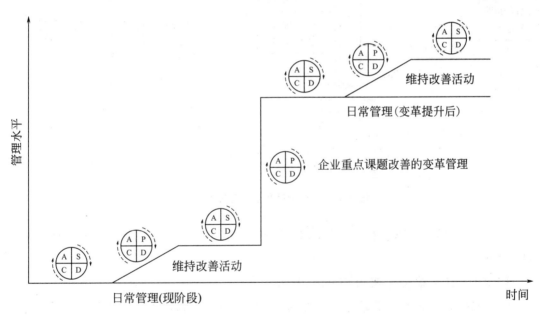

图3-2 日常维持管理和企业变革的关系

方针	高层正式表明的： （1）企业的使命、理念、愿景 （2）企业整体的发展方向 （3）中长期经营计划及达成措施
目标	■ 重点课题：企业的重要课题和具体的达成措施 ■ 目标：方针和重点课题达成方向的衡量指标 ■ 方策：为了达成经营目标，所选择的手段

图3-3 方针和目标的含义

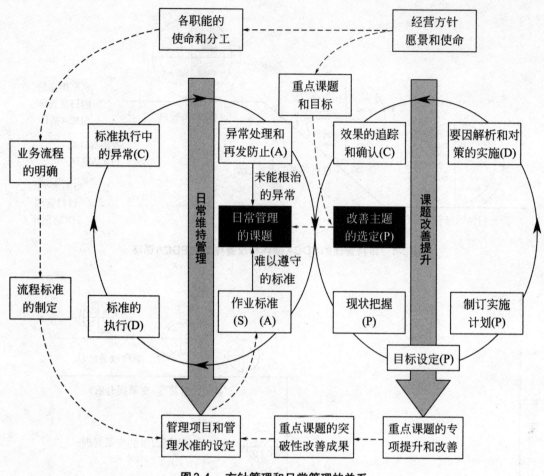

图3-4　方针管理和日常管理的关系

日常维持管理的SDCA循环，是图3-4左侧的循环；方针管理的改善提升循环，是图3-4右侧的循环。

3.1.2.1　日常维持管理的SDCA循环

日常维持管理是在现有职能分工的基础之上，根据各职能部门的业务流程，制定详细的管理项目，设定详细的管理标准，输出当前的作业标准（standard），从而启动日常维持管理的循环。日常工作就是遵照作业标准（standard）来实施（do），执行标准的过程中，难免会出现未按标准执行的情况，这时需要对标准执行中存在的异常进行确认（check），确认标准的过程就是对标准遵守度和遵守效果的确认。有规定（标准）不遵守，是企业管理中存在的最大异常。如果发现标准未得到遵守，可以确认以下几个方面的内容。

（1）标准对谁来说都无法严格遵守。

（2）标准可以暂时遵守，但若要长期坚持，却很困难。

（3）标准能够遵守，但总是会出现人为失误。

（4）标准容易遵守，却没有得到遵守；既没有人愿意遵守，也没有人监督标准的执行情况。

从上述四点对标准未遵守的现象进行分析，然后逐一改善，提出异常处理的措施（Action）及异常预防对策，对作业标准的执行难点进行改善，这就是日常管理的SDCA循环。

3.1.2.2　方针管理的改善提升循环

日常管理中作业标准执行的难点，如果无法得到彻底解决，则可以把难以遵守的标准和未能根治的异常现象，当作重点课题来进行改善，从而进入课题的改善循环。由于重点课题的改善，需要重新评估改善方法和投入资源，才能实现突破性的提升，所以通常把重点课题的突破，纳入方针管理的循环中，以寻求改善。

企业作出中长期的发展规划后，根据企业的经营方针和使命，也会展开并分解出需要重点改善的课题，这时可以把日常管理输出的重点课题和通过方针管理识别出的重点课题，按照PDCA循环进行改善。PDCA改善活动通常按照QC Story的七个步骤来实施，分别是：

（1）改善主题的选定（P）。

（2）现状把握（P）。

（3）改善目标的设定（P）。

（4）制订改善计划（P）。

（5）要因分析和对策实施（D）。

（6）改善效果的确认（C）。

（7）改善成果的标准化和日常维持（A）。

通常，改善成果的标准化（A），等同于日常维持管理的制定标准（S）。改善到这一步时，就会自动转到日常维持管理SDCA循环。

以上就是日常管理和方针管理的关系，接下来重点介绍方针管理的实施步骤。

3.2　方针目标管理的实施步骤

打造永续良性经营的精益企业，需要对企业的长远发展作出规划。根据企业的实力，作出更有利于长期发展的战略部署，指明未来的发展方向，制定可以衡量的战略目标，识别达成战略目标必须重点突破的关键课题，制定解决关键课题的充分必要措施和具体的行动计划，将课题达成措施和行动计划，落实到日常管理活动中，从而实现战略方针和战略目标。

方针目标管理是企业达成中长期经营计划的管理手段，是战略部署得以贯彻实施的重要工作。方针目标管理通常按照图3-5所示的八个步骤来导入。

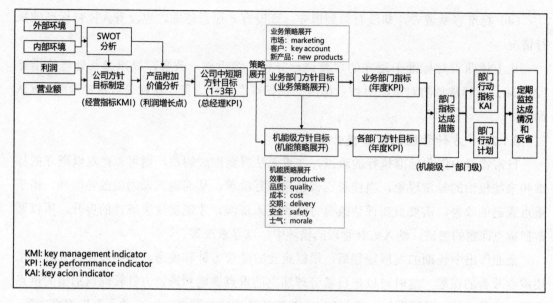

图3-5 方针目标展开的步骤

第一步：企业的竞争优势分析。

第二步：企业重点课题的识别。

第三步：经营方针和经营指标（KMI）的制定。

第四步：业务方针、目标（KPI）和策略的展开。

第五步：机能级方针、目标（KPI）和策略的展开。

第六步：指标（KPI）与管理活动的关联。

第七步：行动计划和行动指标（KAI）的设定。

第八步：指标达成情况的确认和改善。

注：KMI是key management indicator（重要管理指标）的简称。

KPI是key performance indicator（重要绩效指标）的简称。

KAI是key activity indicator（重要活动指标）的简称。

3.2.1 第一步：企业的竞争优势分析

方针管理的第一步即企业的竞争优势分析。主要的目的在于，根据企业的竞争优劣势，识别企业的机会和危机，制定企业的差异化定位策略，提出能够支撑企业长期发展的愿景和使命，为企业的长期发展指明方向。

3.2.1.1 企业在行业内排位调查

企业进行方针目标管理，本质目的就是实现长期良性经营。在竞争激烈的商业环境中，企业的长期良性发展，取决于能否长期保持有利的竞争地位。企业的竞争情况通常与行业的前景息息相关，在此所谈的内容，不涉及发展前景等战略规划，只对企业所在行业进行排位分析。

　　首先，应根据企业在行业内所处的地位进行排位调查。不论企业处于生命周期的哪个阶段，只要存在同行业竞争，就应确保企业在竞争排名中处于有利的地位。企业可以站在客户的立场，对企业的市场份额、企业规模、生产能力、新产品的研发能力、交货能力、价格、质量等内容进行调查；围绕客户重点关注的内容，进行同行之间的排名分析。如果客户有供应商评价标准，也可以直接利用该标准，进行竞争企业之间的排名调查。

　　企业的竞争排名分析（见表3-1），可以从效率（P）、品质（Q）、价格（C）、交期（D）等几个维度来展开。先罗列出客户关注的维度，为每个维度的重点调查项目分配相应的权重。每个调查项目的评价标准，可以设定1～5分的分值，其中，5分为最高，代表该项目在行业里面的排位最靠前；1分为最低分，代表该项目在行业里面排位最落后。建立评价维度、评价项目和评分标准后，罗列出与企业存在明显竞争关系的同类企业，识别出行业的标杆企业，然后运用已经建立的评价标准，依次根据每个评价项目，对每个企业作出评价。评价不需要特别精准，评价完成后，逐项列出本企业在行业中的排位顺序。

　　接下来，根据每一个评价项目的排位，寻找差异化的竞争定位策略。一般来说，企业应该考虑的是：

　　●在客户最敏感的评价项目上，确保能达到"5分"（最好）。
　　●在客户第二敏感的评价项目上，至少能达到"4分"（中等偏上）。
　　●确保其他评价项目维持在"3分"（与其他企业持平）。
　　●企业不应该存在"1分"和"2分"的项目（差），以防自己的优势（评为5分的项目），被"1分"和"2分"的劣势项目拖累。

　　我们通常把上述建立竞争优势的策略，称为"54333"策略，意思是确保有一个项目被评为5分，一个项目被评为4分，其他项目维持在3分的水平。

　　完成排名后，企业需要根据自身的实力，小心谨慎地确定今后的实施策略，以确保企业能够建立有利的竞争地位。企业可以先确定每个评价项目的目标值，然后制订相应的计划，逐步提升企业的排名。

　　下面通过案例进行说明。

　　成都某食品工厂，在11个评价项目上与其他竞争公司进行了比较，其原来的排位是第9名。经过差异化分析，该食品工厂决定，除了成本（降价让利幅度）维持现有评分外，在客户关心的其他评价项目上，进行挑战。希望通过一年的专项改善，进入整体

表3-1 企业的竞争排名分析

评价内容		效率（productivity）		品质（quality）		价格（cost）	交期（delivery）		总分
评价指标		准时交货	生产能力	产品功能	产品品质	产品价格	生产周期	新品开发周期	
评分标准		延期~准时 1~5	低~高 1~5	少~多 1~5	差~高 1~5	高~低 1~5	长~短 1~5	长~短 1~5	
所占权重		15%	5%	5%	15%	30%	20%	10%	
行业标杆	A公司	4	5	4	5	1	2	2	2.7
	B公司	5	5	4	5	2	2	3	3.25
竞争对手	C公司	3	4	3	4	3	3	3	3.2
	D公司	4	4	4	3	5	5	3	4.25
自己公司	本公司	2	4	5	4	2	3	3	2.85
排名	顺序	5	2	1	2	4	3	3	—

排名前 3 位。制定目标时，考虑到其他公司也会同时进行提升改善，所以该食品工厂将目标排名的平均分定为 3.95 分（见下表）。

企业竞争排名

评价内容				标杆公司	其他竞争公司								本公司	目标值	
序号	评价项目	类别	权重	广州	南宁	西安	长春	济南	合肥	杭州	武汉	天津	成都	目标值	挑战目标
1	验货不合格次数	Q	8%	5	4	1	2	5	5	2	2	2	3	4	≤1次/季
2	市场投诉率	Q	10%	5	2	4	5	2	1	2	2	5	3	5	0
3	及时交货率	D	20%	5	3	4	4	4	3	3	3	3	2	4	≥99%
4	交货周期	D	5%	3	3	3	5	3	3	1	3	3	2	4	≤15天
5	样品制作周期	D	3%	5	2	1	1	1	4	2	5	2	3	4	≤7天
6	样品一次性合格率	Q	5%	3	3	5	3	3	5	2	2	2	4	5	100%
7	生产能力	P	10%	5	4	2	2	5	2	1	2	2	3	4	≥500吨/月
8	降价（让利）幅度	C	20%	2	4	4	5	2	5	2	2	2	3	3	维持不变
9	生产效率	P	6%	5	2	2	2	4	2	4	4	4	3	4	提升15%
10	工厂审核得分	P	3%	5	3	3	5	3	3	3	5	4	4	4	≥90分
11	配合度	Q	10%	3	5	3	3	3	3	5	1	5	4	4	维持不变
	综合评分			4	3.36	3.28	3.6	3.32	3.45	2.18	2.39	3.06	2.93	3.95	—
	综合排名			1	4	6	2	5	3	10	9	7	8	目标进入前3名	—

3.2.1.2 对企业定位（排名）进行优劣势分析

完成企业的竞争排名以后，应对企业定位（排名）进行优劣势分析，制定能让企业发挥优势、增加机会、改善弱点、消除威胁的改善策略。

具体可使用战略定位工具 SWOT 分析法（见表3-2）来进行分析，根据企业所处的外部环境（排名）和企业的内部能力（评价项目），来识别企业内部的优势（strength）和劣势（weakness），以及外部的机会（opportunities）和威胁（threats）。企业可以根据排名分析的评价内容，来分析内部的优劣势。外部威胁的分析，除了考虑市场份额减少、客户订单量流失外，还要考虑外部政策、法规、行业发展的制约因素。尤其是现阶段，国内大幅度提高了对环保、消防、劳动保护等方面的要求，来自外部的要求越来越多、越来越高，企业有必要全盘考虑形势、政策等对企业的影响，全面识别企业存在的风险。

表 3-2　SWOT 分析法

外部因素	内部能力	
	内部优势 （strength）	内部劣势 （weakness）
外部机会 （opportunities）	SO战略 发挥优势、寻找机会	WO战略 利用机会、强化弱点
外部威胁 （threats）	ST战略 利用优势、回避风险	WT战略 化解威胁、回避风险

3.2.1.3　对企业的定位进行明确阐述

完成了竞争排名和SWOT分析后，需要对企业的定位进行明确的阐述。通常需要指明企业的愿景和使命，并由此确定企业的经营方针。

（1）愿景

愿景是对企业未来的设想，是企业发展的蓝图，是企业的长期愿望和永恒的追求。愿景是"企业想要变成的样子"。

比如，打造世界级工厂。
- 努力使自己成为世界汽车工业的领头羊。（汽车企业）
- 成为全球领先的交通产品和服务供应商。（汽车企业）
- 提供能改善全球消费者生活品质和有价值的产品。（家化企业）
- 力求成为最受欢迎和最成功的媒体公司。（媒体企业）
- 丰富人们的沟通和生活方式。（通信企业）
- 成为拥有全球影响力的国际化大公司。（饮料企业）
- 用我们的激情酿造出消费者喜欢的啤酒，为生活创造快乐。（啤酒企业）
- 奉献优质产品，帮助人们实现清洁美丽优雅的生活。（家化企业）

（2）使命

使命是企业存在的目的和理由，是为了实现愿景企业必须承担的责任和义务，也是企业对自身发展作出的承诺。使命是"为了变成想要的样子，企业必须做什么"，比如：

- 使股东价值最大化。（饮料企业）

●保护和改善生命，药品意在治病救人，不在于以本求利。（药品企业）

●协助客户创造并保持竞争优势，以提高客户的业绩。（咨询机构）

●不断改进产品和服务，从而满足顾客的需求，为股东提供合理的回报。（汽车企业）

●以人为核心，向所有用户提供最优质的服务。（软件服务企业）

●用我们的产品和服务丰富大众生活，并使股东价值最大化。（电器企业）

（3）方针

方针是企业的发展方向，是为了实现经营目的企业必须集中资源、重点发展的方向。方针是"为了变成想要的样子，企业应向哪个方向走"。

愿景是企业的梦想，使命是企业的责任，方针是企业的发展方向。梦想和责任可以是概念化的，经营方针必须是明确的。制定方针时，需要根据企业的实际情况，深挖企业的优势，识别企业的弱点。并结合企业提出的经营目标，选择适合自己的经营方向。

3.2.2　第二步：企业重点课题的识别

确定了企业的差异化定位策略后，经营理念、企业愿景和使命，可以明确地制定出来。接下来需要对愿景作出更进一步的阐述，并识别出企业必须解决的重点课题，然后制定课题的衡量方式和具体目标。

3.2.2.1　识别出企业必须解决的重点课题

比如，企业提出了"打造世界级制造工厂"的愿景，希望能系统性、全方位地提高企业的综合管理水平，通过打造卓越的管理体制，实现企业综合竞争力的提升。在经营方针明确提出后，企业就要对"打造世界级制造工厂"的发展愿景，进行更进一步的阐述。打造成什么样的制造工厂才属于世界级水平，通常可以从经营和管理两个方面来阐述，见图3-6。

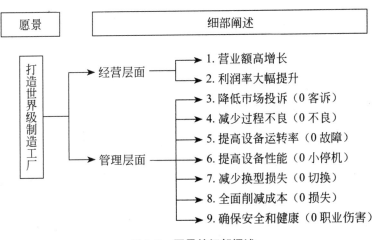

图 3-6　愿景的细部阐述

从经营层面来看，世界级制造工厂应该是高增长、高收益的工厂，营业额和利润率都应高于行业平均水平。所以，应该将确保营业额和利润率持续增长的重大课题，作为企业管理突破的重点。

从管理层面来看，世界级制造工厂追求"0客诉、0不良、0故障、0小停机、0切换、0职业伤害、0损失"的极限管理水平（七"0"状态）。企业的经营者应在对企业的现状进行深入调查后，找出企业现状与七"0"状态的差距，通过系统性、关联性分析，识别出企业必须解决的重点课题。

值得注意的是，营业额和利润率是必须设定的经营指标，每年都需要重新设定。管理层面，通常考虑对竞争地位、营业额、利润率的影响，优先选择突破制约经营的重大课题。这样做，有助于企业把资源投入到对经营最有贡献的课题上，不会失去焦点，造成经营资源的浪费。

综上所述，企业经营层面重大课题的识别，通常会考虑三个方面；一是营业额的增加；二是利润率的提高；三是总经理（经营者）重点关注的项目。其中，总经理重点关注的项目，通常是制约经营的重大课题，需要提前做好准备。

对于营业额和利润率，通常滚动制定未来3年的目标（见表3-3）。之所以需要滚动制定未来3年的目标，是因为企业既要确保当年经营目标的完成，又要为明后两年经营目标的达成打下坚实的管理基础。经营目标的完成通常需要事前做足准备，这也是企业需要制订中长期计划的一个非常重要的原因。

表 3-3　营业额和利润率未来 3 年的目标

项目		今年实际（n年）	明年目标（$n+1$年）	后年目标（$n+2$年）	第3年目标（$n+3$年）
营业额	金额（万元）	100	130	169	220
	增长比率（%）	—	+30%	+30%	+30%
利润率	百分比（%）	10%	10%	12%	13%
	增长比率（%）	—	—	+20%	+8%

对于总经理重点关注的项目，需要根据实际情况，对企业进行深入、彻底的反省，识别出企业的重要课题，见图3-7。

一般来讲，可以从以下几个方面来识别。

（1）根据当年经营指标的达成情况，对未达成指标的原因进行反省，并识别出制造经营的课题。

（2）根据明年的营业额和利润目标，分解出必须重点完成的课题。

（3）企业日常管理活动中，屡次发生却未能彻底解决的重大影响项目。

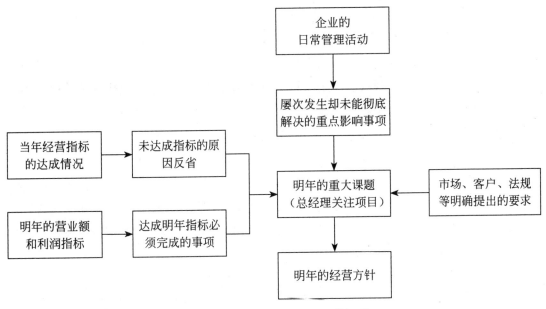

图 3-7　总经理重点关注项目的识别

（4）市场和客户提出的明确要求，以及法律法规、政策调整等产生的外部要求。

3.2.2.2　制定课题的衡量方式和具体目标

当企业识别出必须重点解决的影响经营的课题，接下来就应把解决课题的方向定义为企业的经营方针，为企业的管理活动和全体人员指明改善的方向。如何把企业识别出来的重点课题定义为企业经营方针，可以参照以下内容。

●生产周期过长、交货不及时的企业——缩短生产周期，提升及时交货能力。

●样品制作周期长、效率低的企业——缩短样品制作周期，增加销售量。

●因外部投诉多发影响客户重复下单的企业——减少外部客诉，提升客户满意度，扩大销售。

●因内部过程不良多发导致原料成本损失过大的企业——减少过程不良率，降低原料成本损失。

●因内部生产模式过于固化而无法灵活应对订单大幅度波动的企业——打造少人化生产方式。

●因作业员人为失误导致频繁批量返工的企业——导入自动化装置，减少人为失误。

●因漏检导致不良流出从而发生客户退货的企业——完善品质检验，杜绝客户验货返工。

●因设备故障频发导致设备效率低下的企业——全面实施 TPM 活动，提升设备效率。

3.2.3　第三步：经营方针和经营指标（KMI）的制定

企业需要把在第二步识别出的重大课题定义为企业必须重点突破的方向，并设定为企业的年度经营方针。经营方针决定了企业资源投入的方向和重点，如果不进行深入的思考，而随意设定出经营方针，会导致企业方向性错误，甚至给企业带来重大的损失。所以企业的经营者务必要慎重，切忌不考虑企业的实际情况，照搬照抄其他公司的做法。

当企业的经营方针设定后，就需要据此设定经营目标。设定经营目标的目的是对重点课题的改善效果衡量。现代管理之所以被称为科学管理，是因为现代管理可以使用数据来进行衡量、统计、分析。营业额和利润率指标本身就可以量化，自然无须赘述。所以，如何识别企业的重点课题、设定适合的衡量指标，才是重点。

经营方针是重点课题的改善方向，经营指标（KMI）是衡量重点课题是否达成的指标。所以经营方针是目的，经营指标是衡量目的的手段。根据经营方针设定经营指标，就是根据目的来选择衡量手段，衡量手段务必能支持目的。企业首先要识别出达成目的（经营方针）的充分必要手段，然后把对目的有重要影响的手段（必要手段）设定为衡量经营方针的经营指标，见图3-8。

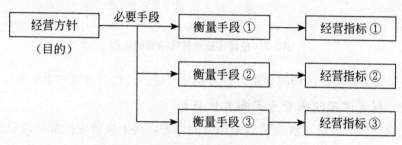

图3-8　经营方针和经营指标的关系

我们以第二步的重点课题为例，提出能够支撑经营方针的经营指标，如图3-9所示。第三步完成后，企业最终输出三个方面的经营指标。

（1）营业额目标。

（2）利润率目标。

（3）支撑经营方针的经营目标。

接下来需要制定达成经营指标的具体措施。

3.2.4　第四步：业务方针、目标（KPI）和策略的展开

在企业设定好的经营指标中，优先需要确保的就是扩大销售、提升利润的业务目标。在第二步中，企业已经提出了未来3年的营业额和利润率目标。第四步的重点是，为达成营业额和利润率这两个经营指标，制定实施的策略，同时将重点实施措施定义为重点课题，并设定可以衡量的关键绩效指标（KPI）。

营业额是产品在市场上销售量的数据化表现。企业的营业收入和利润，都以产品为载体来实现。达成营业额和利润率这两个经营指标的具体策略，取决于对市场和产品的深入研讨，如表3-4所示。

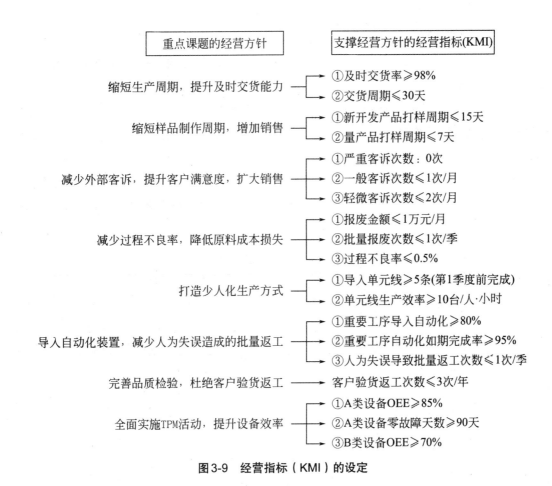

图 3-9 经营指标（KMI）的设定

表 3-4 增加营业额和利润率的策略

经营指标		市场和产品							
		既有市场（既有客户）				新市场（新客户）			
		老产品		新产品		老产品		新产品	
		目标值	策略	目标值	策略	目标值	策略	目标值	策略
营业额 提升 30%	1年								
	2年								
	3年								
利润率 提升 20%	1年								
	2年								
	3年								

3.2.4.1 将营业额按市场分解

第一，将营业额按市场分解，产品的市场可以分为既有市场和新市场。企业有必要分别制定既有市场（既有客户）和新市场（新客户）的营业额目标。第二，将既有市场

（既有客户）的营业额目标，分解为现有产品的营业额目标和新开发产品的营业额目标。第三，确定老产品、新产品的营业额。第四，明确提出使用的策略，以便完成老产品、新产品的营业额。

为了达成目标，除了关注具体的指标外，更需要关注达成指标的具体措施。缺少达成措施的量化指标，将毫无意义。有相当多的企业只是分解了指标，而没有制定达成指标的措施；或者即使提出了措施，也只是象征性地泛泛而谈，这些都是非常不可取的。

既有市场（既有客户）和新市场（新客户）的营业额指标与策略，可以按上述方法，进行详细的指标分解。也可以做成客户和产品矩阵，分解出每个客户、每种产品的具体销售指标，如表3-5所示。

表3-5　客户和产品矩阵

产品		市场和客户								
		既有市场（既有客户）						新市场（新客户）		
		A	B	C	D	E	……	X	Y	Z
既有产品	产品1									
	产品2									
	产品3									
	产品4									
	产品5									
	产品6									
	产品7									
	产品8									
	产品9									
	产品10									
新开发产品	产品1									
	产品2									
	产品3									

如果企业分解营业额指标时，数据和信息不充分，或者没有办法提出有依据的策略，也还是应该尝试进行指标的精细化分解。使用该方法进行类似的预测和数据统计，会为明年的工作打下基础。更为重要的是，调整做法后，日常管理的焦点会发生很大的变化和调整，也能为企业的管理带来好处。

在表3-4的基础之上，完成了营业额精细化分解，利润率指标也应该采用类似的方法进行分解。只不过很多企业都面临一个问题，无法按产品对成本进行精准统计。财务部门虽然有专门的成本会计，但主要工作只是输出符合税务法规的报表，并没有发挥生产成本的分析作用。不得不说，这是一般企业的重要管理缺失，必须要尽快调整。

如果将利润率的贡献按表3-5的方式，分解到具体的客户和具体的产品，需要对产品的盈利能力进行调查，见图3-10。管理相对规范的企业，有着良好的生产数据收集体制，各项成本能够在日常工作中及时得到计算和统计，所以每个产品的利润率可以快速地被统计出来，并提供给经营管理层进行决策。企业应当建立按产品类别精准统计成本的体制。

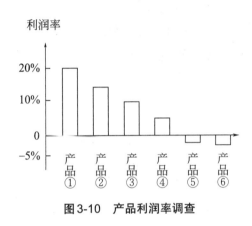

图3-10　产品利润率调查

3.2.4.2　制定利润率提升策略

产品的利润率统计出来以后，需要将产品与利润率和产品销售量进行关联。由于企业的营业额目标已经完成了精细化分析，所以各产品的销售金额和利润目标可以清晰地制定出来，见图3-11。然后把营业额目标和利润目标填写到表3-4中，制定出利润率提升策略。

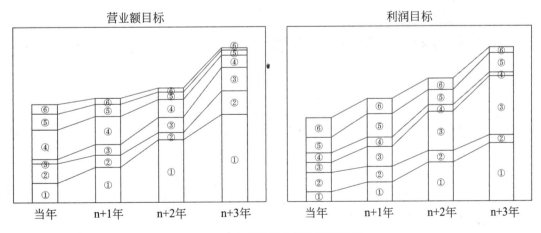

图3-11　产品的营业额和利润目标

企业可以通过产品附加价值率和利润率分析，研讨增加产品利润的策略。产品附加价值率和利润率的计算公式为：

$$附加价值率 = \frac{销售额 - 原材料费}{销售额} \times 100\%$$

$$利润率 = \frac{销售额 - 成本}{销售额} \times 100\%$$

计算出每个产品的附加价值率和利润率后，调查行业内产品附加价值率的平均值和平均利润率，然后将行业平均利润率、企业的目标利润率、行业平均的产品附加价值率绘制成矩阵图，见图3-12。根据产品的实际附加价值率和利润率，把产品分别填写到矩阵图中的第Ⅰ、Ⅱ、Ⅲ、Ⅳ、Ⅴ、Ⅵ区域中。

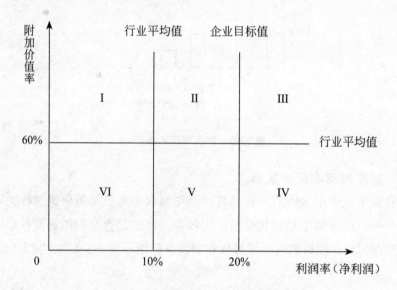

图3-12　附加价值率和利润率矩阵

在附加价值率和利润率矩阵中，不同的区域代表着不同的含义及产品利润提升策略，如表3-6所示。

表 3-6　不同区域代表的含义及产品利润提升策略

序号	区域	含义	策略
1	区域Ⅰ	附加价值率高、利润率低的产品，代表显性损失大	（1）极力降低人工费和管理费用 （2）通过省力化、合理化来削减人工费用 （3）通过提升设备和生产线的总合效率来削减人工费用 （4）通过降低WIP（半成品work in process的简称）来降低管理费用

序号	区域	含义	策略
2	区域Ⅱ和Ⅲ	附加价值率高、利润率也高的产品	这类产品应该快速推广，使其迅速占领市场 （1）开发新市场、新客户，扩大销售量 （2）引入新的营销方法，提升销售量
3	区域Ⅳ	附加价值率低、利润率高的产品，说明产品存在材料费过高的潜在损失	（1）通过 VE 分析、质量标准重新确认（是否存在质量过剩）等方法，降低材料费 （2）扩大产品的销售
4	区域Ⅴ	附加价值率低、利润率稍低的产品，要挖掘产品的显性损失和潜在损失	（1）通过 VE 分析、质量标准重新确认（是否存在质量过剩）等方法，降低材料费 （2）通过省力化、合理化削减人工费 （3）通过提升设备和生产线的总合效率来削减人工费用 （4）通过降低 WIP（半成品 work in process 的简称）来降低管理费用
5	区域Ⅵ	附加价值率低、利润率也低的产品，稍有不慎，这类产品就会导致亏损	应当考虑淘汰这类产品，可通过开发新品，实现产品置换

以上就是制定产品利润提升策略时应思考的方向。

3.2.5 第五步：机能级方针、目标（KPI）和策略的展开

完成第四步后，应当参照第三步的方法，制定重大课题的经营方针和经营指标（KMI）。在第五步，需要汇总所有的经营指标（KMI），然后使用系统图的方法，逐级对经营指标（KMI）进行展开，以寻求达成经营指标的具体措施。

使用系统图对经营指标（KMI）展开的方法，见图3-13，先将企业总目标分解为经营指标（KMI），然后以每一个经营指标（KMI）所要达到的效果为目的，根据达成目的的充分必要逻辑，系统性地逐级展开达成目的的手段。值得注意的是，对达成目的的手段进行逐级展开时，不是以头脑风暴的方式罗列，而是根据充分必要的逻辑性进行系统性推导。根据目标（目的）罗列出来内容（手段），称为方策（方针和措施），既指明了达成目标（目的）的改善方向（方针），又制定了达成目标（目的）的详细措施（手段）。根据经营目标展开的方策，就是第三步所谈的经营方针和达成目标的重点课题（经营指标达成的措施）。

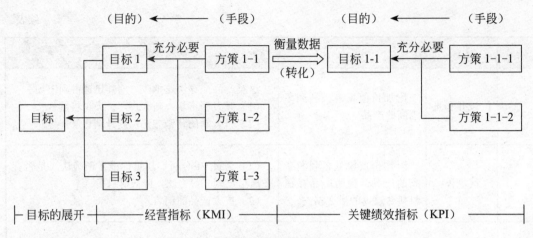

图3-13　使用系统图将经营指标展开

第五步的工作，就是将第三步输出的重点课题和第四步制定的业务策略，使用系统图的方法设定为关键绩效指标（KPI）。需要把经营指标（KMI）的方策，逐一地转化为可以用数据衡量的经营指标（见图3-9）。然后再以达成经营指标为目的，按照充分必要的逻辑，系统地展开达成经营指标的手段（方策）。展开的方策，最终被设定为达成经营指标的关键绩效指标（KPI）。

经营指标（KMI）展开为关键绩效指标（KPI）时，通常不直接分解为部门指标。因为达成经营指标的方策，是根据支撑指标的充分必要逻辑分解出来的，如果直接按部门分解KPI，很大概率会出现遗漏。指标是否被充分识别，可以通过逆向验证的方式来检查。比如，一个指标分解为三个方策，可以从三个方策开始做反向推导，看看三个方策实施后，是否能够确保指标达成。然后根据分解出来的措施，对指标做逆向确认。如果三个方策的实施能够达成指标，那么就可以说三个方策是合适的，是达成指标的充分必要条件。

经营指标（KMI）展开为关键绩效指标（KPI）时，通常从以下几个方面着手。

●业务（K：key account）。

●效率（P：productive）。

●品质（Q：quality）。

●成本（C：cost）。

●交期（D：delivery）。

●安全（S：safety）。

●氛围（M：morale）。

K、P、Q、C、D、S、M等方面的指标，称为机能级指标。

每一个经营指标（KMI），都应尽可能从K、P、Q、C、D、S、M等几个方面来制定方策。方策就是使用系统图的逻辑（充分必要性）展开的。方策展开的关键在于展开的逻辑。展开的措施是否能以充分必要的逻辑支撑上一级指标，是指标方策展开的关键。逻辑性越强，方策越能经得起逆向验证。

图3-14和图3-15是使用系统图方法展开的局部案例。图3-16是按机能级展开后，最终汇总的局部案例。

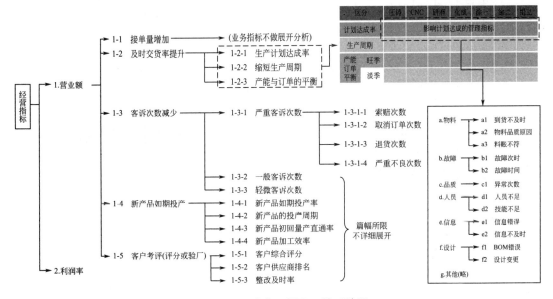

图3-14　提升营业额展开的系统图

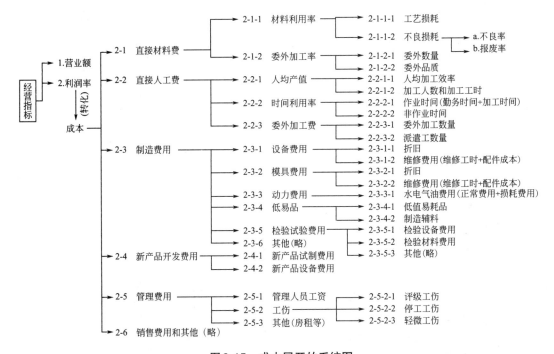

图3-15　成本展开的系统图

| 序号 | 区分 | | | 种类 | 绩效指标 | 范围 | 测量单位 | 目标趋势 | BM | 2020年目标 | 2021年目标 | 2022年目标 |
	KMI	KPI	KAI									
1	◎			S	重大安全事故	周期内累计发生重大事故件数	件数	↑	0	0	0	0
2		◎		S	休业事件数	周期内累计发生休业事件件数	件数	↓	0	0	0	0
3		◎		S	不休业事件数	周期内累计发生不休业事件件数	件数	↓	1	0	0	0
4		◎		S	职业病	周期内发生的职业病事故	件数	↑	0	0	0	0
5	◎			Q	市场抽检合格率	抽检合格数量/抽检总数量	%	↑	99.78%	100%	100%	100%
6		◎		Q	感官合格率	抽检合格数量/抽检总数量	%	↑	99.65%	100%	100%	100%
10	◎			Q	市场投诉率	投诉起数/生产量	%	—	/	99.50%	99.60%	99.80%
11		◎		Q	A类客诉削减	实际削减数量	PPM	↓	0.019	0.018	0.017	0.016
12		◎		Q	B类客诉削减	实际削减数量	起	↓	7	3	2	1
13	◎			P	单吨人工班	单吨用人	起	↓	3	0	0	0
14		◎		P	OEE	时间稼动率×性能稼动率×良品率	人	↑	1.84	1.75	1.67	1.58
15		◎		P	省人化	累计节约的人数	%	↑	72%	76%	78%	80%
16	◎			P	交货准确率	实际发货项数/订单项数	人	↑	/	12	10	8
							%	↑	100%	100%	100%	100%

图3-16 方针目标的机能级展开（汇总）

3.2.6 第六步：指标（KPI）与管理活动的关联

经营指标（KMI）按P、Q、C、D、S、M等机能级指标（KPI）展开后，可以与管理活动进行关联。

3.2.6.1 机能级改善和部门级管理结合

机能级指标来自于企业的重点课题，普遍需要实现革命性的大幅度提升，往往会涉及新领域、新客户、新产品、新工艺、新方法、新设备、新技能，相比日常管理工作，具有很大的挑战意义，通常需要聚焦企业资源，才能如期达成。所以企业应当指定专门的团队、投入匹配的人力物力等资源集体攻关。企业需要根据实际情况，成立跨职能部门的改善小组，运用QC Story改善步骤，实施PDCA循环改善，以确保机能级指标实现突破性改善。还需要将取得的改善成果，落实到各部门的日常管理中，并长期监控实施过程和效果，这样就实现了经营重点课题机能级改善与自上而下部门级管理的有机结合。机能级改善和部门级管理，如图3-17所示。

企业的管理活动，由课题改善活动和职能部门日常管理活动组成。课题的改善活动是持续不断地突破现状的改善活动，企业应集中资源，用于重点课题的改善。经营理念、发展愿景等提出的经营方针和重点课题，以及由营业额和利润率提升，推导出来的重点方策，都需要按照机能级课题改善方法进行改善，以实现经营绩效的大幅度提升。部门的日常管理活动，重点在于改善成果和输出标准的维持管理，确保改善成果和输出标准全面、彻底地得以落实，然而维持管理需要日复一日的坚持。机能级课题改善活动带来的改善成果，最终都要完善到日常管理的标准中，并在日常维持活动中得以落实。所以课题的机能级改善活动，也是为了更好地进行日常管理。

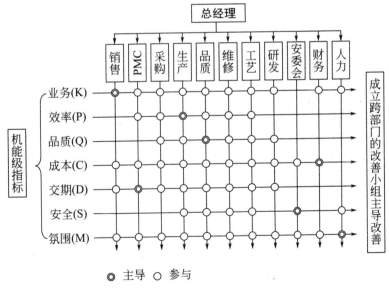

图3-17　机能级改善和部门级管理

3.2.6.2 将 KPI 与机能级改善、部门级管理进行连接

正是基于这样的原理，方针目标展开后的所有关键绩效指标（KPI），都应该由机能级小组改善活动和部门日常管理活动来承接。KPI 与机能级改善和部门级管理的关联见表 3-7。

KPI 与机能改善活动和部门活动关联的过程，就是课题分工的过程。企业完成了经营指标的制定后，不要直接分配给部门管理者，而是应当考虑成立改善小组，集中精力优先完成课题的改善，再由部门管理者承接改善成果的日常管理，将改善成果得到固化。

总之，跨部门的机能改善小组，是在企业层面成立的精英团队，他们负责实施改善。部门的管理重点，在于各项管理标准的执行和长期维持。

3.2.7 第七步：行动计划和行动指标（KAI）的设定

经营重点课题的关键绩效指标（KPI），由成立的机能级专项改善小组来承接，这样只是完成了组织层面的分工。接下来，改善小组如何通过改善达到 KPI 期望的效果，才是关键。如果说第一步到第六步，重点在于经营指标（KMI）分解为关键绩效指标（KPI）的展开逻辑。那么第七步的重点，则在于制定达成 KPI 的具体方策。

3.2.7.1 指标分解和方策制定

关键绩效指标（KPI）方策的展开，同样需要遵循充分必要的逻辑性，如图 3-18 所示。

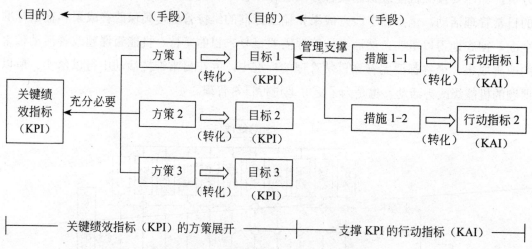

图 3-18　关键绩效指标（KPI）方策的展开

值得注意的是，关键绩效指标（KPI）方策的展开，需要专业技能的支撑。关键绩效指标通常按 P、Q、C、D、S、M 等机能进行充分必要的系统逻辑分解。指标分解和方策的制定，需要与该机能相关的专业技能做支撑，比如：

●效率（P），如果想提升效率，就需要用到效率提升的专业知识。设备效率的提升需要 TPM 技能，人的效率提升需要 IE 技能。

●品质（Q），如果需要搭建专业的品质保证系统，就应掌握 TQM 的专业知识。

表 3-7 KPI 与机能级改善和部门级管理的关联

序号	区分			种类	指标	机能改善小组						部门关联								
	KMI	KPI	KAI			效率(P)	品质(Q)	成本(C)	交期(D)	安全(S)	氛围(M)	生产部	设备部	质量部	人事部	PMC	安全部	财务部	采购部	仓储部
1	◎			P	交货准确率	▲			◎			▲	▲	▲		◎		▲	▲	▲
2		◎		P	计划达成率	◎			▲			◎	▲	▲	▲	▲			▲	▲
3		◎		P	库存周转率	▲			◎			▲	▲	▲		▲		▲	▲	▲
4	◎			C	单吨成本	▲		◎				◎	▲	▲		▲		▲	▲	▲
5		◎		C	原材料损耗率	◎	▲					◎	▲	▲		▲		▲	▲	▲
6		◎		C	辅料损耗率	◎	▲		▲			◎	▲	▲		▲		▲	▲	
7		◎		C	单吨制造费用	▲			▲			▲	◎		▲	▲	▲	▲		
8		◎		C	单吨燃动费用	◎			▲			◎	▲	▲	▲	▲				
9		◎		P	单吨人工费	◎	▲		▲			▲	▲	▲	▲	▲			▲	
10			◎	P	OEE	◎		▲	▲			◎	◎	▲	▲	▲			▲	
11			◎	P	省人化	◎			▲			◎	▲	▲	◎					
12	◎			M	保养技能	▲			▲		◎		▲		◎				◎	
13		◎		M	自主保养技能	▲			▲		◎		▲		◎				▲	
14		◎		M	计划保养技能	▲			▲		◎		◎		▲				▲	
15			◎	E	固废排放量	▲		◎	▲			◎	▲	▲		▲			▲	
16	◎			S	重大安全事故	▲	▲		▲	◎		▲	▲	▲	▲	▲	◎		▲	▲
17		◎		S	休业事件数	▲	▲		▲	◎		▲	▲	▲	▲	▲	◎	▲	▲	▲
18		◎		S	不休业事件数	▲	▲		▲	◎		▲	▲	▲	▲		◎	▲	▲	▲
19			◎	S	惊吓事件	▲	▲		▲	◎		▲	▲	▲	▲					
20	◎			Q	市场抽检合格率	▲	◎					▲	▲	◎					▲	
21		◎		Q	市场投诉减	▲	◎					▲	▲	◎					▲	
22		◎		Q	A类客诉削减		◎					▲	▲	◎					▲	
23			◎	Q	B类客诉削减	▲	◎					▲	▲	◎					▲	

主导 ◎　参与 ▲

65

●成本（C），如果需要对成本做系统改善，就应掌握成本的组成，了解成本的计算方法、成本与损失之间的关联，以及各种费用的改善技能，包括直接材料费、人工费、能源动力费用、消耗品费用等。

●交期（D），如果对产品的订单交期做改善，需要掌握生产计划和统筹关联的技能。如果改善新产品的开发周期，就需要掌握新产品开发的管理技能。

●安全（S），搭建全公司的安全管理体制，需要掌握与安全相关的风险评价、危险预知等专业技能。

●氛围（M），营造改善氛围，需要掌握创意功夫提案、5S 管理等专业技能。

如果缺少专业技能的支持，就难以充分识别达成关键绩效指标（KPI）的措施。从这个角度来看，KPI 的改善需要成立专门的机能改善小组来对应。跨越部门职能而成立的机能改善小组，由多个部门的成员组成，目的就是利用多种专业技能来识别支撑 KPI 达成的行动措施，通过群策群力将措施补充完整，避免行动措施不够完善。为提升及时交货率（KPI）所进行的行动措施识别，如图 3-19 所示。

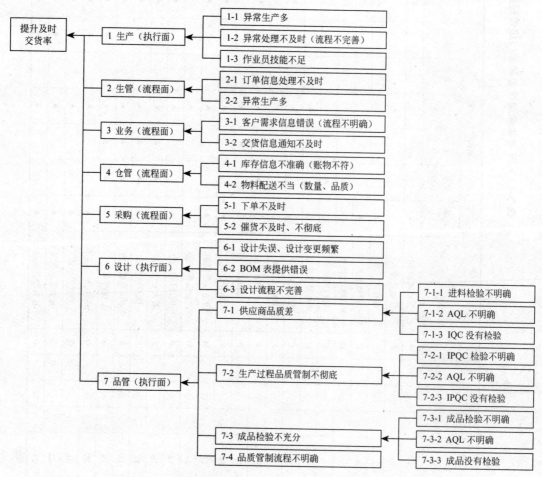

图 3-19　为提升及时交货率（KPI）所进行的行动措施识别

3.2.7.2　制作课题展开表

关键绩效指标（KPI）转化为行动指标（KAI）后，为了便于后续的管理，建议将所有的指标，汇总到一张纸中，制成课题展开表，见表3-8，这样有助于将分散的指标进行统一管理。将课题的展开逻辑记录在课题展开表时，可以增加主题的序号，以便于识别课题之间的关联。另外，为了验证主题的上下层级关系是否充分，可以使用逆向检查法来进行。比如，所有的小主题目标值达成时，上一级中主题的目标值是否也可以达成。所有中主题的目标值完成时，是否意味着大主题的目标值一定能达成。所有大主题的目标值完成时，是否意味着主KPI的目标值一定能完成。应确保指标既可以按照"主KPI→大主题→中主题→小主题"的正向序列验证，又可以按照"小主题→中主题→大主题→主KPI"的逆向序列验证。完成正向、逆向验证后，那么就意味着指标得到了充分、彻底的展开。

表 3-8　课题展开表

主KPI目标值	主KPI指标定义	大主题（KPI展开）	现状值	目标值	中主题（大主题展开）	现状值	目标值	小主题（中主题展开）	现状值	目标值	指标负责人	指标评价频度	数据来源
1		1-1			1-1-1			1-1-1-1					
								1-1-1-2					
					1-1-2			1-1-2-1					
								1-1-2-2					
								1-1-2-3					
		1-2			1-2-1			1-2-1-1					
								1-2-1-2					
					1-2-2			1-2-2-1					
								1-2-2-2					

提醒您

由于指标需要数据支持，所以要确保所有课题的数据来源清晰可靠。企业应当在课题展开表中，将每项指标的数据来源，以具体的报表名称备注清楚。需要注意的是，企业应尽可能地减少统计报表的数量，以减少数据收集和统计的工作量。

3.2.7.3　制订课题的行动计划

指标输出的课题，都要分配到具体的负责人，然后以人为单位，制订课题的行动计划，见表3-9。行动计划至少要包括以下内容。

（1）具体的课题名称。

（2）达成课题的具体措施。

（3）每项措施实施的起止时间。

（4）措施的验证方法和实施频度。

（5）确认措施实施后的成果预估方法。

表 3-9　课题行动计划表

课题名称	课题目标	具体的行动措施	起止时间		检查频度	进度计划（甘特图）												每项措施的成果预估
			开始	结束		1月	2月	3月	4月	5月	6月	7月	8月	9月	10月	11月	12月	

3.2.7.4　后续检查、追踪、验证

制订行动计划后，要确保行动计划的可实施性，以及后续检查、追踪、验证等管理工作的简便性。

为了便于对每个人的管理指标进行追踪，通常以课题负责人为单位，制作课题展开管理表，作为管理人员工作绩效的管理依据。在企业和部门层面，也有必要进行管理目标的目视化处理。个人挑战目标管理表如表3-10所示。

表 3-10　个人挑战目标管理表

年度　个人挑战目标表

所属部门	岗位	职务	入职日期	姓名	工号

	挑战目标	中间确认		确认成果		
		（本人记入）	达成状况	（本人记入）	达成状况	成果水平
期初目标			◎ ○ △		◎ ○ △	◎ ○ △
						◎ ○ △
			◎ ○ △		◎ ○ △	◎ ○ △
						◎ ○ △
			◎ ○ △		◎ ○ △	◎ ○ △
						◎ ○ △
			◎ ○ △		◎ ○ △	◎ ○ △
						◎ ○ △

| 中间确认/成果确认达成状况的符号说明：
◎ 超过计划
○ 如计划
△ 低于计划

成果水平的符号说明：
◉ 在本职务以上的水平
○ 在本务的标准水平
△ 在本职务以下的水平 | 中间产生的目标 | | ◎ ┼ ○ ┼ △ | ◎ ┼ ○ ┼ △
◎ ┼ ○ ┼ △ |
| | | ◎ ┼ ○ ┼ △ | ◎ ┼ ○ ┼ △
◎ ┼ ○ ┼ △ |

目标 设定时 （　月　日）	本人	上司	中间 确认时 （　月　日）	本人	上司	最终 面谈时 （　月　日）	本人	上司

3.2.8　第八步：指标达成情况的确认和改善

通过前面七个步骤的工作，企业将经营目标完成了指标和实施方策的系统分解，搭建了适合企业自身实际情况的指标管理系统，将各部门的工作重心与经营目标进行了强有力的关联。接下来的工作重点，就是确保指标管理系统的良性运行，并检查和追踪指标的达成情况。

3.2.8.1　指标达成情况的确认工具

（1）指标展开图表

经营指标（KMI）逐级分解为关键绩效指标（KPI）和更下一层级的行动指标（KAI）后，为了方便管理，可以将指标逐级展开的逻辑用图表的方式呈现出来（见图3-20），张贴在墙壁或白板上。也可使用专门的会议室或办公室来进行指标的展示。

（2）推移图

对每一个指标，都应该绘制一张推移图，以便按进度进行推移管理。通过推移图，可以看到每一个指标的变化趋势，以及每一个指标的变动给其他指标带来的联动影响。

应该指明每一个指标的数据来源、更新频度、负责人、出现异常时的对应机制（见图3-21），以确保指标系统能够真正发挥作用。通常，对于行动指标（KAI）的达成状况，以班次、天为单位，对指标的结果作出确认和更新。以相对短的间隔对指标进行确认，可以及时、快速地对异常指标采取纠正和预防措施。如果对行动指标（KAI），按班次、天进行确认和改进，那么关键绩效指标可以按天、周进行确认和改进，经营指标（KMI）则可以按月度、季度为单位进行确认和改进。

3.2.8.2　建立有规律的日常管理和定期管理机制

指标的确认和改进，通常需要建立有规律的日常管理和定期管理机制。

（1）约定确认内容

有必要对确认内容进行明确约定，如具体的确认时间（几点几分）、参与人员（哪些部门的哪些岗位）、确认场所（数据收集场所）、异常判断标准（超出目标线或者波动大于多少）、异常的应对机制等。

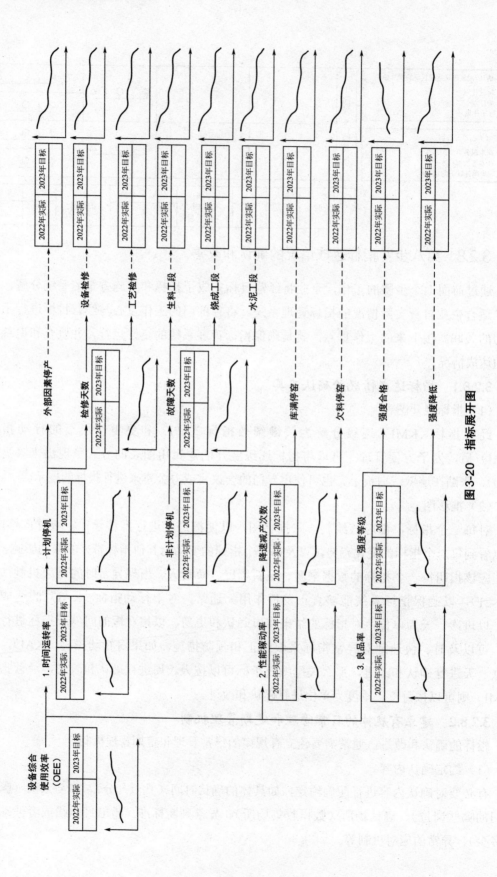

图 3-20　指标展开图

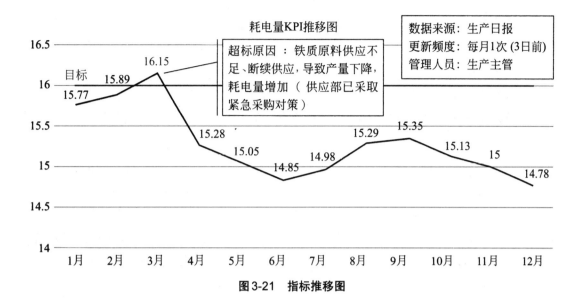

图3-21　指标推移图

（2）确认人员、频次及方式

行动指标（KAI）通常由现场一线管理人员主导确认。行动指标（KAI）的日常确认，可以定为每班或者每天一次。

关键绩效指标的确认，通常由机能改善小组的领导和部门管理人员来主导。指标的确认方式，也应当有明确的约定，通常以周为单位，利用部门周会的方式进行确认。

经营指标（KMI）的确认，应该在企业层面，由总经理主导的经营会议来进行确认。经营会议通常以月为单位召开。在每月初召开，更为稳妥。

> **提醒您**
>
> 　　应该定期对指标的达成状况作出确认，当指标超出目标时，及时对日常管理工作进行调查，快速制定异常处理措施，并验证异常处理的效果。建议企业把这项工作作为重点，长期坚持下去。

总而言之，经营方针目标的系统展开，目的是为企业的经营活动建立数据收集网络，将企业的管理活动与企业的经营目标形成直接或间接的网络关联。管理活动出现变动或异常时，会给经营目标带来什么样的连锁反应，可以通过指标快速显现出来。将管理活动与经营目标之间的关联实现彻底的可视化，可以确保经营者直观地看到管理活动的动态变化及对经营目标的影响；方便经营者针对变化快速作出决策，并在事前对工作作出适时调整，有效避免时滞现象带来的管理损失。所以方针目标展开的核心，在于管理活动和指标之间的关联；在于指标逐级展开的逻辑；在于上下层级指标之间的充分必要性关系；在于指标之间的快速联动反应；在于根据指标变化状况及时采取的调整或纠正措施。方针目标展开的系统管理，为企业搭建了一套完整的数据反映系统，建立了企业的"神经网络系统"。掌握了企业的方针目标管理系统，就能够看到企业管理决策和管理活动所带来的连锁反应，对各项管理工作的结果有更直观的预估和事前掌控。

当前，很多企业建立指标管理系统的目的，在于考核各级管理人员的积极性，认为不使用指标对管理人员进行考核，等同于对管理人员的放纵。实际上这是对方针目标管理的误解。管理人员能否完成自己的指标，在于是否制订了有效的指标达成措施，在于是否制订了行动计划并定期追踪和管控。这就意味着，制定能够达成指标的措施的意义远远大于单纯地对指标进行考核。"不管使用什么方法，只要能够达成指标就行""我只要结果不管过程"等说法，都可以理解为对下级施压的无理要求。建议企业的经营者，运用方针目标管理的方法，搭建真正有效的指标管理系统，确保经营方针和目标能够得到彻底贯彻，并为企业的经营带来贡献。

第 **4** 章

高附加价值产品的开发

4.1　概述

打造长期良性发展的精益企业，需要具备能够支撑企业长足发展的盈利能力。企业的利润，是产品附加价值带来的增值贡献减去企业必要成本支出后的盈余。

持续不断地提升产品的附加价值，是企业必须长期致力研究的课题。产品的附加价值通常与产品、市场、运营模式、服务等有直接的关联。

4.1.1　增加企业附加价值的策略

增加企业附加价值的策略，通常来自于五个方面，如表4-1所示。

表 4-1　增加企业附加价值的五种策略

序号	策略	
1	把产品功能作为核心优势	通过对产品功能的改进和创新，提供更有魅力（卖点）的产品，实现附加价值的提升。这是众多企业最常用的方法，也是最容易实现的方法
2	以整合制造产业链为核心优势	通过整合制造产业链的上游企业，打造稳定的供应链，减少供应链的不确定性和风险，提高供应链中各成员的效率和效益，增强企业的竞争实力，形成企业的竞争优势。丰田式生产方式的JIT制造，就可以归类为以整合制造产业链为核心优势的生产运营管理策略
3	以企业的产品制造技术为核心优势	把企业当前有优势的核心制造技术，运用到其他能够带来更高附加价值的行业。比如，拥有精密加工技术的企业，将加工技术扩展到附加价值更高的医疗、航空、军工等行业
4	以市场为核心优势	以创新市场营销策略、整合销售通路为核心，挖掘和打造企业营销的优势
5	以服务为核心优势	在制造加工产业链整合的基础之上，将产业链向外延伸到整个服务体系，以满足顾客需求最大化为目标，形成完整的消费服务网络。从提供单纯的产品服务，延伸到产品以外的其他服务需求

五种策略的比较，如表4-2所示。

表 4-2　五种策略的比较

切入方向	提升附加价值的策略	难易度	
以"产品功能"为核心	整合"本业技术+他业技术"来提升"附加价值"	△	容易
以"供应链"为核心	整合"上游供应链"来提升"附加价值"	○	一般
以"产业技术"为核心	将产业技术运用到"其他高附加价值产业（跨界）"来提升"附加价值"	◎	困难
以"市场"为核心	整合"销售通路、策略方法、产品功能"来提升"附加价值"	○	一般
以"服务链"为核心	整合"产业服务链"来提升"附加价值"	○	一般

4.1.2　开发高附加价值、有魅力产品的必要性

产品是企业获取利润的载体。从产品进入市场开始到被淘汰退出市场为止的过程，称为产品的生命周期（product life cycle）。产品的生命周期包括产品开发、引进、成长、成熟、衰退等五个阶段，通常由需求与技术决定。受产品同质化、同业激烈竞争、技术创新等方面的影响，企业产品会随着时间的推移而逐渐没落。为了能够持续地成长，确保营收增加，企业必须选择适当时机不断地开发更有魅力的新产品。

开发有魅力的产品，就是开发有卖点的产品。为了扩大市场销售，产品必须能够满足顾客对功能、性能方面的需求或潜在需求。站在顾客的角度，对产品功能和性能进行深入的研究，确定更精细的产品定位，是确定新产品开发方向的重点。开发有魅力的产品，不等于开发完美的产品，在客户未关注的方面追求完美，反而是一种浪费。

4.1.3　新产品的定义

开发高附加价值、有魅力的产品，需要站在顾客的角度来定义产品功能。通常新产品或多或少都会与现有的产品技术、销售渠道有关联。新产品意味着：

（1）更新或增加了现有产品的功能。

（2）运用现有的材料、技术、设备，开发出新用途的产品，扩大经营范围。

（3）扩充以往产品的系列，增加现有产品的阵容，扩大顾客的选择。

（4）开发与现有产品相同销售渠道的产品，与现有的产品配套，增加顾客的选择。

（5）开发与现有产品毫无关联的新产品，引入新领域、新技术的产品，相当于成立了新的公司。

通过产品的应用技术和企业的销售渠道来看，企业对新产品的定义如表4-3所示。

表 4-3　新产品的定义

使用技术		产品用途		
		与现有产品一样的用途	与现有产品不一样的用途	
		现有销售渠道	现有销售渠道	新销售渠道
已有技术	与现有产品同样的技术	扩充现有产品系列（手动相机→自动相机）	配套产品（磁盘、CD）	新领域产品（液晶屏偏光板）
		改良产品（胶卷相机→外带镜头相机）		
新技术	与现有产品不一样的技术	替代品（数码相机）	配套产品（照片打印机、复印机）	全新领域的产品（房地产）

4.1.4　新产品开发中会遇到的问题

虽然企业通过开发新产品来提升附加价值的目的非常明确，但并不意味着企业开发出的新产品，能够实现增加营收的目的。从众多企业的实际情况来看，新产品开发的成功率并不高。长期致力于产品创新开发管理研究的加拿大籍教授罗伯特·G·库珀（Robert G. Cooper），曾做过新产品开发成功率的调查。得出的结论是：每 7～10 个新产品创意，有 3～4 个进入开发阶段，1.3～1.5 个向市场发布，最终却只有 1 个能够成功。

新产品开发过程中的异常问题频繁发生，既存在新产品定位无法满足顾客需求的问题，也存在开发流程无法顺利完成的问题。新产品开发通常是从无到有、从 0 到 1 的创新过程，所以出现异常的概率很大。从实际工作层面来看，防止新产品开发过程中出现问题，缩短新产品的研发试制周期，减少开发过程中的成本损失，是企业急需面对的问题。

新产品开发会遇到什么问题呢？通常来自于以下几个方面。

●产品定位：

原以为新产品增加（或具备）了新奇、独特的功能，就能够带来销售数量的大幅度增加，实际上却远未达到事前制定的销量目标，甚至无人问津，最终被束之高阁。

●开发周期：

新产品的开发经常延期，甚至是一延再延，远超事前预定的周期，从而错过了最佳的上市时机。

●开发质量：

新产品开发过程中异常频发，设计频繁变更，试产后屡次发现设计失误、品质异常，导致产品初期生产极不稳定；甚至将不成熟的产品推向市场，导致客户投诉经常发生。

●开发成本：

新产品一次性投入的费用和实际成本，远远超出预定目标，再加上新产品的开发质量不稳定，导致开发出来的新产品，在成本方面没有竞争力。

●生产效率：

即使产品被制造出来，生产效率也达不到预定的目标值，产量和人均效率低下，难以实现高效、稳定生产。

●其他众多管理类问题。

所以，企业非常有必要加强对新产品开发过程的管理。

4.1.5　加强对新产品开发过程的管理

开发高附加价值的新产品，因为与外部市场、客户需求、专业技术等紧密相关，存在众多的不确定性因素，所以管理工作的难度相对较大。正因如此，更需要对新产品的开发进行系统管理。精益企业开发新产品，通常可以从技术、系统、管理三个方面切入，如图4-1所示。

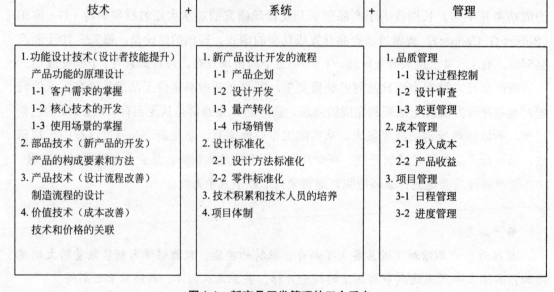

图4-1　新产品开发管理的三个重点

4.1.5.1　提高和积累新产品相关的技术

新产品相关的技术是指新产品开发时会用到的相关技术，通常包含表4-4所示四个方面。

表 4-4　新产品相关的技术

序号	类别	说明
1	产品功能的设计技术，通常是企业技术实力和设计人员技能水平的体现	（1）产品功能的设计技术，首先意味着掌握客户需求的能力。需要精准把握客户需求，将客户需求系统、全面地转化为产品功能，然后以产品功能为原理进行设计，从而开发符合客户需求的产品 （2）产品功能的设计技术，意味着开发出竞争对手难以模仿的核心技术。独到的核心技术，是企业拉开与竞争对手差距的关键所在。开发独到的核心技术，申请专利保护，创造技术壁垒，提高行业准入门槛，能够确保企业产品市场占有率和利润率两个指标绝对领先 （3）产品功能的设计技术，还意味着开发出方便客户使用的产品。产品的价值在于能够满足顾客的需求。产品除了具备应有的功能外，还要便于使用。掌握顾客使用的场景，并融入到产品功能的设计中去，也是产品设计的技术重点
2	产品开发技术，指的是产品的构成要素和方法	产品的设计，需要对产品作出从整体功能到组成部件的系统展开。如果把产品整体功能定义为一个系统，实现产品功能"系统→子系统→装置→部品→原料"的逐级分解，验证和确保其中的关联，对符合功能的部品和原料作出针对性的选择和开发，并设定适合的标准，是实现产品功能的保障
3	产品实现技术，指的是产品批量制造技术	设计出的新产品，既要贴近顾客需求，又要便于制造。开发便于制造、低成本的新产品，需要同时对产品的制造技术进行研究。对产品制造工艺和生产方式的设计，也是企业需要提升的技术
4	价格技术，是对产品利润空间的设计	企业技术人员通常会因为过分关注产品的功能设计，而忽略产品的盈利能力。设计人员有必要研究功能和成本、部品和成本、技术和成本、生产和成本等方面的关联，致力于产品成本的改善，开发出利润空间更大的产品

4.1.5.2　构建新产品开发系统，打造坚实的基础

对新产品开发进行有效的管理，首先需要搭建可靠、稳定的管理系统，对新产品设计开发的流程进行管控。新产品的开发，通常需要经过事前的产品策划、研发设计，量产转化时的设计验证，市场销售等几个阶段。新产品开发往往与新市场、新技术、新设备、新工艺、新材料有关，有着周期长、时间跨度大、参与的相关方比较多等显著特点。对新产品的开发流程进行详细、系统的设计，才能有效预防和杜绝异常问题的发生。

另外，在管控新产品开发过程的同时，组建符合新产品开发特点的项目管理体制（Project），培养研发专业技术人员，积累企业的技术实力，制定产品设计的标准，实现产品和零件的标准化，提升开发效率，降低开发成本，也需要在构建新产品开发系统时，从管理体制方面作出规划和设计。

4.1.5.3　提升新产品开发过程中的管理水平

企业应提高新产品相关的技术，构建新产品开发的系统，为新产品的开发打下了管理基础。除此之外，企业还需要对新产品开发过程实施动态管理。作为企业长期发展战略的重要组成部分，新产品开发战略的重点，在于新产品开发对经营目标的贡献。对新

产品开发的管理，就是对新产品开发过程和结果的管理，也是对经营成果目标和开发效率目标的管理，如图4-2所示。

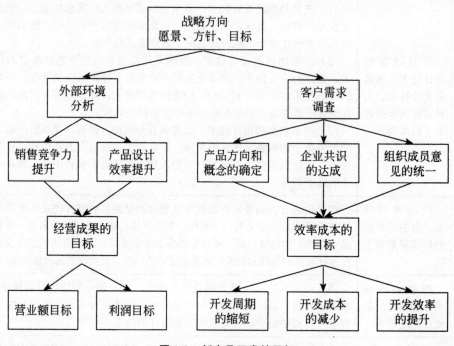

图4-2　新产品开发的目标

新产品开发过程管理的重点，是新产品品质的管理、成本的管理、效率的管理。新产品的品质如果得不到保证，新产品的功能就会受到影响，顾客价值就会降低，甚至会丧失顾客价值，这必然会给企业带来外部损失。所以新产品的品质，是首先必须确保的内容。如果新产品的成本得不到有效管控，开发的一次性投入费用过多，新产品的生产效率低下，或者新产品的整体成本过高，则无法通过新产品实现获利的目的，所以产品成本也必须管控。如期完成新产品的开发和量产，对于企业占领市场、扩大销售份额有着重要的影响。

接下来，我们对新产品开发管理的三个重点进行详细说明。

4.2　新产品开发的技术

新产品开发时会用到四个方面的技术，分别是功能设计技术、部品开发技术、产品实现技术和成本开发技术；前面已经对四项技术的定义和相关内容做了介绍。对于企业来讲，提升研发人员的技能，积累技术知识，提炼技术诀窍，打造核心技术，是应该长期努力坚持的重点，这也将成为企业核心竞争力的重要组成部分，助力企业与竞争对手拉开差距，打造绝对领先的竞争优势。

然而，技术的提升绝非易事，需要长期的积累。企业新产品开发技能的提升，可以从以下四个方面来考虑。

4.2.1　个人专业知识

这里谈的个人，指的是技术从业者，即企业内与新产品开发相关的技术人员。企业的产品开发都是通过从业者对技术的运用来体现的。每个人的技术都不是与生俱来的，而是通过学习和实践获得的。每个技术人员的学历、从业经历、学习意愿等各不相同，为技术人员持续更新技术营造良好的氛围，提供相应的支持，是企业应该思考的内容。

企业招聘更有经验的技术人员，虽然是一种便捷的途径，但也只能在短期内发挥作用，从长远考虑，还是应该通过技术人员的培养，来提升企业的技术水平。

4.2.2　企业专业知识

企业的专业知识，指的是企业长期积累下来的技术知识和经验。如果企业能够对新产品开发的技术进行总结、提炼和标准化，然后通过训练和运用，实现内部技术人员相关技术知识和经验的共有化，那么就能够将企业中每个技术人员的个人专业知识转变成企业共有的知识。将个人技术转变为企业技术，有助于技术和经验的传承和放大，这也是企业应该重点改善的内容。

4.2.3　业界专业知识

业界专业知识指的是行业共有的专业知识。除非是行业顶尖技术的拥有者，否则一般企业只掌握业界知识的一部分。业界专业知识掌握得越多、越全面、越充分，企业的技术力量就越强。由于行业内的不同企业之间，通常存在明显的竞争关系，很多时候，业界专业知识并不能实现共有化。所以企业应该始终关注行业的发展动态，定期评估行业的技术水平，通过行业间交流和内部重点课题攻关等方式，提升企业技术水平，使企业处于领先地位。

4.2.4　从科学技术信息、专利、论文等方面获得的知识

更多的技术信息，需要通过科学技术交流、关联专利查阅、学术论文研究、专家技术交流、产学研合作、学会交流等途径获得。

总体来说，企业应当把技术提升、技术创新、技术研究等作为长期坚持的经营策略。

4.3　新产品开发的系统

搭建新产品开发的综合管理系统，应当从图4-3所示四个方面来考虑。

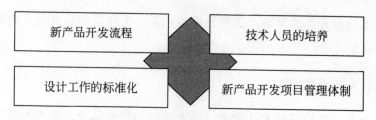

图4-3 新产品开发系统的四个方面

4.3.1 新产品开发流程

新产品的开发投产分为四个阶段，即新产品的企划阶段、研发阶段、量产阶段和销售阶段，如表4-5所示。

表4-5 新产品开发四个阶段的主要工作

序号	阶段	主要工作
1	企划阶段	主要工作是掌握顾客的需求，调查市场的动向，分析产品的定位，制定新产品开发的具体方向。这个阶段的重点，在于给产品的设计人员提出明确的开发方向，属于新产品开发管理的事前管理
2	研发阶段	主要工作是产品创造和试产验证，即将新产品的创意转化为商品，分为研发和试产两个环节： 研发环节的工作，将企划阶段的产品创意，变成技术图纸、实体模型、具体商品，需要运用大量专业的产品设计技术，重点在于产品的功能设计和可靠性验证 试产环节的工作，根据研发环节的产品信息（图纸、物料清单、实体模型等），设计出容易制造产品的工艺和生产方式，并验证产品的可制造性。这个阶段的工作，属于新产品开发的事中管理
3	量产阶段	产品开发试产合格（达到预期目标）后，新产品进入批量生产阶段。该阶段工作的重点在于生产加工标准的严格执行和遵守度的改善。此时需要对新产品的品质和生产状态的稳定程度进行连续追踪。该过程称为初期流动管理，属于新产品开发的事后改善
4	销售阶段	新产品投入市场时，需要开展各种营销和销售活动。这是由业务部门主导的活动

一般来说，新产品达到批量生产条件后，技术部门将新产品正式移交给生产部门管理。通常把新产品的正式量产和达到出货条件，作为企业内部新产品开发成功的标志。接下来我们将对新产品企划、研发、量产阶段的管理流程和重点，进行详细的介绍。

新产品开发流程的重点，如图4-4所示。

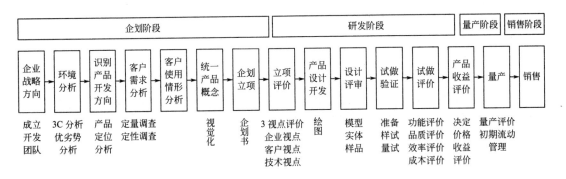

图4-4　新产品开发的流程

新产品开发过程的四个阶段包含七个评审环节，如图4-5所示。

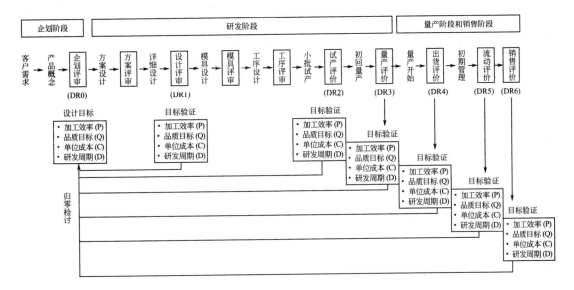

图4-5　新产品开发的四个阶段和七个评审环节

新产品开发过程的管理，就是对开发流程进行精细管控，在关键环节设定关卡进行评审的活动。企业应该结合自身的实际情况，梳理出新产品开发的流程，并明确新产品评审的关卡，同时将评审工作落到实处，避免流于形式。

4.3.1.1　企划阶段

首先，我们应对企划阶段进行详细的说明。企划阶段的重点在于确定新产品的开发方向，大致可以分为图4-6所示的八个关键步骤。

确定新产品的开发方向，就是要开发适销对路的新产品，一是新产品的定位要精准，二是新产品的功能能够满足客户的使用需求。企划阶段的八个关键步骤中，第一～三步确定了产品战略定位；第四～五步是对客户需求的调查和验证；第六～八步确定了新产品的开发方向，对开发方向进行详细、具体的描述，在完成新产品概念的评价后，正式确定新产品的开发概念，对研发阶段产品开发提出具体的要求。

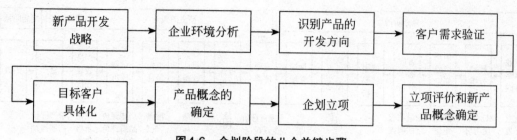

图4-6 企划阶段的八个关键步骤

（1）新产品开发战略

打造精益企业的目的是实现企业的长期良性经营。企业需要根据经营理念，提出明确的愿景、使命、方针、目标，对企业的未来进行清晰的阐述（详细内容请参照第3章）。支撑企业长足发展的是持续的盈利能力。为了达成企业的经营目标，必须扩大销售，增加营业额和利润。根据产品生命周期理论，企业需要通过持续不断地开发有魅力的新产品，来提升企业的附加价值。开拓新市场和进入新领域，都必须有新产品做强有力的支撑。

企业的成长机会，来自于业务的市场战略和与之匹配的产品定位战略，如表4-6所示。无论是在现有市场中进行产品扩容、产品改善和寻求替代品，还是进入新市场，都必须开发相应的新产品。

表4-6 企业的成长机会

市场	产品	
	现有产品	新产品
现有市场	1.旧市场浸透战略	3.新产品开发战略
新市场	2.新市场开拓战略	4.多元化战略

实际上，绝大多数企业都需要通过开发新产品来实现市场销量和利润的增长。对企业来讲，开发新产品的内外部需求始终存在。制定每年的年度计划和业务策略时，企业都会对新产品的开发提出明确的要求。每个企业都应该根据自身的实际需求，制定、更新、完善新产品的开发战略。考虑到每个企业的基础不同、产品系列不同，有关新产品开发战略的具体制定方法，在此不做详细介绍。接下来仅对新产品开发的项目管理体制进行说明。

企业的新产品开发战略制定后，需要成立新产品开发的专门团队（见图4-7），主导新产品的开发。新产品开发项目团队的总负责人应该是企业的经营者，其需要明确指出经营目的、新产品开发目的以及设立开发项目团队的目的，选择并任命项目经理，赋予团队权利和资源。项目经理主导新产品开发项目的管理，保持与负责人的交流沟通，选择项目团队的成员，协调进度和资源。通常，项目团队的成员是企业的核心业务人员和技术骨干，属于企业的精英。这样既确保了新产品开发目标的达成，同时又为企业培养了开发团队和经理。

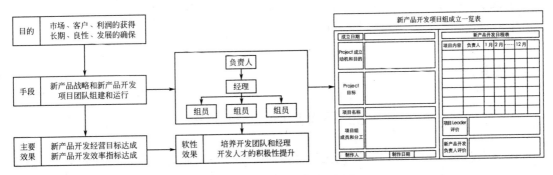

图4-7　新产品开发项目团队

（2）企业环境分析

根据新产品开发战略，企业成立专门负责新产品开发的项目团队后，需要确定新产品的开发方向。通常从企业的定位入手，来识别产品的开发方向。

首先，需要分析企业所处的经营环境。通常根据战略三角模型来对企业所处环境进行3C分析，如图4-8所示。

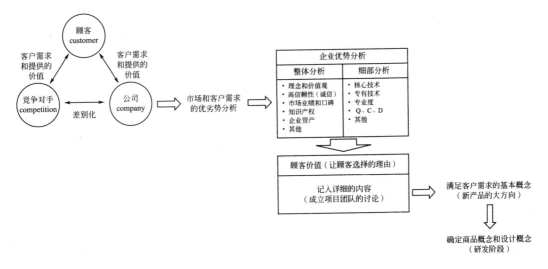

注：3C战略三角模型由日本战略研究的领军人物大前研一（Kenichi Ohmae）提出。
3C是customer（顾客）、company（企业自身）、competition（竞争对手）三个英文单词的首字母。

图4-8　企业环境分析

其次，对企业和竞争对手之间的差异进行识别，根据市场和客户的需求，分析企业自身的优势、劣势。通常从企业整体和细部两个方面展开讨论。

①企业的整体优势：可以从企业的经营理念、价值观、客户对企业的信赖度、品牌和口碑、市场业绩、知识产权和专利、企业规模等方面，和竞争对手进行比较。

②企业的细部优势：可以从企业的技术优势、产品卖点、专有技术、专业度，以及产品的品质（Q）、价位（C）、交期（D）等方面，与竞争对手做比较。

【相关链接】▶▶

新产品创意研讨方法和步骤

如何利用企业的优势，为客户提供更多的价值？企业应认真思考"让顾客选择企业产品的理由"，可召集新产品开发的项目成员，运用头脑风暴来寻找创意，然后再使用亲和图（KJ法）对创意进行归拢，最终将开发创意精准提炼出来，如下图所示。

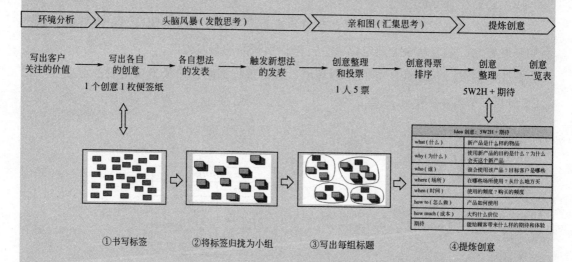

新产品创意提炼的步骤

注：亲和图（KJ法）由日本著名人类学家 川喜田二郎（Kawakita Jiro）博士提出。

具体步骤如下。

第1步：写出客户关注的价值。根据3C分析法识别出的企业优势，集中讨论客户关注的价值，写出"让顾客选择的理由"。

第2步：写出各自的创意。项目团队成员，根据自己的判断，用便笺纸写出能够吸引客户关注的创意（idea）。1个创意应使用1枚便笺纸，以便后续分类汇总。

第3步：各自想法的发表。小组成员把自己的创意发表出来。注意此时不可以对创意发表意见。

第 4 步：新想法的发表。小组成员发表各自创意时，如果又触发了新的创意，也要记录在便笺纸上，发表出来。

以上几个步骤，采用头脑风暴的方式，鼓励小组成员发表新奇的想法。

第 5 步：创意整理和投票。把每个人的创意，分门别类地汇总在一起，按类别贴上标签，并在标签上写出类别名称。然后由每个成员根据自己的喜好，对标签投票，每人最多投 5 票比较合适。

第 6 步：创意得票排序。根据投票结果，由高到低进行排序，把好的创意选择出来。

第 7 步：创意整理。把好的创意用"5W2H + 期待"的格式整理出来。

第 8 步：把整理出来的创意，汇总成一览表（见下表）。把项目团队成员选择出来的好创意，进行进一步的构思，并绘制成产品的示意图，将创意具体化、形象化。然后根据"5W2H + 期待"的格式，将产品创意提炼为一句话，用一句话总结产品的特点。

新产品创意一览表

新产品名称	×××××
新产品的基本想法（示意图）	

idea创意：5W2H + 期待	
what（什么）	新产品是什么样的物品
why（为什么）	使用新产品的目的是什么? 为什么会买这个新产品
who（谁）	谁会使用该产品? 目标客户是哪些
where（场所）	在哪些场所使用? 从什么地方买
when（时间）	使用的频度? 购买的频度
how to（怎么做）	产品如何使用
how much（成本）	大约什么价位
期待	能给顾客带来什么样的期待和体验
总结	用一句话总结产品的特点

以上是根据市场和客户需求定义顾客价值，然后再将顾客价值转化为新产品创意的过程。接下来需要对新产品的开发方向进行验证。

（3）识别产品的开发方向

识别产品的开发方向指的是产品的定位分析，即识别与竞争对手产品的市场重合度，找到细分后的目标市场，从而找到产品定位的差异化策略。另外，通过与竞争对手产品的实物对比，挖掘出产品应有的状态，打造产品的优势，如图4-9所示。

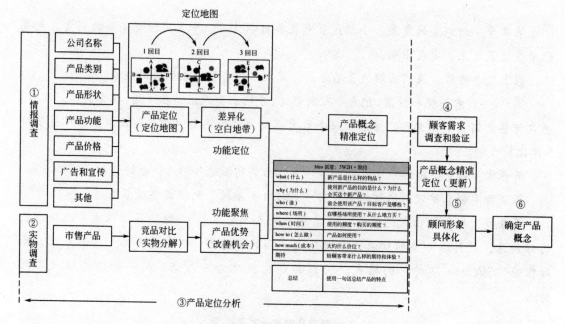

图4-9　识别产品的开发方向

　　企业可以通过网络、行业协会等途径对竞争对手的公司名称、产品、广告和宣传等诸多信息进行调查，然后进行企业产品的定位分析。首先，把企业产品创意的关键要素罗列出来，比如价格、功能、时尚、先进、科技、流行、变化、舒适等。其次，给这些关键要素配置相反的因素，比如高价格—低价格、多功能—单一功能、时尚—传统、先进—保守、变化—稳定，等等。最后，选择关键要素进行定位分析，并将关键要素做成矩阵图，如图4-10所示。把前期调查的竞争对手信息，描绘到定位地图中四个象限的相应位置，然后从中找到空白区域。企业可以优先从空白区域位置作出产品定位。

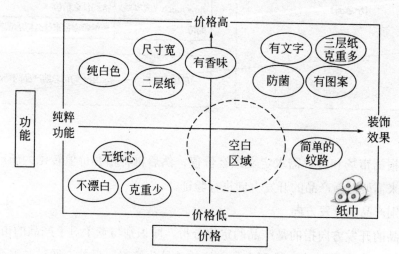

注：本图所提供的信息，只用作方法介绍，并非严谨的调查结果。

图4-10　定位地图

对于市场和竞争对手产品的相关信息，企业可以自行收集情报，也可以委托专门的调查机构来收集。当前互联网公司提供的大数据，也是获得信息的有效途径。除此之外，企业还可以通过行业调查报告以及咨询机构的分析报告等来获得信息。

企业可能需要绘制多张定位地图才能找出适合的空白区域，也有可能并不存在非常大的空白区域供应企业选择，比如高度竞争的行业。此时企业就可以从多个关键要素出发，多次绘制定位地图，找出适合的产品定位。完成定位分析后，需要重新修订和完善新产品开发的方向，如图4-11所示。

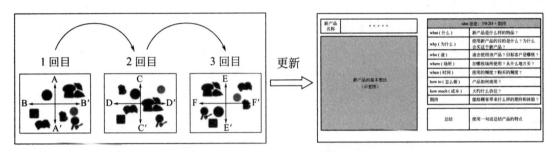

图4-11　产品定位和概念更新

企业除了按上述方法进行产品的市场定位分析外，还可以直接对产品进行分析即从市场购买竞争对手的产品进行对比研究，找出产品的差异，确定适合自己的产品定位。

（4）客户需求验证

完成产品定位后，需要进行市场验证，初期可采用客户意见调查的方法来验证产品定位。先向顾客收集信息，然后进行分类、汇总、分析，继而得出结论。通常可以使用观察、座谈、询问、实验等方法来收集顾客信息。

【相关链接】▶▶▶

顾客意见调查的步骤

顾客意见调查，可以按以下步骤来实施。

步骤1：设定调查目的

首先，要明确提出调查的目的。通过调查，了解顾客使用本公司产品的情况，找出或验证产品的定位，了解影响顾客购买心理的因素。验证目的的调查假设，可以从以下方面来考虑。

（1）顾客对产品的认可度。

（2）产品功能的差别。

（3）公司的产品形象。

（4）产品的包装方式。

（5）使用的简便性等。

企业如果不事先找出可能影响产品销售的因素，那么调查的内容与目的的关联性不够强，调查的效果就会大打折扣，甚至得到与之相左的结论。

步骤2：确定调查对象

根据企业的目标客户群体，确定调查对象。调查对象的样本选择，可以采用随机抽样的方法来决定。需要注意的是，调查人数的样本大小，对样本误差的影响比较大。通常样本误差与样本数的平方根成反比。样本数越小，误差就越大。由于调查对象的多少，与调查工作量和调查成本成正比，所以要在调查对象和调查成本之间进行平衡。

步骤3：确定调查的方法

确定了调查对象和样本大小后，应考虑如何激发调查对象的回答意愿，得到相对准确的意见。企业应对调查的方法、调查的时间节点进行细致的考虑。常用的调查方法有：

（1）网络调查，把调查表发布在网络上，请对方回答和回传。这是比较快速和便捷的调查方法。

（2）电话调查，打电话给调查对象进行访谈，并记录调查结论。

（3）邮寄调查，将调查表邮寄给调查对象，请其在一定日期内，将调查表寄回。

（4）访谈调查，以面谈的方式，直接访问调查对象。

步骤4：设计调查表

在明确了调查目的、选择了调查对象、确定了调查方法后，应考虑"询问哪些问题""如何分析问题""如何导出结论"等，并设计调查表。可以按照以下方式来设计调查表。

1.前言

前言很重要，会直接影响调查对象的回答意愿。如果调查对象感觉不到调查单位的诚意和信用，通常会拒绝回答，或者随意回答。

前言一般包含以下项目。

（1）调查目的：要简洁明了，使调查对象可以非常容易地判断调查内容的方向。

（2）调查宗旨：说明为什么要调查。

（3）调查用途：务必注明调查结果的用途，以免调查对象产生误解和疑虑。

（4）安全承诺：消除调查对象的不安，尤其是在现在信息诈骗案件多发的情况下。

（5）调查请求：表达诚意，请求对方协助调查。

（6）注意事项：务必讲明调查的填写方式，以免调查对象遗漏或者回答错误。

（7）致谢对方：向调查对象致谢，有助于提高回答的可信度和调查表的回收率。

2.调查问题

调查的问题要方便回答，通常以选择题和问答题为主。

（1）调查表的构成

①从调查对象感兴趣的问题开始，或者从简单、容易回答的问题开始。

②先询问与调查目的有关的内容，将重要的问题放在前面。

③有关调查对象私事的问题要放在后面，需要调查对象表态和提意见的问题也放在后面。

④调查文字的字体、大小，要方便调查对象阅读。

⑤需要重点强调的内容，可以加底线、加粗，或用圆圈圈住。

⑥对有分歧的问题，使用序号或箭头进行指示。

⑦预设的答案（评价尺度）要能够区分出调查对象的喜好和满意程度。

⑧设计成容易回答的方式。

⑨增加可以填写文字的问题。

（2）调查内容的注意事项

①用语要简洁。

②尽可能使用短句询问，每个问题的字数不能太多。

③不要出现调查对象无法记住的问题。

④不要重复问同一个问题。

⑤不要出现可以有多种解释的开发性问题。

3.致谢

在调查对象回答完问题后，务必要向其表示感谢。

步骤 5：实施调查

使用设计好的调查表和事前确定的调查方式，完成调查。

步骤 6：调查资料的整理和分析

根据收集的调查表，进行统计分析。通常在确定调查目的、设定调查问题时，就要明确统计分析的方法，可以使用要因分析、定位分析、多变量解析等方法。

步骤 7：总结报告

最后，根据调查分析的结果，作出决策。

（5）目标客户具体化

完成客户意见调查后，要把客户的意见转成有形的信息。同时锁定目标客户，为目标客户开发新产品。把客户群体具体化的过程，就是将购买公司产品的消费者，形象地描绘出来，设定一个实际存在的客户形象。这样做的好处是，统一新产品开发项目全体成员的认知，为具体化的目标客户开发产品。新产品开发的使命，就是设计客户满意的产品。

目标客户具体化的方式，可以按表4-7来完成。

表 4-7　客户形象一览表

调查日期			一天的时程安排（规律）	
客户姓名		顾客照片		
年龄性别	○男　○女			
学历			购物理念（价值观）	
职业				
家庭成员和年收入			梦想（目标）	
住（住所）			记录人	
衣（风格）			项目经理评价	
食（饮食）			企业负责人评价	

　　完成了新产品开发的定位，选择了目标客户群体，并将客户形象具体化，接下来需要思考的是，如何将新产品给顾客带来的价值具体化。企业开发出来的新产品具体能给客户带来什么好处呢。项目团队应该思考以下问题。

●客户购买产品前是什么样子？
●客户购买我们产品时是什么样子？
●客户购买产品后又会变成什么样子？

　　把新产品带给客户的各种好处全部识别出来，从而实现产品概念的具体化。企业可以通过制作拼贴画的方式将客户形象具体化，如图4-12所示。这样有助于将产品定位、概念、功能等清晰具体地描述出来。

图 4-12　顾客形象具体化

（6）产品概念的确定

完成上述步骤后，产品的概念最终被确定。此时需要将产品的形象，按照"5W2H＋期待"的格式更新到产品创意一览表中。最好使用手绘图、拼贴画等方式（见图4-13），将产品的概念明确表达出来（见表4-8）。

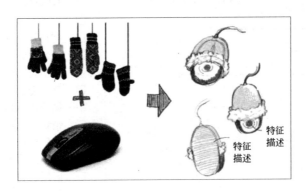

图4-13　产品概念示意图

表4-8　产品概念描述

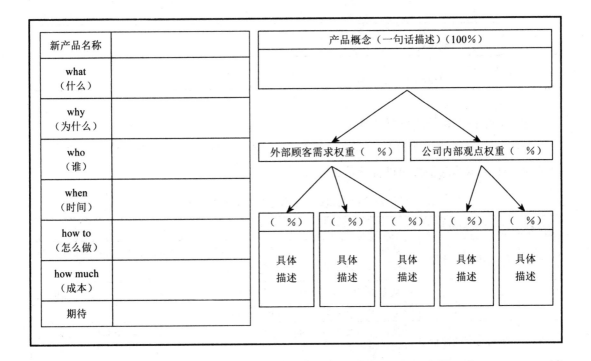

（7）企划立项

当新产品的概念明确以后，新产品就可正式立项转入研发阶段了。这时需要把新产品开发的整体要求，详细地罗列出来，并以公司决议文件的方式正式提出。可以根据公司实际工作的需要，制定新产品设计要求一览表（见表4-9），作为研发阶段的输入。

表 4-9　新产品设计要求一览表

案件名	新商品"×××"的具体要求	设计要求	☐ 产品概念（不少于　个方案） ☐ 产品创意（不少于　个） ☐ 产品造型（不少于　个） ☐ 设计图纸 ☐ 3D 模型 ☐ 工程样机（　台） ☐ 客户样品（　台） ☐ 包装设计 ☐ 使用说明书 ☐ 产品专利申请（要　不要） ☐ 销售用宣传册 ☐ 销售用贴画 ☐ 销售用产品目录 ☐ 网站主页展示 ☐ 展览会设计方案 ☐ 其他未注明要求（　　　　　）
使用材料			
技术上的 制约条件			
使用技术/设备			
新产品投放市场 的日程计划			
产品概念 简要说明		合同相关内容 的准备	（1）产品报价单：　月　日（周　） 17:00 前 （2）相关的认证：　月　日（周　） （3）产品发布会：　月　日（周　）
制作日期	年　月　日（周　） 制作表：	需特别注意 的事项	
负责人批准	年　月　日（周　） 总经理　　　　印	其他	

（8）立项评价和新产品概念确定

新产品的设计要求明确后，需要对新产品的整体方案和要求作出评价。一般来说，可从表4-10所示的三个方面进行评价。

表 4-10　新产品的整体方案和要求的评价角度与内容

序号	评价角度	评价内容
1	顾客角度的评价	从顾客购买和使用产品的角度对方案作出评价，如产品的操作性、便利性、魅力性、有用性、安全性、满足感等内容
2	企业角度的评价	从企业战略定位和经营业绩达成的角度对方案作出评价，如产品的战略性、市场性、营收性、利润性等内容
3	技术角度的评价	从产品开发和生产的角度对方案作出评价，如产品的功能性、技术性、易制性等内容

完成了新产品概念和方案的评价，就可以正式转入研发阶段，开始新产品的设计工作。

4.3.1.2　研发阶段

在新产品开发的企划阶段，重点工作是客户需求的把握和新产品的定位，此时，市场营销部门的工作量相对较多。而新产品的研发阶段，是将新产品从概念变成实物的过程，工作的重点在于新产品的设计和批量生产的准备。所以研发阶段本身又可以分为产品开发和试产导入两个阶段。

企划阶段，指明了新产品的方向，提出了具体的目标；研发阶段，则要实现新产品的批量生产。企划是目的，研发是手段。为了达到新产品开发的目的，产品功能和品质、研发周期、新产品成本等内容都是新产品研发过程中的管控重点。所以，新产品研发过程的管理，可以理解为对新产品研发流程的管理。

新产品的研发流程，是以新产品研发工作内容为主线梳理出来的工作流程。新产品开发，贯穿了产品设计、工序设计、试制、量产的全过程，应该既要明确每个步骤的工作内容，又要明确每个步骤完成后的验证内容，从而确保研发过程得以顺利实施。新产品研发是为了开发高附加价值的产品，对实现经营指标作出贡献。企业一方面应当确保新产品对经营指标的贡献，另一方面要确保新产品能够满足顾客的需求，如表4-11所示。

表 4-11　从两个角度看新产品开发

对经营指标贡献的角度	满足顾客需求的角度
（1）开发有卖点的新产品，就是开发满足顾客需求的产品 （2）开发功能可靠、品质稳定、投入成本低、容易制造的新产品 （3）新产品需要满足以下内容： ①造型的独特性，产品外观、造型等是否与竞争对手拉开了差距，实现了产品的差别化 ②操作的简便性，产品是否容易安装、操作和使用 ③功能的可靠性，产品的功能、质量是否有保障，功能失效或降低的概率是否非常低 ④使用的安全性，产品使用、维护过程中是否会带来伤害 ⑤加工的易制性，设计出来的产品，是否容易制造加工 ⑥维持的保养性，产品使用过程中，后续的维护保养是否可以简便实施，维护保养的成本是否经济 ⑦模块的相容性，考虑到产品未来的变化，产品的组成模块之间是否兼容，是否可以互换 ⑧投入的经济性，产品的一次性投入成本（固定成本）和制造成本（变动成本）是否经济 ⑨其他需要重点满足的要求	新产品的开发过程，意味着： （1）将客户需求转化为产品功能定义 （2）将产品功能转化为产品的品质特性 （3）将品质特性转化为具体的产品构造 （4）将产品构造转化为产品的组成部件 （5）对产品部件作出详细的设计 （6）验证以上设计过程
备注：以上内容将成为新产品研发阶段的重点评价项目，用以验证新产品对经营指标的贡献是否达到最大化，这也是对研发成果的验证	这是将客户需求转化为产品的过程，新产品研发的过程就是对客户需求转化过程的验证过程，也是对研发过程的验证

从新产品研发管理的角度来说，新产品研发过程，就是完成产品定位、概念、功能、品质特性、构造、部件、成本等工作内容的过程。研发过程的管理，需要从工作流程、管理目的、管理对象三个方面来思考，为了确保达成新产品开发的目的，必须对研发目

标进行验证。新产品开发过程中验证研发成果是否达到研发目标的过程，称为设计验证（design review，简称DR）。新产品研发过程中的管理重点，如图4-14所示。

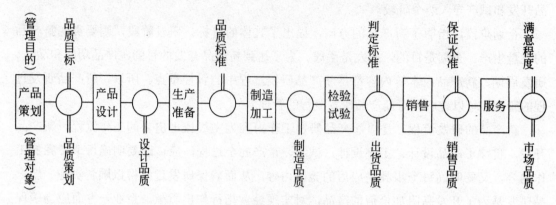

图4-14　新产品研发的管理重点

（1）产品企划评审（DR0）

新产品正式立项后，应从顾客、企业、技术三个角度对新产品的企划方案进行设计评审，确认其是否可以满足客户需求和新产品的经营指标。这时，会对新产品研发的功能、品质、成本、时间节点等提出更为具体的目标。这些目标是后续研发环节必须达成的目标，也是后续开发环节设计评审的目标值（bench mark，简称BM）。企划评审的结果（目标）是后续的评审依据，所以称为DR0。

新产品企划评审时提出的品质管理目标，就是新产品的P（产能和效率）、Q（功能和品质）、C（单位成本和一次性投入成本）、D（开发周期和重要节点）等机能级目标。为了能够达成这些目标，需要对新产品的开发过程做事前品质策划、设计，并提出贯穿整个开发过程的管控重点、内容、工具、方法等内容。

验证新产品品质目标的合理性，事前确定达成品质目标的具体管理方法，是新产品企划评审的重点。品质策划以新产品开发流程为主线，需要把每个阶段、每个步骤的输入（input）、输出（output）、工作要点、投入资源、用时、主导部门和人员、管理方法和步骤等内容，以流程的方式汇总出来，见表4-12。企业首先应当梳理和绘制新产品研发的流程。研发流程的梳理，应尽可能全面、具体。建议以企业中最复杂的产品开发流程为主线来进行梳理，这样会更有代表性。新产品的研发流程梳理出来以后，产品品质策划才会有依据。企业应当定期检查和完善新产品研发流程。

新产品企划阶段，至少要提出产品质量、开发周期、开发成本等几个方面的目标，作为判定新产品开发成功与否的指标。每一个研发过程的管理策划，都会因新产品的开发难度不同而不同。比如，现有产品的局部改造与全新开发的产品，研发难度是完全不同的，研发工作的重点和管理的重点也不相同。所以，产品的策划应当根据产品开发的难易程度来进行更细致的区分。

表 4-12　新产品研发流程

阶段	具体步骤	输入资料	输出资料	工作要点	使用工具	工作用时	投入资源	主导部门	主导人员	管理方法	管理步骤	备注
企划阶段	1 → 2 → 3 → …											

新产品开发等级可以用来区分新产品开发的难易程度。对不同开发难度的产品进行分类，有助于新产品研发的精细管理，以及资源的有效分配。企业应当根据自身的实际情况，进行新产品开发等级的区分，见表4-13。然后对不同开发等级的产品，作出不同的策划。不同等级的新产品，开发周期不同，投入的人力资源不同，遵循的流程不同，管理的重点和内容不同，验证和评审的方式也不同。

表 4-13　新产品开发难易程度的等级划分

说明		产品等级
全新开发	1.使用全新的技术、工艺、设备和材料 2.无产品可参照	A 级
	3.参照现有产品的开发	B 级
局部开发	4.现有产品重点部位的局部开发	C 级
局部改造	5.现有产品一般部位的改变	D 级

表4-14是一个对设计等级进行区分的例子。这是一家行李箱拉杆（配件）企业，以产品的研发等级为依据，制定了产品研发主导人员、开发周期、设计工作量、模具设计加工周期等方面的目标。

表 4-14　不同等级的产品开发目标

类别		行李箱拉杆设计							
		全新开发		局部开发			零件开发		
细分		无参照	有参照	把手+盖板	把手	盖板/L板等	胶头	按制/卡套/套皮等	加Logo
开发等级		AAA	AA	A	B	C	A	D	E
开发主导人员		总工	总工	主任工程师	主任工程师	设计工程师	主任工程师	设计工程师/助理工程师	助理工程师
产品设计	外观设计（天数）	5	2	1	0.5	0.5	0	0.5	0.5
	结构设计（天数）	4	3	2	0.5	0.5	1		
	合计天数	9	5	3	1	1	1	0.5	0.5
模具设计	设计天数	4	2	2	1	1	1	0.5	0.5
开发过程控制分工	1.方案规划和论证	总工	总工	总工	总工/主任	主任	设计	设计	设计
	2.方案设计	总工	总工	主任	主任	设计	设计/助理	设计/助理	设计/助理
	3.方案评审	总工	总工	总工/主任	总工/主任	主任/设计	主任/设计	主任/设计	主任/设计
	4.项目进度控制	总工	总工/主任	主任	主任/设计	设计	助理	助理	助理
	5.样品制作和检验	总工	总工/主任	主任	主任/设计	设计	助理	助理	助理
	6.技术服务支持	总工	总工	主任	主任	设计	助理	助理	助理
开发目标	保底目标	—	2	4	5	5	—	8	15
	合理目标	1	3	5	7	7	10	10	20
	挑战目标	2	4	6	8	8	12	12	25
模具加工	1.下料-机加工	8	8	8	5	5	2	1	1
	2.放电加工	8	8	8	5	5	5	3	2
	3.模具组装	7	7	3	3	3	3	2	1
	4.试模-修模	7	7	5	5	5	5	2	1
	合计	30	30	24	18	18	12	8	5

（2）产品设计评审（DR1）

新产品企划评审（DR0）完成后，正式转入产品设计阶段。产品的设计是将产品概念转成具体产品方案的过程。这个过程有多次信息的转化。从调查客户需求开始，需要依次完成产品概念、产品功能定义、品质特性、产品构造、产品组成部件等转化。使用的管理方法是品质机能展开（quality function deployment，简称QFD）。

【相关链接】▶▶▶

品质机能展开（QFD）

品质机能展开是以矩阵图为工具，识别要素之间相关性的一种方法，在日本又称为品质表。矩阵图是将两类因素分别按行和列排列成表，然后找出不同因素之间关联性的一种目视化表达方法，如下页图所示。

新产品研发时使用的品质机能展开（QFD），是使用一系列矩阵图，将客户需求逐步转化为产品设计的过程。转化过程的核心在于关联，把本来没有直接关联的因素，通过层层关联建立联系，从而实现逻辑支撑，如下图所示。

R L	R1	R2	R3	R4
L1			◎	
L2		○		○
L3	○			
L4			△	

表示	强相关	一般相关	弱相关
符号	◎	○	△

矩阵图

第一步，对顾客的需求作出功能定义，然后通过对顾客需求的展开描述（通常建议使用系统图的方式），与功能进行关联。同时逆向验证功能是否能满足顾客需求。为了能够更精准地定义顾客需求，应将客户需求转化为可以测量和判定的品质特性。第二步，将产品功能与品质特性进行关联。第三步，在产品功能定义的基础上将机构依次展开为功能模块、零部件。第四步，将展开的零件与事前定义的品质特性关联起来，然后进行零件功能的定义、选型或设计。这就是简易的品质机能展开过程。需要注意的是，在每次展开时，认真确认关联性，确保每一次转化过程都很充分，不会遗漏信息。

运用品质机能展开（QFD）工具，将产品的概念完整地转化为产品结构和零件，然后再运用产品相关的专业知识，进行产品零件的选型和设计，就完成了产品方案的设计。此时需要对产品的设计方案进行评审，优先确认方案是否能够满足顾客需求。如果方案可以满足顾客要求，接下来要验证方案是否能够达成产品的设计目标。产品的设计目标是在确定产品概念时（DR0）提出的产品功能、品质、效率、成本等目标。产品的设计目标，在新产品研发的每个重要环节都应该进行验证。如果验证的结果与产品的设计目标一致，没有差异（结果和目标的差为0），说明产品设计方案能够达到设计目标，这样就可以转到下一步进行详细的产品设计。

通常，我们把"产品设计结果和设计目标的差为0"的验证过程，称为"归零检讨"。在新产品研发过程中，每次设计评审（DR1~DR6），都必须做"归零检讨"，以确保在立项评审（DR0）时提出的设计目标能够真正得以实现。

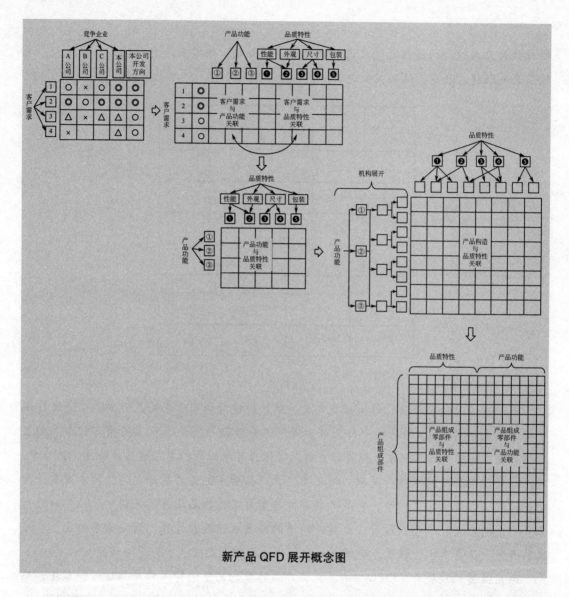

新产品 QFD 展开概念图

①设计方案的评审。产品方案设计完成后，在正式的细部设计之前，要进行设计方案的评审，一方面，验证设计方案是否能够满足顾客需求，与事前定义的产品概念是否吻合。另一方面，要对设计目标做"归零检讨"。如果方案达不到原来的设计目标，就要修正方案，直到达成设计目标，如图4-15所示。方案设计是研发阶段最重要的环节。

方案设计决定了后续的产品细部设计，因此对产品技术的要求比较高，通常由总设计师或者资深设计师来完成。如果有可能，建议制作方案的实物模型，以验证方案的合理性。随着3D打印技术的发展，通过实物模型验证方案，越来越简便、快速，成本也越来越低。如果企业当前的新产品开发中，产品试产异常多发、设计变更比较频繁，说明企业的产品设计方案评审不够完善。此时除了完善管理流程外，还应当完善对设计方案的技术评审。制作实物模型的做法，是企业不错的选择。

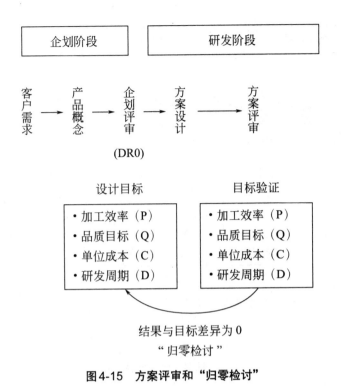

图4-15 方案评审和"归零检讨"

②产品设计的评审。方案评审通过后，对产品做详细的设计，设计产品机构、绘制图纸、制定技术参数、编制物料清单等一系列设计工作开始开展。完成产品设计后，需要对产品设计进行评审，一来验证产品设计是否满足方案要求，二来验证产品设计结果与设计目标的差异。

一方面，验证产品设计是否满足技术方案，是纯技术方面的评审，需要在产品技术上拥有丰富经验的技术专家，所以通常由企业的高级技术人员（或总工）来主导。技术评审需要很多的专业工具，如DFEMA、FTA、信赖性评价等。同时企业应当充分利用产品以往出现的问题信息来进行验证，比如以往出现的外部顾客投诉和抱怨、内部生产加工过程中存在的问题等。企业应当建立产品问题收集机制，将产品的问题制作成"问题集"（有时也称为失败履历），以方便产品评审时使用。一般的做法是，根据以往产品存在的问题集，制作产品评审的检查表（check list），逐项对产品设计内容进行评审，验证产品设计的可靠性。值得注意的是，很多企业虽然做了设计评审，但试产时问题依旧很多，并且都是以往出现过的问题。这都是因为技术评审不够深入、缺少评审依据，只是流于形式而非真正技术上的评审。

另一方面，对产品设计结果做"归零检讨"，验证产品的设计结果是否能够达到设计目标。此时同样需要对产品的设计目标进行验证。如果能够达成设计目标，才能进行下一步；如果无法达成目标，就要修改设计，直到达到初始的设计目标，如图4-16所示。

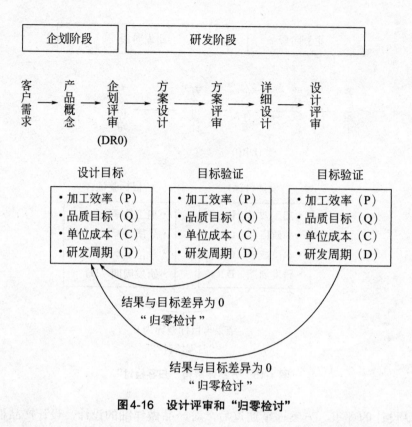

图4-16 设计评审和"归零检讨"

③制作实物样品来进行验证。设计方案完成后，为了能够充分验证产品的设计结果，可以制作实物样品进行验证。毕竟实物样品能够让评审人员更直观地识别问题。产品设计由多人完成，企业有必要制作实物样品来验证多个设计人员之间的配合情况。

④试产准备阶段。设计评审完成后，就进入了试产验证阶段，要对产品的制作加工工序进行设计，以实现产品的批量化生产。试产阶段又可以分为试产准备阶段和试产验证阶段。试产准备阶段就是准备生产五要素（人、机、料、法、环）的过程。

第一步，物料的准备。

产品的单位成本中，物料成本占比通常比较高，对产品的成本影响很大。所以无论是物料的使用量，还是物料的单价，企业都必须认真地考虑。设计阶段应减少物料的种类和数量以及专用物料的使用尽量使用，通用物料，放宽物料的技术标准等，这对降低物料成本有很大的贡献。

此外，还应对外购物料进行评价，一来评价外购物料的品质是否达到产品设计的技术要求，二来评价外购物料的单价。外购物料的技术要求，通常是通过物料的检验和试验，由专业技术人员主导完成。外购物料单价的评审，可使用VA分析法（价值分析value analysis，简称VA）来验证。企业应当在新产品的导入初期，就对材料的购买成本进行精准核算，而不是等到批量生产后，再由采购部门进行多方比价和议价。VA分析法就是根据物料的理论用量核算成本的方法，即根据物料的理论用量，对物料的标准材料费、制作加工费、包装运输费等进行精确的调查和核算，从而得到物料的理论购买单价。一般来说，需要事前制作专门的产品报价单（见表4-15和表4-16），明确核算内容和依据，然后对物料的加工过程进行实地调查，从而核算出物料真实成本。

表4-15　注塑成型产品报价单

注塑成型产品报价单			
机型名称/ 编号/品名	项目		
机型名称 ***	材料费		再生
		材质	
		材料单价(元/千克)	
编号 ***		产品重量	浇道
	加工费		
		成型机(吨)	费率(元/分)
品名 ***		成型时间(分)	
		取数	
供货方 ***	二次加工费		电镀
			印刷
			其他
担当 ***	检查		不良
	包装		运输费
年　月时点	部品价格		
	模具费(万元)		

表4-16　冲压产品报价单

金属冲压产品报价单			
机型名称 ***	材料费		
		材质	
		材料尺寸(宽/长/板厚)	
编号 ***		材料单价(元/千克)	
		废屑单价(元/千克)	
品名 ***		产品重量	毛重
			废料
	加工费		
供货方 ***		冲压机(单冲/连冲)	压力
			冲压费
		材料利用率	
担当 ***	二次加工费		切螺纹
			脱脂
			其他
年　月时点	检查		管理费
	包装		运输费
	部品价格		
	模具费(千元)		

以上是对试产物料的成本评价，除此之外，企业还需要对物料的品质和采购周期进行评价。

第二步，模具的准备。

物料的加工，多数情况下会使用到模具。无论是物料的成本，还是物料的筹备周期，都会受到模具设计和制作的影响。比如，模具决定了物料的利用率，决定了物料的加工批量，决定了物料的加工成本；模具的设计和制作周期决定了物料的筹备周期等。无论物料由企业内制，还是委外购买，模具的设计和制作都应该被严格监管。

模具的设计和加工，运用的是模具相关的专业技术，很多情况下，模具的设计技术与产品的设计技术分属不同的领域。模具相关的设计技术，也是产品设计人员必须提升的技能。实际工作中，产品设计得非常完美而模具加工根本无法实现的情况也比比皆是。所以产品设计和模具设计必须高度融合，产品设计的评审工作，模具设计和加工人员必须参与。产品设计人员还应该根据模具设计人员的建议，适当地修改产品设计，以降低产品制作加工的难度，否则新产品难以达成事前设定的成本目标。

模具设计完成后，要进行模具评审。需要从专业和指标两个方面来评审，一方面运用模具制作、产品制造的专业技能来验证，另一方面对设计目标做"归零检讨"。对于模具本身的专业评审，可以使用模具相关的专业软件（比如模流分析等），找出模具制作和加工中曾出现过的问题点（失败履历）。对于模具评审的"归零检讨"，可以在原有指标的基础之上，增加模具的一次性投入费用、模具费用的摊销成本、物料的单位成本等指标来进行评价，见图4-17。模具设计完成后，一旦决定启动模具制作，就意味着企业开始出现资金外流（付款），物料的成本也会正式确定。如果不做"归零检讨"，就会丧失改善的机会。在模具制作前，设计变更仅限于设计人员的工作。模具开始制作以后，设计变更的工作量就会成倍增加。为了确保新产品能够达成预定的成本目标，在资金外流的环节，必须设置关卡进行评审。

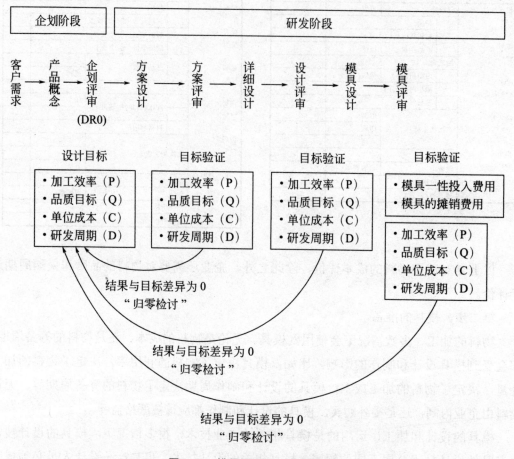

图4-17 模具评审和"归零检讨"

第三步，生产工艺。

生产工艺的准备工作主要是生产工艺流程的设计和生产线的准备。

企业应根据产品的加工顺序，编制产品的工艺流程图。使用流程图的标准符号（见表4-17），将产品的加工流程，按加工的先后顺序绘制成图。并按照IE（工业工程industrial engineering,简称IE）的方法，把产品的加工工序，分为加工、检查、搬运、停滞四种类型，其中：

●加工，指原料、零件或产品，依其作业目的而发生物理或化学变化。

●检查，指对原料、零件或产品进行测试，并将结果与基准比较，判定合格与否。

●搬运，指原料、零件或产品，由某位置移动至另一位置。

●停滞，指原料、零件或产品，没有加工或检验，而是等待下一次加工或检验。

表 4-17　工程分析符号

类型		日本标准 （JIS）	美国标准 （ANSI）
加工		○	○
检查	数量检查	□	□
	品质检查	◇	
搬运		⇒	⇒
停滞	贮存	▽	▽
	暂存	D	D

JIS：日本工业标准，由日本工业标准调查会（JISC）制定，

ANSI：美国国家标准学会（American National Standards Institute，简称ANSI）。

四种类型中，只有加工才是真正为企业增加附加价值的工序，其他三种类型（检查、搬运、停滞）不能增加附加价值（浪费），应当尽可能地减少。精益中所谈的七大浪费，就是对该理论的继承和发扬。

企业需要将新产品的加工工艺，绘制成工艺流程图（如图4-18）。此时应当优先识别并减少不必要的搬运工序和停滞工序，改善的方法是将加工工序串联成线。接下来确认每个工序的功能、作用和需要承担的工作内容。然后确认每个工序需要投入的物料，使用的设备、工具，以及作业内容和加工步骤。确定了上述内容之后，需要概算出每个工序的加工工时，可以使用模特法（具体内容请参照IE方面的专业书籍）。当每个工序的加工工时算出来以后，可使用IE工序平衡的方法，确定每个工序需要投入的加工人数。这样一来，每个工序的投入物料、加工内容、加工步骤、使用设备和工具、加工工时、使用人数等加工信息就确定下来了。工序设计人员可以根据这些信息，设计生产加工布局。布局设计完成后，同样需要进行生产布局的设计评审，一方面，要评价工序的硬件投入、加工工时、投入人数、加工效率、良品率。另一方面，要对设计目标做"归零检讨"，如图4-19所示。

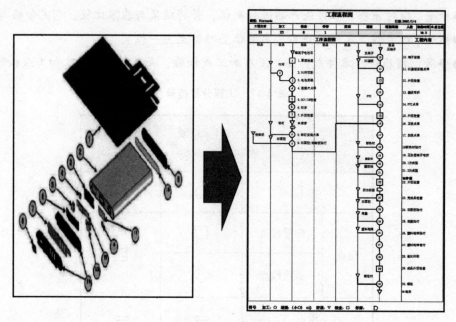

图4-18 工艺流程图

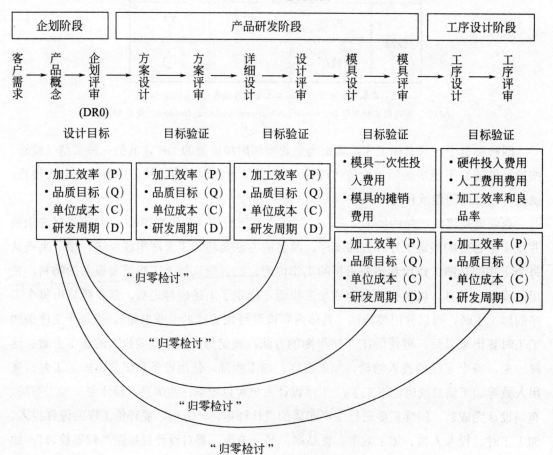

图4-19 工序评审和"归零检讨"

设计工序时，需要充分考虑人、机、料、法、环等生产五要素。为了确保工序加工的品质、效率、安全、成本等内容，需要使用 IE、TQM、TPM 等专业知识。比如生产布局的设计，需要使用工程分析、动作经济原则、生产线平衡、PFMEA、动作分析、工时研究、物流分析、物料三定、设备操作、人机联合作业分析、模特法、标准作业、TWI 技能训练等知识。

> **提醒您**
>
> 　　新产品试产准备阶段，物料（含模具）的评审和生产工序流程的评审，工作步骤多、时间节点多，除了评审工作外，还需要对各项工作的进度进行管控，梳理工作的先后顺序，掌握每项工作的节奏和用时，并协调各项工作之间的进度，因此说是非常重要的工作。企业一来可以将工作内容按顺序编制成甘特图，二来也可以进行同步设计（concurrent engineering）。

完成了生产五要素（人、机、料、法、坏）的准备，就可以转入试产验证阶段。

（3）试产验证评审（DR2）

试产验证阶段的主要工作是，验证新产品批量加工过程的稳定程度，一来对产品本身的功能、品质、效率进行验证，二来对批量加工的效率、品质、成本等指标进行验证。

试产验证一般分为初次样品试制和小批量试制两种方式。

①初次样品试制。准备好物料、工具、生产布局后，即可对新产品进行试制，考虑到初次试制只是为了验证正式生产的确定性，所以并不会投入大量的物料，以免造成不必要的成本损失。初次试制前，项目团队的成员需要事前到现场确认物料、工具、员工和生产布局是否准备妥当。通常建议企业事前准备好以下生产资料。

●工艺流程图：工序加工顺序。

●生产布局图：包含加工工序、作业人数、半成品、加工工时等内容的物理布局，如图 4-20 所示。

● QC 工程表：按加工工序事前设计的每个工序的品质管控要点和管控方法，如表 4-18 所示。

●作业要领书：每个工序的加工步骤和要点，如表 4-19 所示。

●检验试验标准：根据产品品质特性确定的具体材料、半成品、成品的检验和试验内容。

如果以上内容未准备妥当，不建议启动试产。

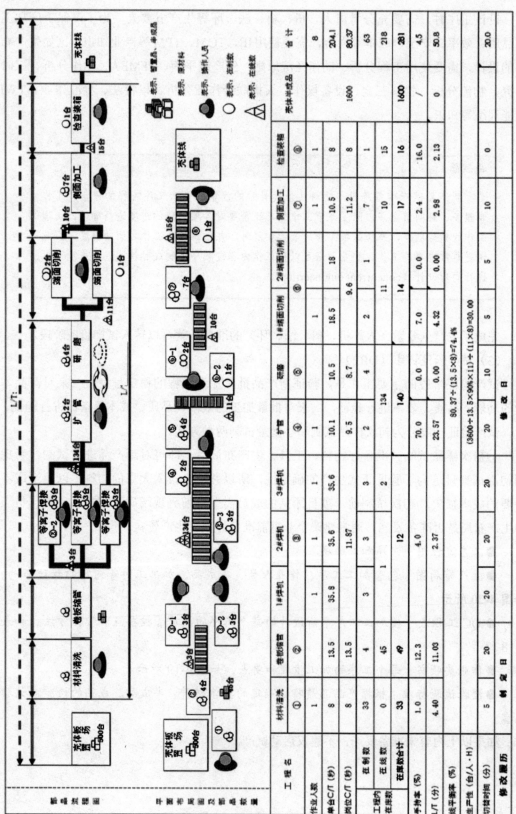

图4-20 生产布局标准书

表 4-18　QC 工程表

QC工程表

品质保证水准

A	可以预知不良的发生，不会制造不良品
B	可以检出工程不良，并会处理不良
C	可以检出工程不良，需由人加以处理
D	后工程检出，需由人加以处理
E	无管理

评价标准

○	有遵守检查基准
△	难以遵守
×	无法遵守
—	不遵守

产品名称（顾客品名）

流程：原材料部品名、准备工序、主要工序

工程、NO.、材料名称、工程名、重要度区分、曾出现的问题（相关性分析）、管理项目

管理方法：检查项目、检查频率、判定基准、计量器计测器号、检查负责人、检查表单、监督者、表单保管期限、品质保证水准、作业标准及相关标准

承认　审查　作成

使用设备　异常处置　评价标准

作成　确认　承认

制定日期　文件编号　版本状态

变更的内容　日期　序号　原因

流程中使用符号

▽	输入
○	作业
◇	检查检证
□	定期检查
⊔	运送 或工程调整

表 4-19　作业要领书

作业要领书	【作业名称】			产品型号				批准	确认	制作
				作成日						
				文件编号/版本:						
序号	作业步骤	作业的关键点	使用设备/治工具	设备/治具关键点	工时(秒)	工位布局				
1										品质确认
2										
3										
4										◆
5										
6										安全注意
7										
8										★
9										
10										标准半成品
11										
12										●
13						序号	部品名	部品编码		使用数量
14										
15										
16										
17										
□一般作业 □品质确认作业 ■安全注意作业			标准半成品: 　　pcs	加工时间合计						

初次样品试制可以对产品的功能、品质、可靠性进行全面的评价。如果存在问题，应确认是产品设计本身存在问题，还是物料精度和加工过程存在问题，并及时进行调整。此外，对试制的样品进行全尺寸检验和满足功能的各种试验，也是验证的重点。

②小批量试制。当样品试制没有重大异常后，就要按照正式生产的标准来进行小批量试产，以验证生产工艺的可靠性。小批量试产的批量可以设定为50台、100台，以能够模拟生产为准。所以，小批量试产必须按照正式生产的方式来验证。事前需要对员工进行指导，并将加工步骤写到作业要领书中，然后对作业员的加工步骤、作业要点、加工工时进行检查，以确认加工品质和速度是否能够达成预定目标。试产的同时，应对试产过程中的品质、效率、安全、定置管理等内容进行确认和记录。试产完成后，需要对试产结果进行评价，通常包括以下内容。

●质量：试产过程中是否出现重大不良现象；不良率是否符合预定目标；记录不良产生的原因并改善；品质检验和试验的结果是否合格；对关键尺寸进行统计过程控制（SPC）的分析和验证；检验和判定样品的制作；不良实物和不良现象的目视化等。

●效率：加工速度是否达到预定目标；产出量是否均衡；瓶颈工序的识别和改善；影响加工效率的因素识别和改善；生产物料的定置管理是否合适；设备条件范围是否恰当；设备精度是否合适；半成品的标准是否恰当；工具的配置是否合适等。

●物料：物料的投入是否顺畅；物料的三定标准是否恰当；尾数和不良物料的清退等。

●安全：是否存在安全隐患。

●其他重要内容的评价。

除了验证产品加工过程外，还应当根据试产信息，对产品设计目标能否达成进行

"归零检讨"，见图4-21。将试产时的品质、效率、成本等方面指标，与设计目标（DR0）进行比较，确保能够达成设计目标。当不能达成目标时，需要对生产方式作出调整，直到达成设计目标。

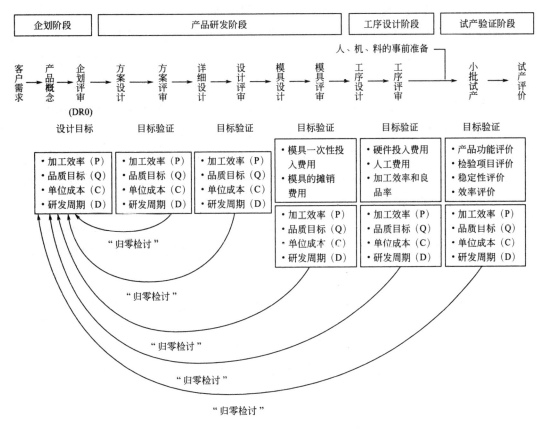

图4-21 试产评价和"归零检讨"

一般来讲，新产品完成小批量试产且试产的实际结果能够达到预定的设计目标，新产品就可以从研发部门转到生产部门，进行批量生产的验证。完成批量生产后，新产品的管理就正式移交给生产部门。移交生产部门量产后，企业内部默认新产品开发工作已完成。所以在小批量试产完成后，必须确保以下内容按日程计划完成。

●新产品的功能和品质方面不存在重大缺陷。

●新产品一次良品率、加工效率等方面指标，达到了预先设定的目标。

●生产线、设备、工具等硬件，具备了量产的条件。

●生产工艺和作业标准完成了修订和更新。

●对试产发现的问题，做了全面的整改，并验证了整改效果。

完成以上内容后，就可以进行大批量生产验证。

（4）批量生产评审（DR3）

新产品完成小批量生产，并不能完全反映大批量生产的效果，所以应对生产方式做"放大"验证，即大批量生产验证，有必要在第一次批量生产后，再次进行全面验证。

大批量生产验证，通常由生产管理部门组织生产资源；由生产部门主导生产，验证加工产能和效率；由品质保证部门验证产品功能和品质。

①初次量产确认。初次量产验证，应对生产时间、生产数量提出明确的标准，以确保能够反映生产的实际情况。可以设定目标：连续生产8小时，或连续生产数量不少于8小时理论产出。另外，对作业人员的上岗条件要有明确的要求，即在上岗前必须接受哪些作业训练，并达到什么样的标准。对设备的条件参数要有明确的范围规定，并提出严格的量产条件，不建议为了方便调整而设定过于宽泛的生产条件。

批量生产验证前，生产线的管理标准、工艺标准、设备保养标准、检验试验标准、物料配送和保管标准、作业员操作标准、作业环境维持标准等，都要完成修订并变成受控文件。所有的作业标准都要锁定。

②总结评审。初次量产完成后，需要对批量生产的结果进行评价，见图4-22，一方面评价产品本身的功能、品质，另一方面评价批量生产的结果是否能够达成预先设定的开发目标。

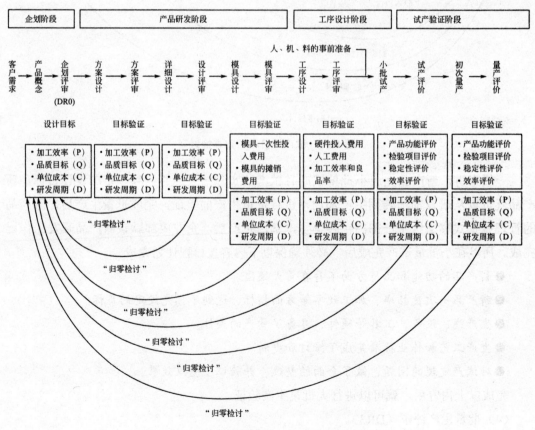

图4-22 初次量产评价和"归零检讨"

以上是新产品开发第二阶段的工作重点。对于企划阶段提出的新产品开发目标，在新产品研发和试产的每个重要节点，都必须进行系统全面的评审和验证，并确保每次的验证都能够满足事前设定的目标。如果不能做到"归零检讨"，就意味着新产品的开发成果会大打折扣。新产品开发阶段的每个评审环节，都可以理解成为了达成目标而设置的验证关卡，如果不能达成指标，就不能通过关卡。每个关卡的设计评审内容，都可以理解成为了通关必须确认的项目，只有满足了通关条件，才会盖章放行。

4.3.1.3　量产阶段

完成了初次量产确认和总结评审后，新产品就正式进入量产阶段。新产品的移交是指主导权限的移交。新产品小批量试产和初次批量试产验证完，新产品的加工效率、良品率、生产成本达到了预定目标，则可以将生产的管理权移交给生产部门，将新产品的品质保证责任移交给品质部门。企业从新产品开发的专项管理（project制），正式进入日常管理活动。

新产品开发流程中，除了研发阶段的设计评审外，量产阶段还需要在两个环节设置关卡，一是初次出货评审，二是初期量产时的连续追踪评价。

（1）初次出货评审（DR4）

初次出货评审，指产品发货时，确认和新产品有关的所有工作均已全部完成，包括产品的包装、运输计划，以确保新产品在无任何隐患的前提下出货，防止问题外流到市场中。一般来讲，这个环节由总经理作出最终的评审。

（2）初期流动评审（DR5）

初期流动管理，指的是新产品开始量产的前几个批次，通常最少以三个批次为目标，也可以设置前三个月为初期流动管理的期间。在新产品完成了初次量产验证后，还要进行初期流动管理，目的是防止初次量产无法将生产过程的异常全面反映出来。日常维持管理和新产品的验证管理，具有完全不同的特点。新产品的试产验证是集中精力的一次性确认。而日常维持管理是日复一日的重复性维持管理。通过初期流动管理，企业可发现日常维持管理中存在的难以维持的内容，并作出及时的改善，从而实现日常管理的持续。在初期流动管理环节，将暴露的问题整改后，应再做一次评审。

4.3.1.4　销售阶段——市场销售评审（DR6）

新产品出货后，要对市场结果进行评价，验证是否存在客户投诉和抱怨，以及销售情况是否达到新产品的企划目标，并最终验证新产品的开发是否成功。

4.3.2　设计工作的标准化

为了确保新产品研发工作高效开展，预防异常问题的出现，缩短研发周期，减少研发投入成本，降低产品成本，将研发活动标准化非常有必要。每一个新产品的研发，都是有目的的专项开发，研发流程具有整体或局部的重复性。如果将研发工作、研发流程、组织活动进行标准化，对研发工作的改进和提升，会有很大的帮助。

将研发活动标准化，应考虑图4-23所示的几个方面内容。

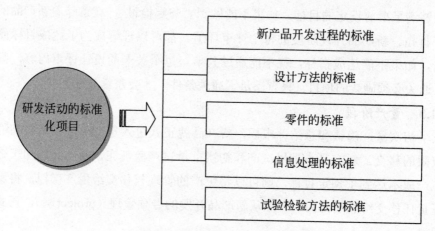

图4-23　研发活动的标准化项目

4.3.2.1　新产品开发过程的标准

新产品的开发流程，为新产品的研发过程规划出可以遵循的阶段和步骤。通过对新产品研发流程的研究，可以了解新产品研发的四个阶段和七个重要的评审过程。新产品的研发过程是一个周期长、跨度大、需要众多人员一起协作的系统性工程。为了能够有组织、有计划、有条不紊地进行，有必要对研发流程进行标准化。对于每个阶段每个步骤的具体工作内容是什么，由谁主导，由谁参与，在什么时间节点、花费多少时间完成等，都应该进行明确的定义。标准化的过程，可以使用5W2H的方式来设计。

- what：要做什么？做成什么样子？输出什么？
- why：之所以这么做，理由是什么？
- who：由哪个部门、哪个岗位来做？
- when：在什么时间节点完成？花费多少时间完成？
- where：在哪个工作场所完成？
- how to do：具体的完成步骤和方法是什么？每个步骤的要点是什么？
- how much：完成这些工作需要投入哪些资源？投入的成本是多少？

制定标准时，如果能够使用5W2H方法进行引导，可有效防止标准组成项目的缺失和遗漏。

4.3.2.2　设计方法的标准

设计方法的标准，是对设计方法、设计时引用的标准作出具体的描述和规定。这类标准通常包括表4-20所示的内容。

表 4-20　设计方法的标准

序号	名称	说明
1	制图方法	图纸是设计部门与制造部门沟通的语言。企业的制图标准必须统一。虽然每个设计人员绘制的图纸都符合规范，但并不意味着他们之间没有差异。为了方便图纸的使用者阅读，企业内部有必要对制图方法进行统一，如统一图框、图示、线型、文字、符号、标注、用语、颜色、幅面、角度、比例、公差等内容。尽可能使用简便、直观、容易理解的方式来传达信息
2	设计标准	设计标准包含设计步骤和产品的专业标准，比如设计的引用标准、结构的配合方法、材料的选用、结构设计的标准、设计公差、计算公式、各组成配件的标准、技术参数的选用、注意事项等
3	设计手册	设计手册是企业技术的积累，企业把每个人员的个人技术、企业共有技术、所属行业技术等进行整理，编制成册，可作为全体技术人员共用的标准。通常可以把产品过去的失败履历、制造部门和服务部门反馈的意见等，整理成设计上应该注意的事项
4	工作标准	工作标准是产品制造加工的标准，是产品制造流程、工序、设备选型、治工具设计和配置、使用器具等方面的标准。制定产品加工工艺等标准，在保证产品品质、降低制造成本等方面会有很大贡献
5	审图标准	企业应当把图纸的项目进行整理，制定出审图的方法和重点项目，尤其是对图纸中的关键尺寸和频繁出现的项目，应作出审图的标准，减少图纸错误的流出，防止加工错误，比如尺寸、图示、关键符号等内容

4.3.2.3　零件的标准

将构成产品的零件标准化，意义重大。零件标准化，在提高设计效率、降低零件成本、提高制造加工效率、降低零件库存、提高产品服务维修效率等方面，能够发挥显著效果。零件的标准化，应该从以下方面来考虑。

●企业的产品定位：结合企业产品的长远规划，根据主流产品的功能定义，确定将产品哪些功能标准化。

●根据产品的销售趋势和生产数量，确定生产数量累计超过多少时，才进行标准化。

●根据零件在产品中发挥的功能，识别同类零件的重叠度，确定重叠度超过多少时，才进行标准化。

●根据零件的购买成本，确定对哪些零件进行标准化。

●根据产品加工时的工艺难度，确定对哪些零件进行标准化，以实现制造成本的最小化。

零件的标准化，非常重要，企业可以从两个方面来进行，一是要求新开发的产品，部品点数必须比现有的要少，以提高零件的通用化比率，并把该项要求作为产品设计评审的项目，直接对新产品的设计进行控制。二是把现有产品的零件，按类别进行归类，并将同类功能的零件摆放在一起，通过同类零件的比较，来整合零件。

无论零件标准化的效果有多大，设计人员可能都不愿意去整合，因为整合零件的过程，会涉及产品的设计变更和重新验证。

4.3.2.4 信息处理的标准

信息处理指的是产品研发过程中使用的信息处理工具，常见的有设计软件、设计验证手段、信息管理等。企业的设计人员，擅长的软件各不相同，无法做到产品研发的协同设计，这也是企业应当注意的内容。

4.3.2.5 试验检验方法的标准

为了验证新产品是否满足顾客需求，需要对新产品的品质特性作出明确的定义，同时还要采用检验和试验等方式，对新产品的品质特性进行验证。产品的使用条件不同，验证方法也不同。模拟产品功能的劣化试验，通常是通过设定强制劣化的方式来加速验证产品的耐久性。如果试验条件与产品实际使用的条件差别过大，那么试验结果就不具备代表性。企业如果不注意产品使用条件的变化，或者未根据使用条件的变化及时调整试验条件，很有可能会导致顾客投诉和抱怨，严重的情况下，还会导致产品退货和索赔的风险。所以必须对试验检验方法作出标准化的约定。

（1）原材料、零部件的可靠性试验。

（2）传动、连接方式的可靠性试验。

（3）产品功能的可靠性试验。

（4）产品的安全性评价方法。

【相关链接】▶▶▶

关于标准化的正确理解

以上五个方面，是企业应该关注的标准化内容。在制定设计标准的过程中，企业还应当注意以下几个方面的内容。

1. 标准化不是为了替代谁

很多技术人员不愿意标准化，甚至反对标准化。研发人员通常把技术诀窍当作自己的独有资产，以便与其他技术人员拉开差距。拥有独特技术的人员，往往会成为企业关注的焦点，是企业不可或缺的人才。

其实对技术进行标准化，并不会弱化技术人员的独特技术，也不会动摇其不可替代的地位，企业应该让技术人员安心，否则他们不会有标准化的意愿。

2. 即使有再多的借口，也要标准化

在设计部门，如果进行标准化，或许会经常听到以下声音。

·设计工作量很大，忙不过来。

- 如果我放下设计工作，项目就会延期。
- 我自己设计的产品可以标准化，其他人设计的产品，我做不了。
- 不用标准化，我们内部开个会，约定一下就行。
- 我们已经按标准来做了，只不过产品的功能不同，暂时做不到标准化。

……

一旦要进行标准化，就会有很多借口，企业如果不能坚持下去，就无法实施标准化。

3. 没有完美的标准

有时候，企业一味地追求完美的标准，希望面面俱到。如果追求完美，就无法开始行动，因为无论如何都不可能完美。企业应当从频繁出现问题的地方，或者当前非常迫切的工作，开始着手进行标准化，然后日积月累、持续完善。

总之，企业如果没有将以上设计工作制成标准，就只能让技术停留在每个员工的头脑中。随着技术人员退休、离职，技术将无法得到传承。一个技术人员拥有的技能，往往都是经过大量的试错而总结出来的经验，如果不能将它挖掘出来，变成企业的标准，意味着后面的技术人员，还要重复试错，这对企业来说，将会是相当大的成本。

4.3.3　技术人员的培养

技术人员的专业素质，决定了企业的技术水平。要想提升企业的技术实力，就必须提升技术人员的专业能力和素养。

所有的技术，都是前人创造出来的成果。绝大多数技术人员，只是技术的运用者，而非技术的创造者。无论有经验的技术人员，掌握了多少技术诀窍，本质上来说，他们只是通过更多的实践机会，对技术原理和规律有了更彻底的了解。正因为此，优秀的技术人员，通常具备表4-21所示的要点。

表 4-21　技术人员的培养要点

序号	要点	说明
1	理论知识的原理思考	所有的技术，都有相应的学科知识作为理论基础。对技术知识的原理了解得越透彻，就会对技术知识背后的科学规律掌握得越系统。能够洞悉技术的原理，识别出技术运用的前提条件，是优秀技术人员具备的先决条件
2	技术整合的系统思考	随着技术的进步和发展，技术的系统性特点会越来越明显。如果只掌握了某些点对点的技术，虽然能解决一些问题，但实际上却未能将技术的充分性识别出来，所以总是会出现这样那样的问题。优秀的技术人员，通常拥有系统性思维，能够将技术相关的知识整合为更全面、关联性更强的系统
3	技术转化的关联思考	即使将众多的技术知识整理为系统，运用技术时如果不能有效地将技术与实际问题关联，也无法很好地解决问题。根据技术的原理，识别技术的运用条件，将技术与待解决的实际问题进行系统关联，是技术实践转化的关键

序号	要点	说明
4	技术运用的总结评价	优秀的技术人员，还要对技术运用进行反省和总结，客观地评价技术的运用效果

企业应当根据优秀技术人员需要具备的条件，制定技术人员的培养方法，搭建技术人才的开发训练体系。原理思考、系统思考、关联思考是培养优秀技术人员的重要方向。

4.3.4　新产品开发项目管理体制

与企业日常管理不同，新产品的开发往往都是有目的的专项开发，很多新产品的开发都具有唯一性，新产品的开发不属于多次重复的工作。另外，新产品的开发往往具有跨度大、周期长、环节多、涉及的技术面广、参与人员多等特点，所以新产品的开发，通常使用专案进行项目管理。

在新产品开发流程相关内容的介绍中，我们了解到新产品的开发包含企划、研发、量产、销售四个大的阶段，每个阶段又可以细分为多个步骤，每个步骤的目的、工作内容、使用的技术等各不相同。所以，新产品开发通常成立跨越职能部门的项目团队。一般来说，由企业的经营者牵头，制定新产品开发策略，明确传达新产品开发的目的和期望达到的效果，并制定新产品开发的目标，指定新产品开发的项目经理。同时为项目经理提供新产品开发所需资源，以及赋予项目经理相应的权利。然后由项目经理选择团队，召集人员，明确分工和职责，确定开发流程和计划，对计划进度进行追踪和管理，确保新产品的研发能够及时、有效地进行。

此外，识别新产品开发的关键环节，设定验证的关卡，确认每个阶段新产品开发能否达成开发目标，实施彻底有效的"归零检讨"，也是项目经理带领项目团队成员必须重点开展的工作。

新产品开发的项目团队，属于机能级的专项管理团队，为开展项目而成立，因项目完工而解散。项目团队集中了企业内部精英，在新产品开发过程中，项目团队完成新产品开发、批量生产验证等工作以后，移交给生产和品质部门进行后续批量生产的日常管理工作。

4.4　新产品研发工作的管理

新产品研发工作的管理重点是对品质、成本、项目进度的管理。产品品质不稳定、项目延期、成本超标，是众多项目管理中普遍存在的课题。所以我们重点介绍品质、成本和进度相关的管理内容。

4.4.1　品质管理

新产品开发的品质管理，贯穿了新产品开发流程的全过程，见图4-24。产品的品质，是产品功能的可靠性体现，是满足顾客需求的结果体现。从产品本身来说，新产品的品质分为两部分，一是有魅力的品质，二是理所应当的品质。有魅力的品质，指的是新产品的显著卖点，这是企划阶段新产品定位工作的重点。理所应当的品质，指的是确保产品功能不丧失和降低时必须具备的可靠性，也是产品符合功能时应具备的基本要求。从新产品开发的流程来说，新产品的品质包含了产品概念的策划品质、产品本身的品质、工作的品质、销售的品质等，是工作过程和结果的体现。

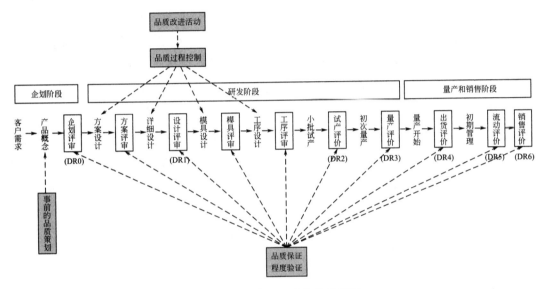

图4-24　新产品开发的品质管理

4.4.1.1　新产品开发过程中的品质管理

总体来讲，可将新产品开发过程的品质管理活动，分为表4-22所示的四类。

表 4-22　新产品开发过程的品质管理活动

序号	类别	活动内容
1	品质策划	企划阶段确定了新产品概念后，为了确保达成新产品开发目标，应对新产品开发过程和控制内容进行详细的事前策划，包括每个阶段的步骤、品质控制的方法，以及每个环节品质保证的设计评审（DR0～DR6）。事前的工作策划，可确保新产品研发目标（效率、品质、成本、交期）100%达成
2	品质控制	品质控制指的是在新产品研发过程中对每个环节和步骤的控制。因为每个阶段的工作内容不同，控制的项目、内容和重点也各不相同，所以必须有针对性地策划品质控制的方式和具体内容。比如，研发阶段就应该控制研发方案设计、产品设计、模具设计等过程

续表

序号	类别	活动内容
3	品质保证	研发过程的品质保证指的是在关键环节设定关卡，对新产品的开发目标进行验证，确保每一次中间验证的结果，都能够达到事前设定的目标。设计评审和"归零检讨"是品质保证的关键
4	品质改进	新产品开发流程的每次设计验证，难免会出现结果与目标的差异，为了100%地实现无差异的"归零检讨"，必须及时修改设计

新产品开发过程中的四类管理活动，能够确保新产品如期、按目标完成开发，顺利实现量产。为了有效地管理，新产品开发过程中需要使用多种管理工具。篇幅有限，本章节除对变更管理做简要说明外，对其他工作不进行展开介绍。

4.4.1.2 设计变更的管理

设计变更可能是新产品开发过程中最容易出现、最需要防范的工作。由于设计人员的疏忽、专业技术的不足，或者为了提升效率、降低成本等，都会导致设计变更。变更如若不当，就会带来设计工作量增加、产品质量波动、研发周期延长、产品成本增加等影响。变更会引发众多问题，所以必须加强对设计变更的管理，并将变更管理标准化。

（1）设计变更的原因

之所以会出现设计变更，通常是因为：

● 产品设计存在缺陷。

● 产品标准发生了变化。

● 客户需求（或产品功能）发生了变化。

● 部件、零件或材料发生了变化。

● 供应商发生了变化。

● 产品质量波动。

● 加工工艺难度增大。

● 需降低产品成本。

● 需缩短新产品的研发周期。

● 其他。

（2）设计变更带来的影响（损失）

从新产品研发工作本身来看，研发工作的自由度随着时间的推移而逐渐减小。在企划阶段，自由度最大；到了批量生产和销售阶段，自由度会越来越小。企划和方案设计阶段的设计变更，除了工作量增加以外，几乎不会带来太多的成本损失。如果设计变更发生在模具制作完成以后的试产、量产阶段，则会导致更多的成本损失。

传统的企业，对企划和方案设计阶段的重视度不足，新产品的评审和验证工作形式大于实际，所以新产品研发的异常问题，通常都是随着试产、量产的放大验证才被发现，使变更和整改的工作量越来越大，最终导致产品成本增加、研发周期延长，甚至以新产品开发失败而告终。

（3）设计变更应提前到策划和方案设计阶段

企业应在确定产品概念后，对新产品进行系统的立项评价，注重新产品方案设计，将新产品的要求，在方案评估时就尽可能全部确认清楚，以减少后续产品设计的变更。应在新产品设计方案完成后，通过充分的验证和评审，将新产品后续变更的可能性降到最低。所以应将新产品研发的重点放在产品概念策划、方案设计和产品设计环节，并确保此时对新产品进行彻底验证。

大多数情况下，企业都希望缩短新产品的开发周期，以更快的速度将新产品投放到市场中去。为了缩短研发周期和追赶进度，简单地设计方案后就直接进入绘图阶段的做法是非常不可取的。为了提高新产品开发的成功率，建议企业将研发的重点放在前期策划和设计上。图4-25是企业设计变更传统做法和理想做法的对比。前期投入的精力越多、方案规划得越详细，不但会减少后期设计变更的工作量，还能够大幅度缩短新产品的开发周期，降低新产品开发的成本。

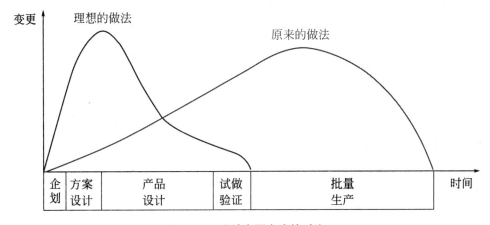

图4-25　设计变更方式的对比

企业应当将新产品的设计变更，从后期提前到策划和方案设计阶段。如果可能导致后期变更的因素，在前期得到识别及整改和完善，继而在方案设计和产品设计阶段逐步形成标准化，对预防和减少设计变更会有显著的效果。

（4）设计变更的规范

即使将新产品的设计变更从后期提前到策划和方案设计阶段，设计变更的情况依旧不可避免。对设计变更进行管理，可以从设计变更的标准化工作着手。设计变更的标准化，指的是对设计变更的流程、步骤、方法等提出标准化的工作规范。变更会导致众多问题的发生，为了防止变更导致的不良影响，应当对变更工作进行规范，通常需要考虑以下内容。

- 变更的理由。
- 变更的紧急程度。
- 具体的变更内容。
- 变更内容与其他工作的关联。
- 变更的成本。
- 变更的实施时间。
- 变更后的工作确认和验证。
- 其他特别需要注意的事项。

为了确保设计变更有序实施，可以使用设计变更的标准表格来进行管控，见表4-23。与产品有关的设计变更，应由具备评审能力和相关知识的部门（设计研发部门）最终决定。与生产方式有关的变更，应由生产等部门提出申请，然后由工艺设计和品质管理人员共同评价后最终决定。

（5）设计变更导致的关联变化的应对

设计变更需要特别注意变更内容导致的关联变化。变更会导致产品本身功能、物料、工艺标准和参数、设备、模治工具等诸多变化，影响范围涉及供应商、顾客、市场等相关方。如果关联变化未被重视，就会埋下隐患。

比如，某个产品零件的设计变更，会改变零件的状态，同时又会涉及下列问题。
- 公司库存物料是继续使用还是报废。
- 新旧状态物料的切换时间。
- 同一状态的物料不配套时如何使用。
- 相关试验检验的评价。
- 产品如何标识和追溯。
- 采购的在途物料如何处理。
- 供应商的成品和半成品物料如何处理。
- 供应商生产物料的模具是否同时变更；新旧模具是并存还是直接切换。
- 供应商的库存物料如何处理。
- 产品变更的信息如何通知客户。
- 市场维修用零件库存的准备和新旧状态物料的切换方式。
- 其他。

表 4-23　设计变更指示联络书

变更事项					文件编号	
					发行日期	
发送部门	☐ 研发部	☐ 品质保证部	☐ 采购部	☐ 计划部	☐ 市场部	☐ 其他相关方
	☐ 工艺技术部	☐ QC	☐ 仓储部	☐ 生产部	☐ 销售部	（手写记入）
	☐ 生产技术部	☐ QE	☐ 供应商	☐ 设备部	☐ 售后服务部	
变更目的					产品名称	
					产品品号	

变更内容		变更种类（在对应内容外打"√"）
	-----	☐ 1. 产品设计（3D、2D图）
	-----	☐ 2. 原料和材料
	-----	☐ 3. 制造场所
	-----	☐ 4. 制造方法
	-----	☐ 5. 模具（包括外观）
	-----	☐ 6. 设备/治具/工具
	-----	☐ 7. 其他
		（添附变化点资料）

变更具体要求和措施		变更种类（在对应内容外打"√"）
	-----	☐ 1. 产品设计（3D、2D图）
	-----	☐ 2. 原料和材料
	-----	☐ 3. 制造场所
	-----	☐ 4. 制造方法
	-----	☐ 5. 模具（包括外观）
	-----	☐ 6. 设备/治具/工具
	-----	☐ 7. 其他
		（添附变化点资料）

关联内容确认		变更影响的进度		变更增加的费用	
	-----	研发		设计费用	
	-----	样品		试制费用	
	-----	试制		试验费用	
	-----	量产		更新费用	
	-----	销售		物料成本	
	-----	其他		生产成本	
				市场费用	

备注	① 品质验证资料	☐ 有　☐ 无	② 添附说明资料	☐ 有　☐ 无	③ 变更后回复	☐ 要　☐ 不要

编制部门签名			关联部门审核签名（必要时）	最终承认签名	
编制		确认		批准	
日期		日期		日期	

注1：无关项目栏划斜线（从右上至左下）。
注2：不可用铅笔填写。
注3：原稿由研发部保管。

设计变更稍有不慎，就会导致一系列问题发生。建议企业小心谨慎地对待设计变更，可以从以下方面进行改善，以确保设计变更被有效管控。

（1）罗列出公司可能存在的设计变更理由。

（2）罗列出公司设计变更的现象。

（3）罗列出每一种设计变更涉及的对象（人、机、料、法、环）。

（4）罗列出每一种设计变更涉及的范围（公司内各部门、供应商、外协商、经销商、客户、服务商等）。

（5）为每一种设计变更制定详细的流程（步骤、内容、要点、工作量、时间、验证方法等）。

（6）明确每一种设计变更的成本（费用项目、计算公式、数据来源等）。

（7）根据变更的紧急程度和严重程度，区分变更的等级，并确定不同等级的最终审批人。

4.4.2　成本管理

企业之所以要开发新产品，是希望通过产品的更新，实现扩大销售和增加利润的目的。扩大销售的重点，在于新产品的市场定位和对客户需求的精准把握。产品的利润等于销售价格减去产品的制造成本。销售价格通常由市场决定，所以增加利润在于削减新产品的成本。

4.4.2.1　产品成本的分类

产品的成本可以简单地分为变动成本和固定成本两部分。变动成本是随着产品数量增加而增加的费用。比如直接材料费，每多生产一台新产品，直接材料费就会成比例地增加。变动费用可以直接计入产品成本科目中。固定费用是按照产品销售金额的占比分摊记入成本科目中的，比如管理人员的工资、厂房和设备的折旧费用等。

4.4.2.2　新产品开发的成本管控思维

按照产品损益平衡的概念，见图4-26（a），销售数量未到"C"点之前，累计销售收入金额小于整体投入的费用，企业处于亏损状态。只有销售数量超过了"C"点，累计销售收入金额才能超过企业整体的投入费用，企业才开始盈利。如果企业希望快速获得利润，需降低固定费用"A"，同时减小变动费用"B"的斜率，这样才能实现销售数量"C"的位置向左移动，达到企业的收支平衡。如图4-26（b）所示，在维持累计销售收入不变的情况下，减少固定费用（从A到A′），减小变动费用的斜率（从B到B′），损失平衡点就会向左移动，原来生产数量必须达到"C"点才能实现收支平衡，现在生产数量只需要达到"C′"点就可以实现收支平衡了。

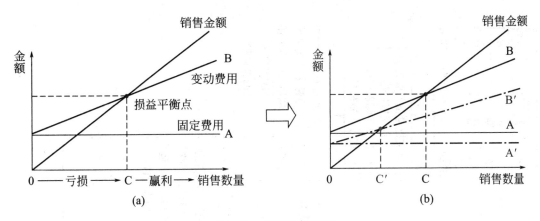

图4-26　损益平衡分析

新产品开发的成本管控思维，就是尽可能地减少变动费用和固定费用，把新产品开发过程中的一次性投入成本（固定成本）降到最低，并降低新产品的单位成本。在新产品开发之初，经营者会制定新产品开发的目标，如目标销售价格、目标销售数量、目标销售利润、产品目标成本等。同时将产品的目标成本细分为下一级开发目标，比如目标材料费、目标制造费用、一次性投入费用小于多少金额等。新产品开发过程中的成本控制，就是在新产品开发的每个阶段的每个关键步骤完成后，对新产品的成本进行计算，继而验证其是否达到新产品开发初始成本目标的过程。新产品开发的成本管理，就是对新产品开发的成本目标进行验证和改善。新产品开发流程中用到的"归零检讨"，就是对新产品开发过程的成本管理。产品的成本在设计阶段就确定了80%以上，新产品开发过程中，必须对产品的成本进行分析和验证。为了有效管控产品成本，避免批量生产后才对产品成本进行改善，企业应当建立新产品开发过程中的成本评价体制。另外，批量生产后提出的成本改善建议，多数情况下都会涉及设计变更，所以又会增加设计变更的工作量。

4.4.2.3　新产品的成本管理贯穿了开发全过程

新产品的成本管理，贯穿了新产品开发的全过程，见图4-27。应在新产品开发的关键环节，增加对新产品成本的验证和评价，如果不能达成预先设定的成本目标，就直接对设计方案、产品结构、物料、模具、加工方法等进行修改。在开发的关键环节，尤其是决定产品成本的环节，也应设定成本管控的关卡，当新产品成本不能达成预定目标时，不放行、不启动下一步工作。从而实现了在体制、流程、方法上对成本进行管控。

新产品开发流程中的成本管理，在确定产品概念时，就提出新产品的开发目标，同时对目标的制造成本进行细分，并提出达成成本目标的策略。此时制定的成本目标和策略，是后续开发过程中验证的原点。在后续每一个决定新产品成本的关键环节，都必须对新产品的成本进行概算，并将概算的结果与原始设计目标进行对比，务必确保两者之差为0（归零检讨）。如果概算结果超过预定目标，则必须提出具体的改善措施（见表4-24），完成改善并确保目标差异为0时，才能进行下一步工作。

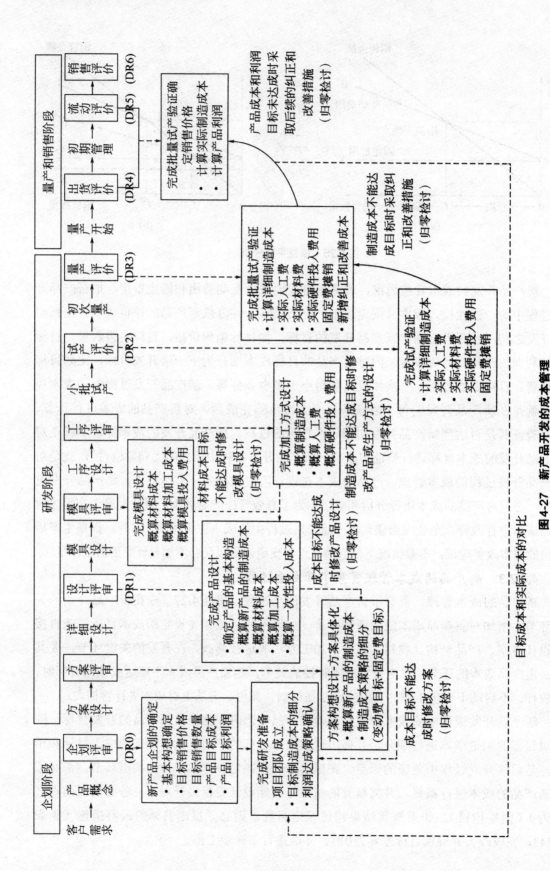

图4-27　新产品开发的成本管理

表 4-24　某公司新产品"归零检讨"使用表

项目		概念确定	方案确定	设计完成	模具确定	生产方式确定	试制总结	量试总结	初期流动	初次出货	促销
		DR0	DR1	DR2	DR3	DR4	DR5	DR6	DR7	DR8	DR9
开发费用	开发投入费用										
产品单位成本	材料费										
	人工费										
	制造费用（摊销）										
一次性投入费用	治、工、模具费										
	设备费										
	其他新投入费用										
成本合计											
目标销售价格											
新产品利润											
归零检讨（记录详细的措施）											

4.4.3　项目管理

广义的新产品项目管理，是对产品开发全过程的管理，包含了新产品开发的流程、项目团队、项目目标（成本、周期、效率、品质）、开发日程和进度、产品信息和实物、技术资料和文件等所有与新产品有关的内容。我们这里所谈的项目管理，是狭义的，即新产品的开发日程和进度管理。

4.4.3.1　新产品开发的日程管理

新产品开发跨越了四个阶段，涵盖了众多环节，每个环节又有具体的步骤，涉及了完全不同的领域，需要不同专业的职能部门参与，步骤多、参与人员多、周期长、管理难度大是其显著特点。如果不对开发过程进行精细管理，很难保质保量地如期完成工作。为了满足新产品开发的各项要求，达到新产品开发的预期目的，对开发过程制订详细的日程计划，就显得非常重要。

新产品开发的日程管理，以开发流程为主线，按先后顺序对流程中每个步骤的工作量进行正确的预估，事前对各步骤之间的衔接方式作出明确约定，然后确保在每个环节都按照预定的时间，保质保量地完成相应的工作。为了能够有效地管控开发周期和进度，必须做好以下工作。

（1）事前掌握新产品开发工作的流程。

首先，企业应当制定符合自身实际情况的新产品开发流程；其次，根据新产品开发的难度等级，制定每个等级相应的新产品开发流程。这是新产品开发所有管理工作（进度、品质、成本、效率等）的共性要求。

（2）根据新产品开发流程及新产品开发的难度，识别开发的重点和难点。

不同类别的新产品，客户需求、开发功能、开发重点、需要的开发技术、开发的工作量均不同。事前识别出开发的重点和难点，更有助于精准地预估工作量。需要指出的是，开发的重点和难点，通常由新产品的方案规划和设计人员来识别。

（3）预估新产品开发的工作量。

根据新产品开发流程，以及每个步骤的优先顺序和工作内容，对工作量作出精确的预估。新产品开发之前，必须对需要完成的工作进行预估，同时预估每项工作所需的工时。需要注意的是，并不是所有的工作都按先后顺序来实施。各项工作之间的关联逻辑，既有先行后续关系，又有并行关系（见图4-28），一定要确认工作之间的逻辑关系。

如果出现了无法预估工时的情况，往往是因为没有将工作内容分解为步骤，或者是没有识别工作中的困难点。对于设计人员来说，必须要事前罗列工作内容和步骤。

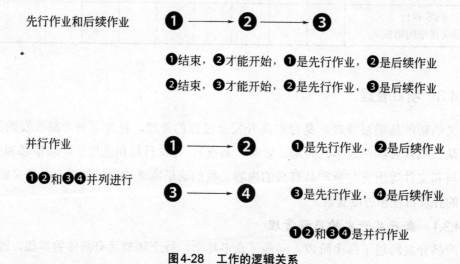

图4-28　工作的逻辑关系

（4）根据步骤顺序和工时编制日程计划。

预估出工作内容和工作量以后，应按工作内容的逻辑关系和每项工作的工时，将新产品开发相关的所有工作整理在一起，编制日程计划。通常将日程计划在一张纸、一块板上以甘特图或箭条图的形式呈现出来。

（5）为每项工作匹配资源。

初步的日程计划编制完成后，需要为每项工作分配资源。根据每项工作的内容和重点，确定投入的人力。投入与新产品开发难度等级相匹配的人力、物力，是新产品开发的关键。人力资源投入后，可按时间段对工作量进行汇总分析，将每个时间段的人力负荷清晰地呈现出来，以判断人力负荷是否均衡。

这样，就根据工作量完成了与新产品开发相匹配的人力资源计划。

（6）将编制好的日程计划与开发目标（周期）进行比较。

日程计划编制完成后，对每个时间段的时间跨度进行统计，确认新产品的开发周期能否达成新产品开发的预定目标。如果能够满足目标，就按计划实施。如果计划完工时间晚于预定日期，就要重新检查计划、匹配资源，甚至重新调整工作内容，直接满足目标为止。

4.4.3.2　新产品的进度管理

新产品的进度管理，是指按照新产品的开发日程来管控开发进度。有了正确的日程计划，并不一定代表工作能够按期完成。事实上，正是因为新产品开发项目总是出现延期，所以才不得不加强新产品的进度管理。

新产品开发的进度管理，需要重点考虑以下几个方面的内容。

（1）事前制订精准计划

为新产品开发制订日程计划，需要注意的是：

● 对新产品开发流程和具体工作内容进行认真讨论。

● 要正确预估新产品开发的工作量。

● 每项工作的工时，不能事前设置余量。

● 正确梳理每项工作内容的逻辑关系。

● 识别关键路径。

● 确认人力资源的负荷程度。

● 不得以任何借口反对制订计划。

● 将日程计划呈现出来，以方便管理。

● 计划周期长于目标周期时，认真检查哪些工作可以压缩，或者重新匹配资源。

（2）事中掌握实时进度

不按计划展开工作，是企业日常管理中最应该避免的现象。新产品开发的日程计划编制完成后，需要指定专人来追踪计划的实时进度。首先，设定里程碑，明确到达里程碑必须经历的过程。其次，明确每个里程碑的输出内容和验收标准，脱离标准管控进度没有任何意义。最后，指明每个过程工作的验收频度，建议以天为单位确认进度。大型项目应该设定分级确认制度，每项工作完成后，务必及时更新日程表，这样才有助于及时识别项目进度。为了方便管控，可以让同一项目同一团队的人员集中办公。

不要为了管控进度而填写无意义的日报，这样除了增加设计人员额外的工作量外，几乎没有任何价值。进度的确认周期也不应过长，否则发现项目延期后，没有时间追赶和补救。

（3）异常问题快速响应

项目执行过程中，难免会遇到超出计划的异常情况。而异常情况又恰恰是导致进度滞后、成本增加的重要因素，所以应当建立异常问题的处理流程和快速处理机制。在项目成立之初，项目团队成员应该充分识别项目实施过程中可能出现的问题，以便预设异常问题处理的替代方案，建立快速响应和集中讨论机制，制定处理问题的标准。

（4）延期的补救

发现项目计划延期时，应该尽快采取纠正措施。常用的方法如下。

● 利用加班和适当增加资源等方式，尽快追赶。

● 省略重要程度相对低的工作，后期时间允许时再补充。

● 减少设计工作量。

● 寻找替代方案。

● 借助外部力量。

新产品研发的进度管理，通过完善新产品流程、构建完善的管理系统、强化过程管理等手段，可取得卓越的成效。

第三部分
运营精益管理

卓越的运营管理系统，以满足订单100%交货为目的，通过制造方式的改变，打造稳定的生产系统，实现效率最高、速度最快、质量最好、成本最低等经营目标。运营层面的精益，就是要系统性确定卓越运营管理的步骤和方法，构建和完善企业的运营模式，这也是打造企业核心竞争优势、拉开企业竞争差距的重点。为了能够把运营绩效的作用发挥到最大化，运营系统必须要足够稳定。只有持续不断地提高运营系统的稳定性，企业才能得以良性运转。

第 **5** 章

卓越运营管理

5.1 运营管理概述

精益企业的卓越运营管理，是以提高企业利润和增加现金流为目的的管理。丰田式生产方式的经营思维是"用1元赚100元"，从而实现"无借金经营"，即不借助银行贷款和外部资金实现不受外部干预、独立自主的企业经营，最大限度地增加现金流和利润。企业具备长期存活和发展的经济基础，即使在经济危机来临时，也能够挺过三年不倒闭。

5.1.1 追求"无借金经营"的两个条件

追求"无借金经营"，企业需要具备两个条件，一是足够的现金流；二是企业利润最大化，见图5-1。一方面，企业经营不投入运营资金是不可能的，但缩短企业的回款周期，让回款周期远远短于付款周期却是有可能的。缩短企业的交货周期，收到订单后，快速交货、快速回款，是实现"无借金经营"的核心。另一方面，如何在经营中实现利润最大化呢？企业的利润等于销售价格减去成本。实现利润最大化的途径就是，持续不断地降低制造成本，减少成本中存在的浪费损失，提高企业的劳动效率（人）、设备效率（机）、物料利用效率（料），减少动力能源的消耗费用。同一行业内的不同企业，获利能力（利润率）各不相同，企业之间原料的购买价格，通常差距很小。同行之间的利润率之所以会有差别，大多是因为制造方式的不同导致了成本差异，见图5-2。

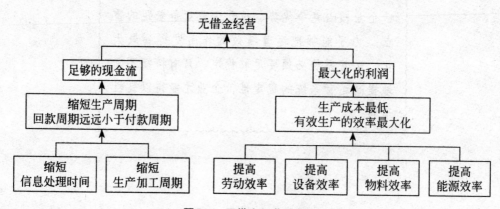

图5-1 无借金经营的思维

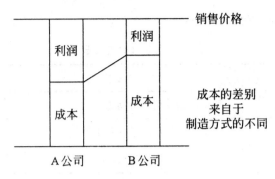

图5-2　制造方式决定了企业成本

5.1.2　运营管理的范围与活动

无论是提升盈利能力，还是增加现金流，都与企业的运营管理水平有关。企业的运营管理活动，是依据客户对产品"交货数量、产品品质、销售价格"等的期望和要求，对客户信息、生产物料、劳动力、机械设备、管理方法等生产要素，作出的科学管理活动，见图5-3。运营管理活动始于客户（接单）终于客户（交货和回款），包括从客户下订单开始到把货物交给客户为止的全过程，涵盖了客户订单接收、订单信息处理、物料采购、仓储、加工、检验、交货、回款等管理活动。

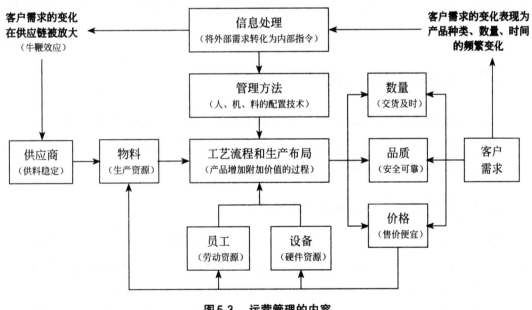

图5-3　运营管理的内容

5.1.3　运营管理的五大要素和三个维度

企业的运营管理，是对生产资源进行合理配置和运用，以满足客户要求的管理活动。生产资源通常指"人、机、料、法"等四要素，加上"信息处理"，这五要素分为三个生产要素和两个管理要素，如表5-1所示。

表 5-1　运营管理的五大要素

序号	名称	定义	备注
1	劳动资源（人）	加工产品使用的劳动力	生产三要素
2	硬件资源（机）	加工产品使用的设备和生产线	
3	生产物料（料）	构成产品的生产资料	
4	管理方法（法）	企业对劳动力、硬件、物料的配置技术	管理的两个要素
5	信息处理（信息）	将外部客户需求转化为内部生产指令的过程	

对生产要素管理的目的，是更好地满足客户需求。客户需求可以从"交货、产品和价格"三个维度来衡量。

（1）交货数量：确保能够按照客户订单需求数量的要求，做到100%及时交货。

（2）产品品质：确保交付给客户的产品，功能安全可靠，具有稳定的品质。

（3）销售价格：便宜的售价。

运营管理是通过对上述八个重点项目（五个要素和三个维度）的有效管控，增加企业利润和现金流的活动。实现卓越的运营管理，需要了解并掌握卓越运营管理的思维、方法、工具和步骤。

5.2　卓越运营管理的思维

追求"无借金经营"的精益企业，运营管理的焦点在于增加现金流和利润。把运营管理打造成卓越的运营系统，要从两个方面着手：一是从增加营收的角度满足客户需求；二是在满足客户需求的前提下，无限降低运营成本。

5.2.1　满足客户需求，降低运营成本

当前的市场瞬息万变，市场的变化带来了客户需求的变化，而客户需求的变化，在客户给企业的订单上得到了充分体现。客户的要求，无论是对产品价格，还是对订单数量、产品种类和品质，以及交货批次等方面，都变得越来越高、越来越详细。

实现卓越管理，首先需要企业具备满足客户需求的能力，能够及时、灵活、稳定地应对客户需求的变化。从企业运营的角度来看，企业满足客户需求的能力，可以从以下三个方面进行判断。

5.2.1.1　及时交付订单

是否能如期交货，是衡量企业能否满足客户需求的首要标准。企业应当追求100%准

时交货。在客户有需求的时候，把客户需要的数量及时、准确无误地交付给客户，是企业必须追求的运营目标。

在衡量及时交货率时，要了解不同评价尺度的区别。

（1）以企业承诺客户的交货日期作为计算依据。

（2）以客户提出的期望交货日期作为计算依据。

（3）以客户的潜在期望作为评价依据。

及时交货，是为了交货后能快速回款，让客户持续下单。所以应尽可能地让企业的生产交货周期与客户的潜在期望一致，通过无限压缩交货周期，提升企业的快速反应能力。

企业除了追求100%准时交货外，还要尽可能让交货交期满足客户期望。交货周期超出客户期望周期时，意味着销售机会的潜在损失，这也是企业应当注意的内容。

5.2.1.2　稳定的产品质量

企业做到100%准时交货的同时，还需要考虑产品的质量是否稳定。产品质量的波动会带来客户投诉或抱怨，给企业带来品质成本损失，还会影响企业产品的销量和商誉。产品功能和质量的可靠程度，也是衡量企业是否满足客户要求的重点。

5.2.1.3　合理的销售价格

产品的销售价格，通常由市场来决定。企业既要设定合理的销售价格，满足市场需求；又要根据利润目标，控制生产成本。为了实现利润最大化，企业需要在销售价格的基础上，最大限度地削减生产成本。

精益企业降低产品成本的方法，一是通过提高效率来增加有效产出，有效产出的增加，可以降低单位成本中的摊销成本。二是减少成本中的浪费损失，比如材料损失、人工损失、设备效率损失、能源消耗损失等。

生产成本中，由于直接物料成本的占比相对较大，所以，控制物料成本、提升物料的有效利用率是成本管控的重点。一方面，绝对不生产客户不买的产品。如果客户没有购买需求，企业就不加工产品、不购买物料，这样就不会产生任何制造成本。但这样做意味着，必须100%按客户订单来启动生产，确保制造出来的产品能够立刻变成钱（销售并及时回款）。另一方面，企业收到正式订单时，确保制造出来的物品是100%的良品，以免不良品流向客户，给企业带来成本损失。只有这样，才能更好地提升物料效率，减少物料成本。

5.2.2　无限缩短生产周期

企业既要做到100%准时交货，又要降低企业的运营成本。如何实现两者之间的平衡呢？精益企业的运营思维是，通过无限缩短生产周期来实现。

无限缩短生产周期，即让生产周期远小于客户订单的需求周期。

如果生产周期小于客户需求周期，那么就可以在收到客户订单后才启动生产。这样既能及时完成生产，实现100%准时交货；又能快速将制造出来的产品变成钱（销售并回款）。所以无限缩短生产周期，是精益企业打造卓越运营管理的重点。在客户需要产品时，以最快的速度完成生产，及时地将客户需要的数量交付给客户并回款，是精益运营的第一思维，是企业增加营收和降低运营成本最简便的途径。

综上所述，卓越运营管理的思维如下所示。

（1）100%按订单来启动生产，只在客户提出需求时，才启动生产。

（2）无限缩短生产周期，收到订单后，快速完成生产、交货。

第一，提升了交货速度，交货能力更可靠。

第二，能够将物品快速变成钱（交货、回款），企业营收能力变强。

第三，回款速度快于物料的付款速度，可以让企业有充足的现金流。

（3）企业有了充足的现金流，就可以实现"无借金经营"。

5.3 实现卓越运营管理的方法

打造精益企业的卓越运营管理，是在满足客户交货、质量、价格三个要求的前提下，对企业生产方式进行改善和创新。实现卓越运营管理（见图5-4），需要对以下工作作出改善。

5.3.1 100%及时交货

企业的运营管理，首先要确保按客户订单要求及时交货。订单的及时交货率要以100%准时交货为目标，最低标准也不应低于98%。及时交货率要按照订单的产品种类（型号）来计算，务必做到型号和数量100%达成。有些企业不按产品型号来计算交货率，以出货总量来衡量及时交货率的方法是不可取的。

精益运营企业追求不早不晚、恰好及时。在客户提出交货需求时把产品生产出来，意味着既不能把产品提前生产出来变成库存，又不能延迟生产而影响交货。如果企业有库存，实现100%准时交货并不难。但库存会占用运营资金，与打造精益企业的思维不符。精益企业追求的是，既不能有库存，又要做到100%准时交货。为了实现这个目标，必须做到：

5.3.1.1 具备足够的生产能力

具备充足的生产能力，是实现及时交货的前提。确保企业的生产能力与客户需求匹配，是卓越管理需要建立和完善的管理机制。企业必须对生产能力和客户需求进行动态评估，事前制定平衡客户需求和生产能力的措施。

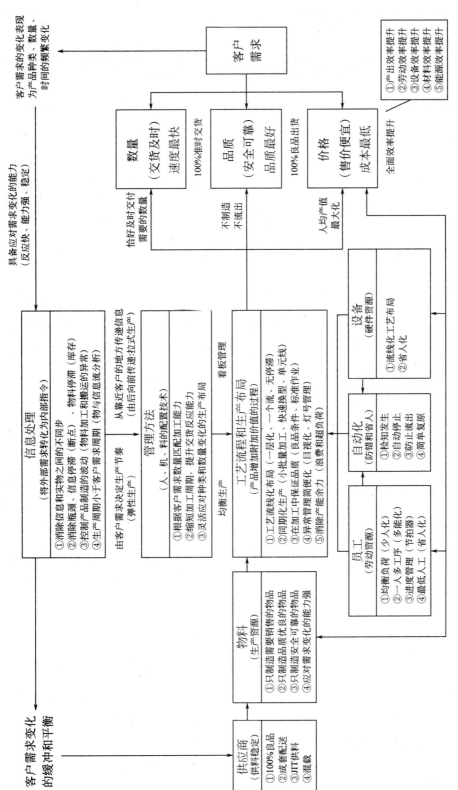

图 5-4 卓越运营管理的内容

135

> 生产能力＞客户需求，能够满足交货，富余产能会带来成本损失。
> 生产能力＝客户需求，能够满足交货，刚好的成本，不会带来成本损失。
> 生产能力＜客户需求，无法满足交货，而且紧急扩大产能的措施，也会带来成本损失。

动态平衡客户需求和生产能力，并事前采取措施，是保证及时交货的必要条件。企业的生产计划管理部门，在接到客户订单需求信息时，就应当完成这项工作。每周进行一次产销协调，可以在事前有效地平衡产能。

尽可能实现生产能力与客户需求量的匹配，是均衡生产的核心。均衡生产的目的是，既不让产能大于需求，导致产能投资的浪费；又不让产能小于需求，带来无法及时交货的风险。

5.3.1.2　根据交货日期确定生产的启动日期

生产启动日期（提前期）＝交货日期－产品生产周期

传统的生产计划，是在接到订单后尽早安排生产。而精益企业的卓越运营管理与传统计划不同，其是让生产日期尽可能地靠近客户的交货日期，根据交货日期反推生产的投产日期，这就是客户需求拉动的概念。根据交货日期确定生产启动日期的做法，也是企业生产计划管理部门应当改善的内容。

> 传统方式：生产计划尽可能提前安排（靠前）——提前生产意味着产生库存（占用资金）。
> 卓越管理：生产计划临近交货时安排（靠后）——生产出货物后立刻交货，不会产生库存。

在客户需要时才启动生产，并快速交货满足客户需求，既不影响交货，又能将生产成本降到最低，是精益企业的核心运营思维。为了做到这一点，企业始终以缩短交货周期为改善的重点，通过无限缩短交货周期，确保企业的交货周期远远小于客户的需求周期，如此一来，就能在及时交货和生产成本最低之间作出平衡。

企业的交货周期＝客户信息的处理周期＋外购物料的准备周期＋生产加工周期＋厂外物流周期

企业的交货周期小于客户需求周期，意味着企业应当：

（1）缩短客户信息的处理周期（信息处理流程改善）。

（2）缩短外购物料的准备周期（物料供应流程改善）。

（3）缩短内部的生产加工周期（物资加工流程改善）。

（4）缩短厂外的物流运输周期（受物理空间和运输工具的制约，压缩空间有限，不再额外介绍）。

5.3.1.3　生产过程要足够稳定

由于生产启动日期无限靠近交货日期，如果生产过程不够稳定，一旦出现异常，就会影响交货。另外，稳定的生产过程，使生产成本大幅度减少，也能达成降低企业生产成本的目的。

> 稳定的生产过程，意味着：
> 稳定的生产效率、稳定的产品质量、稳定的物料供应、稳定的设备效率、稳定的员工效率。
> 生产过程越稳定，异常成本越少，产品成本越低。

如果企业暂时还不具备稳定生产的条件，需要运用精益的工具和方法，对工厂存在的异常进行改善，从而将生产过程稳定下来。

做到100%准时交货，是指在没有库存的前提下，收到客户交货指示时，恰好及时地把产品制造出来，并不做停留（库存），及时交货。本项目的是避免提前生产变成库存，减少成品库存对资金的占用。如果企业无法达到及时生产、及时交货的绝对理想状态，那么可以考虑在保证100%准时交货的前提下，尽可能地缩减成品库存。

在精益的概念里，无限追求零库存的生产方式，可以减少不必要的生产运营成本。零库存并不是完全没有库存，而是努力将库存减少到极致。

减少库存，即实现库存的转移，把供应链条上所有的库存尽可能从下游向上游转移，因此应采取以下措施。

（1）应当把存放在客户工厂的成品库存，尽可能地转移为自己工厂的成品库存。这需要企业具备稳定供货的能力，也就是说，当客户需要产品时，我们可以在规定的时间内，把产品运输到客户工厂。

（2）企业应当把成品库存转移为半成品库存。当客户要求交货时，企业可快速地把半成品库存制成成品并交货。通常在最后一道工序前或成品组装前，设置适当的半成品库存。

（3）把半成品库存转移为原材料库存。物料应尽可能地以原料状态存放在工厂里。库存如果是成品状态，一旦变成呆料，损失就会很大。如果是原材料状态，损失相对会小很多。

（4）把原料库存变成供应商持有库存。

实现库存转移的前提条件，是缩短生产周期。如果不缩短生产周期，在收到客户订单后才启动生产，会因生产周期过长，而导致无法及时交货。

提醒您

> 在转移库存的过程中，尤其是将原料库存转移为供应商持有库存时，应当合理地处理库存成本，不建议完全把成本和风险转嫁给供应商。

5.3.2 100%良品出货

为客户提供功能齐全、安全可靠、品质稳定的产品，是企业运营最基本的要求。产品质量作为产品的基本属性，重要性无须多言。

5.3.2.1 不流出不良品

企业要确保100%良品出货，不能将不良品流向客户。如果不良品流向客户，会导致客户抱怨、投诉、退货、索赔等外部经营风险。所以必须将不良品留在企业内部，杜绝不良品流向外部客户。企业应设计和完善产品不良的检出机制，确保不良品在生产过程中能够被100%检出。

5.3.2.2 不制造不良品

不良产生后，会带来企业内部的质量成本损失，所以要在生产过程中控制不良品的产生。在加工过程中保证产品质量，是最理想的品质管控状态。

防止不良品的流出，是为了杜绝外部经营风险和成本损失；防止不良品的产生，可以降低内部品质损失成本。

很多企业在导入精益活动时，通常把关注点放在精益的工具层面，这是不够的。在精益的工具包里，不包括零不良改善的内容，但这并不意味着不良改善是精益以外的内容。恰恰相反，推行精益，必须以品质稳定作为前提。如果精益活动，没有在不良改善方面取得大的突破，只关注效率的提升，是没有意义的。

5.3.3 改变制造方法，降低生产成本

精益企业的运营管理，可以理解为，在实现100%良品、100%及时交货的基础上，无限削减生产成本，实现企业利润的最大化。所谓无限削减生产成本，是指让实际成本无限地接近产品的理论成本。

5.3.3.1 产品的实际成本

产品的实际成本公式：

产品的理论成本+制造过程中的成本损失=产品的实际成本

产品的理论成本，在产品的设计阶段就已经确定了。理论成本的减少，是通过产品设计变更来实现的。在实际工作中，对产品做大幅度设计变更的难度是非常大的，设计变更通常又会带来产品模具、工装夹具、生产流程的变更，需要额外投入改造费用，有时反而会增加产品成本。所以理论成本的削减，通常是通过产品更新换代、开发高附加价值产品来实现的。

精益通常所说的降低产品的生产成本，是削减制造过程中的成本损失，让损失成本无限接近于零。

5.3.3.2　减少制造成本的有效途径

成本的改善方向，有以下几个方面。

（1）提高有效产出效率，降低单位摊销成本。

注：有效产出指能够直接销售并回款的产出，与回款没有关联的产出没有意义。

（2）提高人的劳动效率，消除人在作业过程中的动作浪费，提高人均产值，减少人工成本。

（3）提高设备综合效率，提高设备的可动率和综合效率，降低设备折旧成本，减少设备异常的维护成本。

（4）提高物料的利用率，降低物料损耗成本。

（5）提高能源的利用率，减少能源的单位消耗。

成本取决于生产过程，所以改善成本，必须通过制造方法的改变来实现。

以上（1）、（2）、（3），是为了更好地满足客户需求，对卓越运营管理提出的要求。而实现这些要求，就需要对运营管理的工作内容，作出实质性的改变。

在满足客户需求的同时，把企业内人、物、设备的效率发挥到极致，是运营管理的核心。企业的运营管理，就是在客户需求和内部资源两方面进行平衡，见图5-5。为了满足客户需求，不计成本地投入资源；或为了减少资源投入，延期交货等牺牲客户满意度的做法都是不可取的。卓越运营管理致力于实现二者之间的极致平衡。

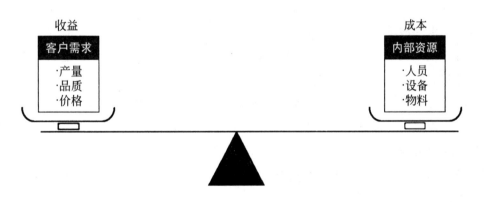

图5-5　平衡收益和投入成本

5.3.4　信息处理流程的改善：平衡需求波动和缩短信息处理周期

客户需求也是一个动态变化的过程，客户的需求数量，随着时间序列的推移，总是会上下波动，见图5-6。企业需要根据订单量的起伏，来调整内部的生产能力。理想的状态是，企业的产能与客户需求完全一致，让产能随着客户需求的变化而变化，由客户需求决定企业内部的生产能力。如果生产能力调整得不够及时，就会出现产能不足或过剩，见图5-7。产能过剩也称为浪费（MUDA），产能不足则称为超负荷（MURI），无论是浪费还是超负荷，都会给企业带来成本的损失。众所周知，生产能力由配置的生产资源决定，受人力和机械设备的制约。调整产能，意味着人力和设备的调整，应在事前做好充分的准备。

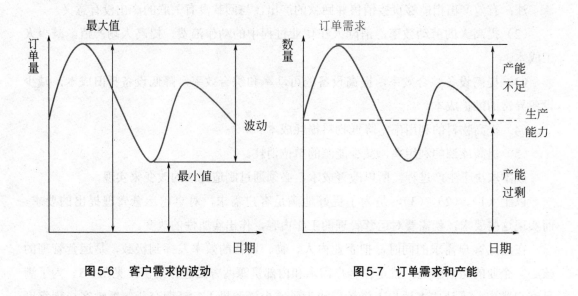

图5-6　客户需求的波动　　　　图5-7　订单需求和产能

5.3.4.1　平衡客户需求的波动

（1）企业应建立平衡客户需求波动的运营策略

客户需求的波动在所难免，企业无法要求客户减少需求波动，企业能做的是提升自身应对客户需求变化的能力。客户的需求变化通常是产品需求种类和数量的变化，以及对交货时间的要求。企业可以根据变化内容，作出相应的对策。

①产品种类的波动——快速转换产品种类（时间：3分钟内，成本：0损失）。

当客户需求的产品种类发生变化时，企业应该快速换转生产种类，一来将产品种类的转换时间缩减到最短，单次转换时间的目标为3分钟内。二来将转换生产的成本降到最低，转换成本损失的目标为0。企业如果具备快速转换生产品类的能力，就可以灵活应对客户品类需求的变化。

②产品数量的波动——灵活调整产能（消除瓶颈制约、ECRS改善）。

当客户需求的产品数量发生变化时，企业应能够快速增加或减少产能。需求增加，产能相应增加；需求减少，产能相应减少。企业应具备根据客户需求数量变化灵活增减产能的能力。

产品加工能力由瓶颈工序的加工能力决定，灵活调整产能，必须先消除瓶颈工序的制约。企业可以使用E（eliminate取消）、C（combine合并）、R（rearrange重排）、S（simplify简化）改善方法，缩短瓶颈工序的周期时间（cycle time），提升瓶颈工序的产能。

除努力提升瓶颈工序的产能外，还要引入产供销协调机制，事先对产能和需求的匹配度进行确认，并制定调整产能的合理预案，以实现产能的弹性增减。

③交货时间的波动——缩短生产周期，使其无限接近产品工艺周期（消除物料停滞）。

当客户需求的交货时间发生变化时，企业可以通过无限缩短生产周期，来提升企业的快速交货能力。确保生产周期远远小于客户的需求周期，是提升快速交货能力最便捷、成本最低的方法。缩短生产周期，就是消除生产过程中物料的停滞，让产品的加工周期，无限接近于产品的工艺周期。产品的工艺周期，是指按照产品的工艺路线，从第一工序开始连续加工，到完成成品所需要的时间。产品的工艺周期等于每个工序产品加工工时的合计。

根据IE（工业工程）工序分析方法，产品的加工过程可分为"加工、搬运、检验、停滞、储存"等五个工序，其中，除了"加工"产生附加价值外，其他四个工序都不会产生产品的附加价值，而且还会拉长产品的生产周期，所以应该尽快消除。

打造卓越的运营管理，需要制定应对客户需求变化的运营策略，为生产过程指明方向，并寻找和开发能够达成运营策略的管理手段。

（2）客户需求波动的平衡方法

即使企业制定了应对需求波动的策略，具备了快速转换产品、灵活调整产能、缩短生产周期的能力，还需要在应对的时机和方法上作出改善。比较恰当的方法是，建立和完善运营机制，动态地对客户需求进行评估，识别需求和产能的差异，事前制定产能调整的应对预案，既确保如期交货，又避免生产成本的波动。

表5-2是客户需求和产能评估的简易做法，按时间顺序罗列出客户需求的品类和数量，然后与生产能力进行比较，根据生产能力和需求的差异，评估并制定产能和物料供应预案。需要注意的是，企业必须对预案进行动态评估，评估频度通常是每周一次。

表 5-2　需求和产能评估

项目	本周（n）	n+1 周	n+2 周	……
A产品	500	1000	800	
B产品	300	100	600	
C产品	100	50	150	
需求合计（D=A+B+C）	900	1150	1550	
生产能力（E）	1200	1200	1200	
差异（E-D）	300	50	−350	
预案 （产能+物料供应）	减少加班	—	加班 瓶颈4小时加工 增加人力 准备物料库存	

5.3.4.2 缩短信息处理时间（信息流的改善）

企业收到客户信息后，需要经过信息处理和实物加工两大过程。为了更快地满足客户需求和降低运营成本，企业应该缩短信息处理的时间和制造加工的时间。

（1）减少信息处理的环节——识别不必要的环节和障碍。

企业需要经过一系列业务流程来处理和传递信息，比如订单会在销售、计划、采购等部门之间传送。缩短信息处理的时间，需要减少信息经过的环节，消除信息处理过程中的停顿等待时间，让信息处理能够不间断、流畅、快速、准确。

（2）消除信息处理过程中的停顿——让信息处理的过程"流动"起来。

企业的订单信息，无论是手动传递，还是使用ERP传递，真正的核心在于减少信息停留的时间。减少信息停留的节点，提高信息处理的频度，确保订单信息可以快速、准确地向后工序传递，是改善工作的重点。如果不能做到这一点，无论企业采用多么先进的系统，都不会真正发挥实质性的作用。

5.3.4.3 消除信息和实物之间的不同步

企业收到客户的订单需求后，要把客户的需求信息传达给生产部门，使其制造出符合客户要求的产品，并准确无误地交付给客户。在物料经过的购买、搬运、检查、加工、停顿、储存等环节，都必须确保信息与实物同步。信息和实物脱离，企业将无法掌握真实的进度。

如果物料经过的环节越多、时间跨度越长，信息与实物同步的难度就越大。所以要尽可能地减少物料的流经环节和场所，缩短物料到成品的加工时间。产品的加工时间越短、环节越少，信息处理就越简便。

当前，信息化手段越来越多，都可以实现信息的适时呈现，为企业精准掌控生产信息提供便利。需要注意的是，不要为了收集信息而进行信息化，也不要为了单纯实现信息的目视化界面而进行信息化。很多企业现在开始导入MES系统（manufacturing execution system，制造执行系统），出发点和目的都很好，但是否真的达到了目的，就不得而知了。信息化一定要确保实物状态和流转信息的及时、同步。

另外，还需要控制产品制造过程的异常情况，物料加工和搬运过程中的异常情况越多，信息不准确的概率就越大。

总而言之，消除信息与实物的不同步，必须做到以下几点。

（1）减少物品的流经场所——在同一个物理空间内，完成产品的加工（一层化）。

（2）减少物品的流经环节——按产品的加工工艺路线，流线化生产（无停滞）。

（3）缩短物料变成品的时间——产品加工周期近似于工艺周期（流水加工）。

（4）控制产品制造的波动——消除物料加工和搬运过程中的异常。

一方面，通过信息流程的改善，企业建立了动态平衡客户需求的机制，可事前过滤信息和制定预案，避免客户需求波动向生产和上游供应链传递，为生产做足准备，实现平稳、有节奏的生产。另一方面，通过消除信息处理环节的停滞，完善信息流程的精细管控，提升了信息处理的效率，缩短了信息处理的周期。

5.3.5　物资加工流程的改善：缩短生产加工周期和稳定生产改善

为了缩短生产周期、降低生产成本，企业应从管理方法的角度考虑以下内容。

5.3.5.1　消除物料加工过程中的停滞，缩短生产周期，提高快速生产和交货的能力

（1）产品的加工周期

产品的加工周期，指从投料开始到加工成成品所经过的时间，包含了产品加工本身的工艺时间、半成品的搬运时间和物料的中间停滞时间，见图5-8。

产品的加工周期 = 工艺加工时间 + 搬运时间 + 停滞时间

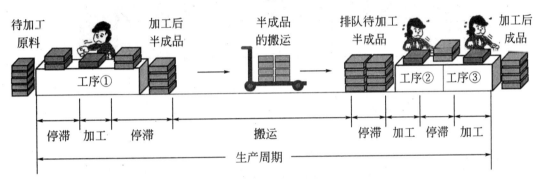

图5-8　产品的加工周期

①工艺加工时间。工艺加工时间是按产品工艺路线，每个工序的加工周期时间（cycle time）之和，是产品加工的必要时间，是产品按工艺改变物理形状和化学性质的过程，是产品增加附加价值的过程。如果不调整工艺，工艺加工时间基本上不会有太大变化。

②搬运时间。搬运时间是指产品加工过程中，物料在工序间转运的时间。物料之所以需要搬运，是因为产品的所有加工工序，不在同一个物理空间内。工序分布在不同的厂房内，或者在同一厂房的不同楼层。因为加工的前后工序不连贯，工序之间存在断点，所以一个工序加工完成，不得不将物料搬运到下一个工序。工序间的断点越多、距离越远，搬运的次数就越多，搬运花费的时间就越长。如果一个产品的所有加工工序，全部分布在一个平面空间内（同一楼层的同一空间），工序之间没有断点，前后工序连接成线，物料和半成品在工序间的搬运工作量，就会降到最低，搬运的时间也可以无限压缩。搬运是不增加价值的工作，搬运工具和人力的投入，只会消耗企业的成本。

③物料的停滞时间。物料的停滞时间是指物料在工序间排队、等待加工的时间。工

序设计时，一个工序单次同时加工的产品件数（每个工序的加工批量），通常比较少（一件或几件），超出工序单次同时加工件数的物料，都会在工序前排队等候加工。工序投入物料的批量越大，物料的停滞时间就越长。不产生停滞时间的理想状态，就是产品的单件连续加工。

（2）消除停滞时间和搬运时间——单件流

无限缩短产品的加工周期，就是消除产品加工过程中的停滞时间和搬运时间，只保留产品的工艺加工时间，让产品的加工周期等同于产品的工艺加工时间。具体的做法是，把所有的工序，按工艺流程的顺序排列为连续加工的生产线，然后以一件产品为加工批量，实现单件流动（one piece flow）加工，见图5-9。

图5-9　单件连续加工（one piece flow）

> **提醒您**
>
> 　　实现单件流后，会带来很多的好处。单件流的本质目的就是无限缩短生产周期，让产品的制造周期等同于一件产品按工序从投料到成品的单件加工时间。实际工作中，受各工序加工工艺和加工批量的制约，并不可能真正实现单件流。比如，工序1的加工批量是1件/次，工序2的加工批量是2件/次，工序3的加工批量是3件/次，此时实现单件流加工和转序并不完全合理。为了使每个工序都能够实现不等待加工，必须给每个工序提供合理的加工物料，这时可以设定最小加工批量。适合工序1、2、3的最小加工批量，是他们之间的最小公倍数6。所以，企业应当根据工艺的实际情况，以最小公倍数为加工批量，实现最小批量的流动。只有了解了单件流的目的，才不会生搬硬套。

因此，要让产品的生产周期等同于产品的工艺周期，消除物料加工过程中的停滞，需消除工序之间的搬运时间——按产品加工顺序连接为生产线；消除物料工序内的停滞时间——单件连续流动加工（one piece flow）。

5.3.5.2 根据客户需求数量匹配加工能力

精益企业的运营核心在于，让生产的速度与销售的速度实现完美匹配，打造由客户需求决定生产节奏的弹性生产体制。如果要实现交货时间不早不晚、交货数量不多不少的"刚刚好"的弹性生产体制，需根据客户的需求来调整生产能力。客户需求量发生变化，与之相对应的生产能力也要发生变化。生产能力通常可以从以下几个方面来调整。

（1）每月的生产天数。

（2）每天的生产班次。

（3）每班的生产时间。

（4）每班启动的生产线数量。

（5）每条线的产能（调整生产节拍）。

表5-3是调整产能的例子，通过以上几个方面的调整，生产能力的弹性达到了1：12。企业应在收到客户需求的第一时间，掌握客户需求的波动幅度，并及时作出应对预案，从生产天数、生产班次、每班的生产时间，以及启动生产线的数量等几个方面来平衡生产能力和客户需求。调整每条线的生产节拍，将每条线的产能从传统的固定产能调整为变动产能，是通过生产线灵活增减人员来实现的。

表5-3 产能调整

	产能调整因子	单位	旺季	淡季	说明
①	生产天数	天/月	26	22	旺季：可以利用周末，增加生产天数 淡季：不加班（集中安排年休，减少出勤天数）
②	生产班次	班/天	2	1	旺季：可安排昼夜倒班（会增加生产人员） 淡季：只安排一条线生产
③	生产时间	小时/班	10.5	8	旺季：利用加班，延长每班的生产时间 淡季：只安排8小时的正常生产
④	生产线数	条线/班	2	1	旺季：增加生产线（会增加设备和硬件） 淡季：只安排一条生产线
⑤	每线产能	台/小时	100	50	旺季：每条线产能最大化（TT=瓶颈CT） 淡季：减少投入人数，生产节拍变长（减少人员）
⑥	总产能 ⑥=①×②×③×④×⑤	台/月	109200	8800	旺季：淡季=12：1 （109200÷8800=12.4）

传统生产方式的生产节拍（takt time，简称TT），由瓶颈工序的CT（cycle time，简称CT）决定。瓶颈工序的产能，决定了整条线的产能。为了避免库存和降低生产成本，精益的做法是，根据客户要求的交货时间，确定启动生产的提前期。所以精益方式的生产节拍，由生产的提前期（生产可用时间）除以生产数量（客户需求数量）的结果来决定。根据销售的速度确定生产的速度，就是指根据销售的速度确定生产线的生产节拍，见图5-10。

传统生产方式（IE）	精益生产方式
根据（瓶颈工位）生产能力确定生产速度，节拍由瓶颈工序决定	根据销售的速度确定生产速度，节拍由销售速度决定
生产节拍＝速度最慢工序的CT	生产节拍＝$\dfrac{生产可用时间}{生产数量}$

图5-10　生产节拍的变化

一条线在一定的周期内，比如一个月内，如果客户的需求数量发生变化，那么该周期内的生产节拍就会发生变化。表5-4是一个模拟计算生产节拍的简单例子，产品型号A、B、C、D的原始节拍（瓶颈工序的CT）各不相同，为了降低生产成本，让生产部门有节奏地实现均衡生产，需要保证生产节拍与客户需求节拍一致。生产节拍发生变化时，应根据节拍调整生产资源，灵活地增减设备和人员，同时也需要相应地调整生产布局。

表5-4　生产节拍

需求数量	单位	1月	2月	
A型号	台	1000	2000	
B型号	台	1500	900	
C型号	台	2000	1000	
D型号	台	3000	1500	
① 需求合计	台	7500	5400	①＝A+B+C+D
② 可用生产天数	天	25	24	②
③ 每天可用生产时间	小时/天	8	8	③
④ 总可用时间	秒	720000	691200	④＝②×③×3600
⑤ 生产节拍	秒/台	96	128	⑤＝④÷①

5.3.5.3 灵活应对种类和数量变化的生产布局

（1）应对产品数量的变化

客户需求数量发生变化，需要通过灵活增减设备和人员来应对，这意味着生产布局会发生变化。需求量增加时，设备和人员就要相应地增加；需求量减少时，设备和人员就要相应地减少。每次增减设备和人员，如果都要通过调整生产布局来实现，显然是不可能的，至少实现起来有很大难度。增减设备和人员时如何不调整生产布局，是精益管理必须突破的关键点。灵活增减设备和人员的生产线，需要具备图5-11所示的四个前提。

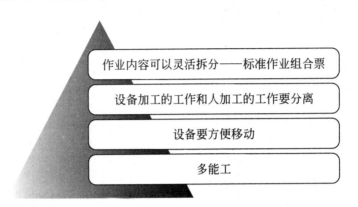

图5 11　灵活增减设备和人员的生产线具备的四个前提

①作业内容可以灵活拆分——标准作业组合票

根据客户的需求增减产能，每次都会带来作业内容的重新分配，如果无法灵活拆分作业内容，就没有办法实现灵活分配。丰田式生产方式通过使用标准作业组合票，来实现对作业内容的灵活分割。

标准作业组合票的制作方法，简单来说，是运用IE动作分析和工时研究的方法，把每个作业步骤的工时，按照作业步骤表示为时间序列的图示方法，见图5-12。在实际使用时，把一个产品全部工序的所有作业步骤和工时，罗列为一张整表，然后根据生产节拍，重新分配作业内容，见图5-13。

②设备加工的工作和人加工的工作要分离

很多生产线，都由人和设备互相穿插配置而成，设备加工通常又需要人工辅助上料，或监督设备的运转情况。使用标准作业组合票拆分作业内容时，是不可能把设备的加工工时拆分开的。为了便于拆分工时，有必要把设备的加工内容，与人的作业内容分离。

如果设备加工过程中不需要人的操作，就实现了自动加工。之所以要把设备加工的内容和人的加工内容分离，目的就是方便对人的作业内容进行拆分和组合。为了做到这一点，往往需要对设备进行自动化改造以及稳定化改善。

③设备要方便移动

生产线的调整，有可能需要移动设备。需要移动的设备，绝对不可以"落地生根"，即设备加工时，使用的水、电、气等动力连接，都要便于移动。需要注意的是，在方便设备移动的同时，必须确保设备的精度。我们见过一些工厂，为了便于移动而给设备安装了脚轮，设备在加工过程中产生晃动，却导致了设备加工精度降低的现象。

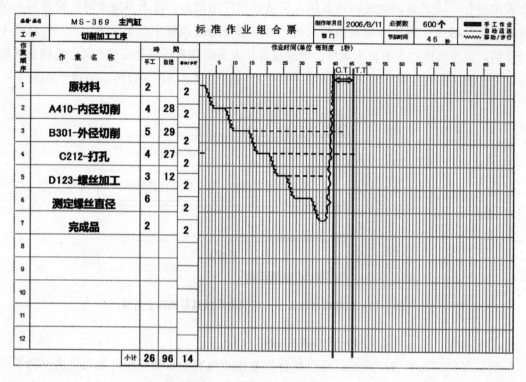

图5-12　标准作业组合票

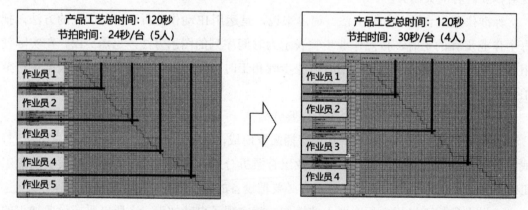

图5-13　工序的灵活拆分

④多能工

增减生产线上的作业人员，重新对员工的作业内容进行分工，需要具备多能工。如果员工的技能不足，无法完成重新分配的工作，就会导致生产中断或生产效率大幅度降低。精益对多能工的要求有两个：一是任何人，都要掌握本工位前后相邻两个工位的技能，即一人会三个工位技能；二是任何一个工位，都要确保有三个人能操作，即一个工位有三人会。只有这样，才能实现人员的灵活增减。

以上四个方面的要求具备了，客户需求数量发生变化时，就可以灵活应对了。企业除了能够应对客户需求数量的变动，还要应对客户需求种类的变化。

> **提醒您**
>
> 　　需要弄清楚省人化和少人化的区别。在精益的概念里，根据生产节拍灵活增减人员的做法，称为少人化，这是实现弹性生产的基础。把现有配置人员减少，比如把原来需要 5 个人作业的内容，减少为 4 个人来作业，节省了 1 个人，称为省人化。

（2）应对产品种类的变化——混流生产

应对产品种类变化的措施为多品种混流生产——事前设定节拍、均衡工作量（编制精细计划），3 分钟内完成换型，运用 IE 手法进行换型改善。

客户需求的产品种类越来越多样化，同一条生产线产品换型的情况也越来越多。如果不能消除换型带来的停线时间损失和不良损失，那么就没有办法满足客户的多样化需求。减少换型时间损失的途径有两个，一是将单次的换型时间控制在 3 分钟内；二是多品种混合生产，通常称为混流生产。

换型会带来停线等诸多损失，所以无论是管理人员，还是生产一线的员工，都习惯性地避免生产品类的切换，尽可能把不同订单的同一产品合并在一起生产。精益恰恰相反，为了提升及时交货率，精益按照客户的需求顺序来安排生产，然后把换型当作损失，想办法缩减换型花费的时间。换型的改善运用 IE 手段来实现，把能够在 3 分钟完成的换型称为"零换型"，即如果单次换型时间控制在 3 分钟内，换型停产损失时间就默认为可以接受。所以企业应当直面换型，制作专案以缩减换型时间。

混流生产是指对若干个同类产品的工作量，作出合理规划和分配，按照交货的先后顺序，在同一条生产线上交替生产的方式。这种生产方式一来可以减少客户的等待时间，快速交货；二来可以通过平衡工作量，实现生产节奏的均衡化，平衡因产品品类带来的产能余量（浪费）和不足（超负荷），减少产能波动导致的生产成本损失。混流生产的目的是实现生产的均衡化，通过均衡化生产实现制造成本的稳定。所以混流生产又称为均衡化生产，与 JIT 和自动化，并称为丰田式生产方式的三大支柱。

混流生产通常将工艺类似的若干产品，整合到一起生产。比较简便的做法是，区分产品加工工艺的异同，将相同的工序，放到流水线中进行混流均衡生产；将不同的工序，移到线外变成辅助工序。混流生产需要事前根据客户需求，确定生产节拍，然后编制详细的生产排程计划。

接下来就要设定可以灵活应对种类和数量变化的生产布局。通常将主线按工艺路线进行流线化布局，尽可能将全部加工工艺串联成线，这样才能确保生产过程连贯、无停滞。即使无法100%做到连线生产，也要尽可能按照产品的工艺路线顺序来设计生产布局，避免物料在工序间交叉、迂回式流转。另外，被断开的前后工序，距离也要尽可能地靠近，避免长距离搬运。把所有生产工序串联成生产线，并设置在一个楼层内，以1件为加工单位，完成产品从头到尾连续流动加工，是最理想的布局方式。

5.3.6　物料供应方式的改善

一般来说，物料成本占成本的比重最大，把物料的利用率发挥到最大水平是精益企业运营管理的重点。丰田式生产方式的构建，很大意义上就是以改变物料流通效率、提升物料利用率为对象的改善。以丰田式生产方式看待物料，有以下四点。

（1）只制造需要销售的物品。

（2）只制造品质优良的物品。

（3）只制造安全可靠的物品。

（4）及时顺应客户需求的变化。

5.3.6.1　只制造需要销售的物品

只要客户提出购买需求，才启动生产，对物料进行加工，不提前加工物料，以免变成库存，能有效地避免库存占用运营资金。理想的物料供应，就是按产品物料清单（bill of material，简称BOM）中注明的品项和数量，成套供应物料。需要加工多少件产品，就按BOM表的标准用量，来供应多少套物料，不多不少、不早不晚，把配套的物料提供给生产部门加工、交货。

成套、及时地配送和加工物料，是以最经济的成本来使用物料。首先，按标准用量成套使用物料，不会造成物料的浪费。其次，只在客户需要产品时才加工物料，就不需要提前购买物料。物料成套使用时，需要对物料做三定管理（定容、定位、定量），如图5-14所示。

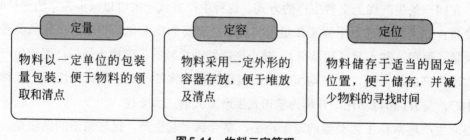

定量
物料以一定单位的包装量包装，便于物料的领取和清点

定容
物料采用一定外形的容器存放，便于堆放及清点

定位
物料储存于适当的固定位置，便于储存，并减少物料的寻找时间

图5-14　物料三定管理

对物料做三定改善的目的是，让物料的存放数量和存放位置一目了然，人员不用清点就能够方便地取用物料。成套准备物料的方式，类似于日本的便当，把一人食用的便当，分类装在便当盒的小格子中（见图5-15），成套供应给就餐的客人。成套地准备物料，加工产品时就能提高物料的使用效率。

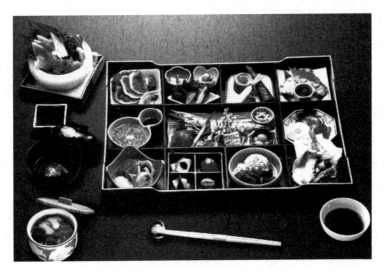

图5-15 便当

物料的及时配送是指物料只在加工产品时才成套配送。如同便当，在客户食用时，才加工制作，能够确保食物足够新鲜。如果提前把食物制作出来（库存），客户食用时口感就会大打折扣。只制造需要销售的物品，就是在客户需要时，成套、及时地供应需要的物料。如果能够做到这一点，意味着物料的实际使用量等于物料的理论用量，物料实现了100%有效利用。

由于物料成套配送，类似于便当的供应，所以工厂有时候会把为生产线成套配送物料的搬运工称作配膳工。工厂内负责物料配送的员工，在车间的生产线之间来回穿梭，如同在水面灵活移动的水蜘蛛，所以又被形象地称为水蜘蛛，见图5-16。

水蜘蛛（water spider）简写为WS

自然界

主要的职责：

① 物料和生产工具的准备

② 不良品的送修

③ 瓶颈工序的支援

④ 顶工位

⑤ 协助分析改善不良等

生产线上专门从事生产看板、物料准备和传递的人员，被称为"水蜘蛛"（漂在水上的蜘蛛，行动快速）。其在配料区、产线之间来回快速地运动，确保在恰当的时间提供恰当的物料

图5-16 水蜘蛛

配膳工成套配送物料，需要建立物料的配送机制，以及关注仓库工作的变化。首先，应当根据每条线、每个工序需要的物料，进行定容、定量、定位改善，这是启动生产的基础。其次，根据生产节奏和物料的使用量，确定物料配送的频次。通常以0.5小时、1小时、2小时、4小时等为频度比较合适。最后，为了方便供应物料，在生产线旁设置线边仓。线边仓是为了确保生产不中断，在生产线旁设置的物料临时存放区域。线边仓的设置量，要根据每个企业物料供应的稳定情况来确定。如果物料供应足够稳定，只设置1小时、2小时的库存量即可。一般来说，对于刚开始试行精益的企业来说，不建议把线边仓的暂存量设置得过于理想，否则一旦出现异常，生产就会因欠料而中断。线边仓可以设定两天的量，即当天生产需要使用的物料，以及第二天需要使用的物料。每天都确保有两天的物料可以使用。线边仓的物料摆放，也应当区分当天生产用物料和次日生产用物料。当天生产使用的物料，前一天从仓库成套配送到线边仓。

为什么不直接从仓库领出来配送到生产线，而要在仓库和生产线之间设置线边仓呢？设置线边仓的目的是确保生产线使用物料的可得性。如果当天生产需要使用的物料，在前一天能配套地摆放在生产线旁，生产线的管理人员就可以很直观地看到物料，既可以事前确认物料是否足够，又可以事前确认物料的质量是否存在异常。线边仓对于确认物料是否配套来说，非常直观和简便，可以有效地减少仓库料账不准确导致的生产中断。

更为重要的是，如果线边仓机制运行得足够稳定，就可以减少原料库存，甚至取消原料仓库，由供应商直接配送物料到线边仓。即使达不到取消原料仓库的理想状态，也要让仓库的职能，从保管物料转变为分拣物料、配套物料。对于需要多种物料组装成产品的组装企业来说，物料缺一不可，所以企业应当致力于使物料齐全和配套。物料供应的衡量指标，也应当由及时到货率转变为物料的齐套率。

当企业使用的物料种类、数量都比较多时，确认物料齐套率会是项有难度的工作。即使是使用ERP系统提升库存准确率，都不如在线边仓直接确认物料的配套信息更简单有效。使用ERP确认物料，只有坐在电脑面前的管理者，才能看得到相关信息。他们即使看到了信息，也不能100%确定物料是否准确。而在线边仓，生产线管理者、物料员、计划员等所有人，都可以直观地确认物料是否齐套。

如果线边仓的功能发挥得当，企业就可以逐步压缩原料库存的数量，减少原料仓库的面积，尽可能增加供应商直供线边仓的物料种类，在不会大幅度增加物料运输成本的基础之上，适当增加物料的配送频度，这样就可以实现在生产不断料的情况下，最大限度地压缩原料库存。

5.3.6.2 只制造品质优良的物品

为了实现物料100%有效利用，需要在产品的加工过程中，防止不良品的产生。品质是产品的基本属性，企业应当致力于制造品质优良、功能可靠的产品。只制造品质优良的物品，意味着企业在制造加工过程中，必须确保产品的品质。在产品的制造过程中保证产品质量，是精益制造过程中工艺设计的重点。充分识别产品加工过程中有可能出现的不良现象，继而完善产品的加工条件，是确保"不制造不良品"的基本要求。

5.3.6.3　只制造安全可靠的物品

企业生产出来的产品，在交付给客户使用时，必须确保不会给客户带来安全风险。确保产品的本质安全化，即在客户误操作的情况下，也不会发生事故。制造安全可靠的产品，需要消除产品制造过程中的危险因素，确保产品制造过程的安全。

精益要求在制造产品的过程中确保品质。通过制定完美工艺，可输出不生产不良产品的加工条件，制定作业标准，确保产品质量。企业的工艺和质量人员，要认真研究加工方法，防止员工出现人为失误，并区分关键工序和一般工序，通过作业标准的严格执行，来预防不良品的产生。

如果不良无法得到有效控制，需要成立小组对不良进行专项改善。详细的内容请参照第七章。

自动化有两个目的：一是不需要员工看管设备，将人的工作与设备自动加工的工作区分开，减少了人员配备；二是防止生产不良品。从防止不良的角度来看，自动化需要实现两个功能：一是异常的判断，要对设备的正常状态、异常状态作出定义，这样才能区分什么是正常、什么是异常；二是设备要有防错功能，设备要有检测异常及自动停止的装置。值得注意的是，设备的自动化投入，通常要围绕以下几个方面来展开。

（1）工艺无法保证的工序。

（2）安全无法保障的工序。

（3）对环保有影响的工序。

（4）瓶颈工序。

（5）员工作业波动比较大的工序。

5.3.6.4　及时顺应客户需求的变化

由于客户需求时常变动，企业应对需求变化的能力也要加强。从物料供应的角度来看，企业物料供应的能力，要能够及时顺应客户需求的变化，根据客户的需求适时地增减物料供应。丰田式生产方式的JIT供料，就是物料供应灵活应对需求变化的重大管理变革，详细内容请参照第6章。

5.3.7　劳动效率：提高劳动效率，降低人工成本

企业的生产，要么以人为主，要么以设备为主，人和设备是企业最重要的生产资源。人和设备效率得到极致发挥，是实现卓越运营管理的重要保障。提高劳动效率，一方面要提高人的劳动效率，提高单位人时的产出；另一方面要减少人工投入，降低人工成本。

5.3.7.1　对员工的作业进行改善

提高人的劳动效率，首先需要对员工的作业内容进行改善。无论是以人为主的手工

作业方式，还是人机配合的作业方式，只要有人参与，就要考虑人的作业工时。我们通常把人的作业内容分为三大类：

员工的作业时间 = 价值作业时间 + 附带作业时间 + 浪费作业时间

（1）价值作业时间

这类作业时间是纯粹用在产品加工上的时间，是产生附加价值的有效作业时间。产品产生附加价值的作业，一般是指按产品的加工工艺改变物料物理形状和化学性质的作业，比如把两个物料组装在一起。通常这类作业时间只占总体作业时间的5% ~ 20%。价值作业时间在产品设计时就已经确定。

（2）附带作业时间

这类作业，通常是指为了有价值的作业，而做的事前准备和善后等作业。比如，为了把两个物料组装在一起，要把它们分别从材料盒里取出来，组装物料的作业是价值作业，而取出物料并不产生价值，但为了组装必须先取出来，这是为了有价值的作业而不得不产生的附带作业。附带作业没有价值，属于作业动作的浪费，需要尽可能地压缩或消除。

附带作业通常和产品加工的实现手段有关，在产品工艺设计时已经确定。受物料的容器、加工批量、设备造型、工装夹具等实现方式的影响，附带作业通常很难完全消除，只能尽可能压缩。对附带作业进行压缩时，通常还需要做一些改造工作，而改造意味着投入费用。所以最理想的做法是，在新产品进行量产时，就要做好相关内容的设计和检验，确保附带作业时间尽量减少。

（3）浪费作业时间

正常来说，员工的作业内容，应当只有价值作业和必要的附带作业。但实际上，除了这两种作业以外，还会有等待、异常处理等浪费作业。这类作业应当被识别出来并立刻改善。

如果要提高员工的劳动效率，就应当缩短员工的作业时间，而缩短员工的作业时间，等于消除浪费作业时间和压缩附带作业时间。当员工的作业时间缩短后，单次加工的作业时间就会减少，加工效率就会提升。

5.3.7.2　确保员工可以相对轻松地完成作业内容

企业应提高人的劳动效率，降低员工的劳动负荷，确保员工可以相对轻松地完成作业内容。员工的作业效率受三个因素影响，见图5-17。

（1）作业方法

作业方法是指员工作业的基本条件，和工序的分割、硬件配置有关。

如果没有对员工的作业条件在事前作出充分的考虑，员工作业时动作的难度就会增加，劳动负荷率会比较大，也会加速员工的疲劳。如果要提升员工的产出效率，应当尽可能地降低员工的劳动负荷，使员工可以相对轻松地完成作业。

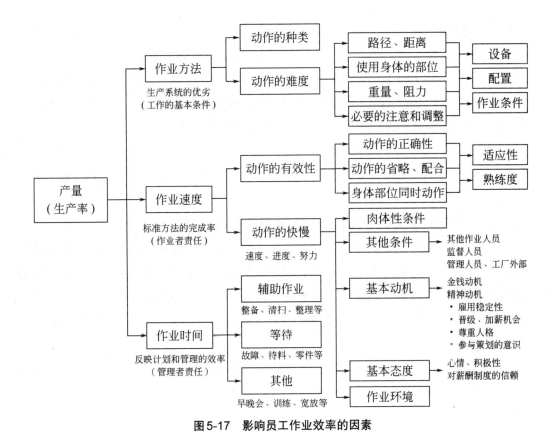

图 5-17　影响员工作业效率的因素

可以使用 IE 方法对员工的动作进行研究，依据动作经济的原理，通过开发简易工具和道具，来降低员工的作业难度。

> **提醒您**
>
> 　　精益有一个核心理念，员工不需要拼命努力，就可以有尊严地工作。不对作业条件进行改善，一味要求员工付出，靠员工努力把产量提升上去的做法不可取，既不长久，也不稳定。

（2）作业速度

作业速度是指员工按照作业标准完成作业的速度，企业应衡量实际作业速度和标准作业速度的一致性。

员工的作业速度，与员工作业动作的准确度和快慢有关。事前通过技能训练，让员工精准掌握操作步骤和要点，并对员工的作业速度进行专项训练，是非常有必要的。企业应当选拔内部技能训练的辅导员，搭建员工技能训练的场地，开发技能训练的工具，形成技能训练和评价制度，培养员工的技能，使员工上岗前就能达到标准作业速度。

（3）作业时间

作业时间是指员工用在产品加工上面的时间，用于衡量员工出勤时的作业效率。

员工用在产品加工方面的时间越多，产出会越高。反过来讲，如果员工上班期间的非生产时间越多，产出就越低。管理人员应当每天统计员工的出勤工时、生产工时、非生产工时，然后调整员工存在的非生产工时，制订改善计划并实施。

员工的非生产工时有早晚会、清扫、各种异常导致的等待时间、培训、返工返修、借调等。员工的非生产工时较多，说明管理人员对员工的工作安排存在问题，值得企业认真反思。

5.3.7.3　要稳定员工的劳动技能，缩短技能训练周期

工厂内的加工作业，因作业难度的大小而不同，员工掌握相应的技能，才能够保证在标准时间内保质保量完成作业。通常我们要根据每项技能的培养周期，对作业岗位进行技能分级。技能的培养周期越长，技能等级就越高。为了防止技能工流失而对生产带来影响，应对技能工的保有量设定合理的目标，确保不会因技能工的流失而导致停产、减产、不良等损失。

针对技能岗位，一方面要事前储备人员并进行技能训练。另一方面要对技能训练的方法进行研究，把技能训练的周期缩短。理想的做法是，运用IE工具，降低技能岗位的作业难度。

为了提高劳动效率，企业应当在缩短作业工时、降低作业难度、建立技能训练机制、缩短技能训练周期等方面，作出系统规划和改善。

5.3.8　设备硬件：提升设备效率，降低加工成本

除了人的劳动效率以外，设备的效率也要提升。尤其在设备加工为主的工厂，设备作为企业最重要的硬件资产，提高设备产出，才能把设备的摊销成本降到最低。

5.3.8.1　明确设备效率的衡量指标

提升设备效率，首先要明确设备效率的衡量指标。通常从两个大的方面来衡量，一方面，设备的可动率，即需要设备时，必须确保设备可以100%能用。"养兵千日用兵一时"，设备必须时时处在可以满负荷生产良品的状态。设备管理部门必须以此为目标来开展工作。另一方面，在确保设备100%可用的前提下，提升设备的OEE，即设备的综合使用效率。

$$OEE = 时间运转率 \times 性能运转率 \times 良品率$$

提升OEE，意味着启动设备后不停机、不减产、不生产不良品。在设备生产过程中，如果出现停机现象，设备的运转时间利用率就会降低。运转时间的理想状态就是，一旦启动设备生产，设备一刻也不停止。设备做到不停机，时间利用率才能最大化。不减产

意味着设备启动生产后，一直可以保持最高的产出效率，不会出现降速生产、设备空转等效率损失。不生产不良品是指在设备加工过程中，能够确保产品质量，设备加工产品的理想生产条件是指良品生产条件。企业要把会导致产品不良、瑕疵、批量返工的所有因素全部识别出来，进行改善和预防。

5.3.8.2　减少设备的费用投入

接下来，企业应当在提升设备效率的同时，减少设备的费用投入。已有设备的费用一般包含折旧费用、改造费用、维保费用、动力能源费用等。

折旧费用在购买设备时已经确定，无论是否生产，都会分摊到每个月的成本中去，除了提升单位时间的产出，把折旧费降低以外，没有其他有效的途径了。大额改造费用的投入，通常也会计入折旧费中。所以降低设备使用成本的重点，在于降低设备的维修保养费用和动力能源费用。

设备的维修保养费用和设备能否良性运行有关。设备运行越不稳定，设备的停机时间越长，设备的维保费用就会越高。所以需要对影响设备稳定性的停机、减产、不良等异常进行改善。也就是说，以提升设备OEE为目标来开展改善。详细的内容请参照后面的第8章。

能源动力费用，也是需要重点监控和改善的内容。正常来说，设备的装机功率决定了设备的能耗。提升设备的产出，可以削减设备能耗费用。除此之外，还应对超出设备额定功率的能源损失进行改善，这需要先识别能源损失的现象，比如发生在设备的哪个部位，损失量有多大，损失金额是多少。然后再根据损失的大小和改善的难易程度，确定损失改善的优先顺序。

打造卓越的运营体制，需要确保设备的稳定性，提升设备OEE，减少设备维保费用和能耗费用。

5.3.9　管理方法：打造成本最低的生产体制

打造卓越的运营管理，要通过生产方式的改变，降低生产成本。企业的管理方式，对人、机、料等生产资源的运用效率影响巨大。如何才能打造成本最低的生产方式呢？精益企业通常围绕以下几点来改善。

5.3.9.1　工艺流线化布局（一层化、一个流、无停滞）

让生产周期短于交货周期，提升企业的快速反应能力，是精益管理的重点之一。缩短生产周期，让生产周期无限接近产品的工艺加工周期，是改善的重点。理想的状态是，从投料开始，产品就能够不间断地快速加工和流转，直到变成成品。所以，打造顺畅流动、不停顿的生产方式是重点。实现产品顺畅流动的方法是连线，把一个产品从头到尾的所有工序串联在一起，才能实现产品快速加工和流动。要使产品加工时不产生停顿，应尽可能不让工序产生断点。分段式生产方式，必然会导致产品停顿和搬运。

（1）一层化

理想的生产布局方式，是把同一个产品加工的所有工序，摆放在一个物理空间内。只有这样，产品的移动距离才最短，生产时间也最短。如果能够把一个产品加工的所有工序，摆放在一层楼内，就不需要使用升降货梯来搬运产品，也不会拉长产品的加工周期。如果把产品加工的所有工序，摆放在一个楼层内的一个车间里，那么产品的流转距离最短、速度最快。

（2）一个流

如果产品加工的所有工序，在一个楼层的一个车间内，是一条连续不断的流水线，并按单件流来加工，那么产品的加工周期就基本上等于产品加工的工艺周期。

企业应尽可能地把工序全部连起来。如果受加工设备、加工工艺、加工批量的影响，没办法把工序全部连起来，那就把能够连起来的工序尽可能地串联在一起，把分工序、分段加工的生产方式，变成可以串联在一起的一条线或几段线，这样也是可行和有效的。即使没有办法把工序串联在一起，通过物料快速流转的方式，减少物料在工序之间的停留，让物料的流动保持畅通无阻，也能达到目的。其核心是让产品快速流动加工。

另外，如果把所有的工序串联成线，平衡工序之间的产能和减少生产异常的发生，就显得非常重要。如果不能实现工序之间加工能力的平衡，各工序之间就会出现忙闲不均的情况，可带来加工效率的损失。我们需要注意的是，应关注瓶颈工序，因为一条线的产出能力，受瓶颈工序的制约。其他非瓶颈工序，产出再多，也只会增加工序间的半成品，既占空间，又增加了清点的难度。在寻求工序之间能力平衡时，应重点关注工序之间的物流量。也就是说，应平衡工序之间的物流，而不是完全追求工序加工能力的平衡。在连线前，由IE人员作出详细的设计，是确保连线成功的关键。

（3）无停滞

生产连线后，如果频繁出现异常而导致停线，则损失会比没有连线之前大很多。所以一定要努力改善生产中存在的异常。如果异常没有减少90%，不建议直接连线。生产线的异常通常有欠料、故障、品质异常、员工技能达不到加工要求等。通常建议企业在实现供料稳定、设备稳定、质量稳定、人员技能稳定后，再进行连线。所以说，精益的改善是有前提的，即如何实现供料、设备、质量、技能的稳定。

5.3.9.2 同期化生产（小批量加工、单元线、快速换型）

如果生产工序暂时没有办法连线，工序依旧分布在多个车间，我们可以按照上面所讲的，尽可能快速地流转物料。前工序加工完，尽可能快速搬运物料到后工序，以减少物料在工序之间的排队等候，实现物料的快速加工。把产品当作VIP，加工时一路绿灯，就能实现快速加工了。实际上，即使没有办法使所有的产品都能够按直流的方式加工，只要优先完成一部分重点客户的重要产品，也会带来很大的效果。

如果能够实现直流，就不用在工序间提前生产出大量的半成品。能够让前后工序快速流转、同时加工，就是同期化生产。传统加工方式中，前工序提前很多天完成，变成中间半成品排队等候后工序加工，属于提前生产。同期化生产的前后工序之间的生产时差不会太长，尽可能同步生产，目的就是实现直流来缩短生产周期。

（1）小批量加工

为了能够直流、同期化生产，前工序加工出一部分半成品后，就要转移到后工序加工。和以往大批量加工、大批量转序不同，直流生产方式要求小批量转序，要在工序间设置合理的转运批量、转运路线等转运规则。

（2）单元线

为了能够平衡前后工序之间的物流量，可以把大批量加工的生产线分解为多组小型单元来加工，一来可以灵活机动。二来可以通过增减单元线的开工数量，灵活、弹性地应对生产订单的增减波动。

（3）快速换型

如果一条线要生产多种品类，就会有转产的换型、换线、换模、换料等切换停产损失。运用IE方法，使换线时间大幅度减少，是企业必须面对的课颢。

生产的切换停产损失，目标是将单次时间控制在3分钟内。精益把3分钟内完成的切换，称为零切换。一般来说，改善可以分几个阶段，第一阶段，把切换时间减少50%。第二阶段，在减少50%的基础之上，再减少50%。第三阶段，把切换时间减少到个位数，也就是切换时间要控制在9分钟内。第四阶段，把切换时间从9分钟缩短到3分钟内。

具体的改善方法为，第一步，要先对切换过程进行时间观测，调查每个切换步骤的时间和要点。最合适的方式是对切换过程摄像，然后回放进行分析。第二步，把切换过程归为三类，即事前准备和善后、拆装和交换、交换后的调整。第三步，分别对三类工作进行改善。

①事前准备和善后

这类工作不能在停线或停机时做，应该在没停线之前，由线外辅助人员做好事前准备，停止生产后，直接拆装和交换即可。完成切换后就应该立刻启动生产，善后工作也应该在生产启动后，由线外辅助人员完成。这样可以只在必须停产时才停机，减少了不必要的停机时间。

事前准备和善后工作，要求企业在不停机的情况下完成，要做好事前的物品准备，定量配套准备妥当，使物品"免寻找"。

②拆装和交换

模具、物料等的切换，通常需要把用过的取下来，把要用的装上去。这时候要重点关注拆装的内容，把拆装的步骤详细写下来，注明每个拆装步骤需要使用的工具、仪器和检具。拆装的改善重点在于"免螺丝化"，也就是说，尽可能不用螺丝固定，避免使用多种工具来拆装，要用一些简便的固定方式，减少拆装时间。

③交换后的调整

很多情况下，在生产模具、物料、夹具等安装后，为了确保生产良品，需要对位置等进行精准调整。精度越高、机构越复杂，对调整的要求就越高。很多时候，调整用去的时间比交换还要多，而且还必须由有经验的老师傅来完成。之所以这样，是因为没有对产品加工的良品条件进行充分识别，没有对精度进行精准测量，只能通过试错的方式，来寻找精度。调整过程中，会产生不良和瑕疵。除了调整停产的时间损失外，还有不良返修和报废损失。

调整的改善重点，在于如何把良品生产条件识别出来，并定量地描述清楚。在拆装完成后，应直接使用块规、带刻度的工具等进行精准测量，使加工的第一件产品就是良品。

5.3.9.3 在加工中保证品质（良品条件、标准作业）

高效率、低成本的生产方式，必须以生产良品为前提。所有忽略产品质量而进行的改善活动，都没有意义。在加工时就要保证质量，不制造不良品、不传递不良品是精益的基本要求。不制造不良品，需要对每个工序的作业标准，作出精细设计，并确保员工有能力按照作业标准执行。为了防止不良品流到下一工序，每个工序的作业标准，都必须有对产品确认的要求。

不制造不良品、不传递不良品的作业标准，有四个基本原则和八个关键点，见图5-18。

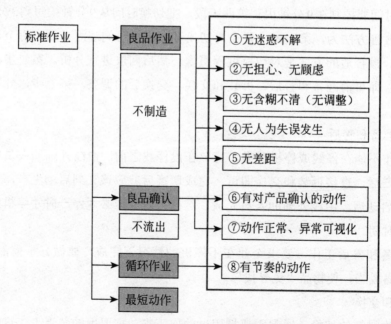

图5-18 标准作业的四个基本原则和八个关键点

（1）良品作业（不制造不良品）

首先，按照作业标准能够制造出良品。要做到不制造不良品，有五个关键点。

①不能让员工迷惑不解，作业的步骤和要点要写得足够清晰。

②员工作业时不会有担心和顾虑，作业的基本条件有保障。

③不会让员工觉得含糊不清，判定标准要描述精准。

④员工按照标准作业，不会发生人为失误。制定标准时已经充分考虑人会疏忽大意，并事前采取了防错机制。

⑤员工按照标准作业时不会出现大的波动，要确保所有员工都能具备按标准操作的能力。A员工能做好，B员工也能做好。不能出现A员工可以执行，B员工执行不了的情况。标准要便于执行。

（2）良品确认

作业标准中要包含对产品进行质量确认的动作。员工按照作业标准完成加工后，需要对产品的质量进行自检，这是确保不良品不流出、在本岗位就把质量控制好的必要措施。员工对产品加工质量进行确认包含两个关键点，一是标准中必须有对产品进行质量确认的动作。试想，如果作业标准中根本没有要求员工对质量进行确认，或者有对质量进行确认的要求却没有给足确认质量的时间，员工如何能够自检，如何能够确保不流出不良品？二是员工是否按要求进行质量确认，质量确认的标准动作，也必须在标准中明确清楚。员工是否按标准动作进行了质量确认，要能够一目了然，容易判断。所以要在标准中设计良品确认的作业动作，确保质量确认动作正常和异常能够目视化。

（3）循环作业

员工的作业内容通常是可循环的反复作业，按步骤做完一个产品后，又回到第一步开始加工第二个产品，如此循环往复。设计作业标准时，要考虑动作的流畅，作业时不会受到物品的干扰和阻挡，作业时员工的双手并用，不会急剧改变作业的方向等，让员工可以轻松、流畅、有节奏地加工产品。

（4）最短动作

员工加工产品时，动作幅度要小，移动距离要短，作业动作的设计要符合人因工程和动作经济原则，只有这样才能以最快的速度加工产品。

设计作业标准时，务必遵循以上四个原则和八个关键点，既要在形式上确保可以简便识别，又要确保能够真正达到效果。标准作业书的格式可参照图5-19。

制作做出良品的作业标准，对员工进行传达教育，使其掌握按标准加工产品的技能，是生产良品的关键。另外，管理人员要按照作业标准的要求，对员工是否执行作业标准进行巡回检查确认。通常关键工序的作业标准，要求员工必须100%遵守。一般工序的作业标准，员工遵守的符合度至少要达到90%以上。管理人员在巡回检查中发现员工无法遵守标准时，要进行记录并调查原因，确认标准是否设定得不合理，要求是否过高，并按PDCA循环的方式，对标准执行的困难点进行改善。

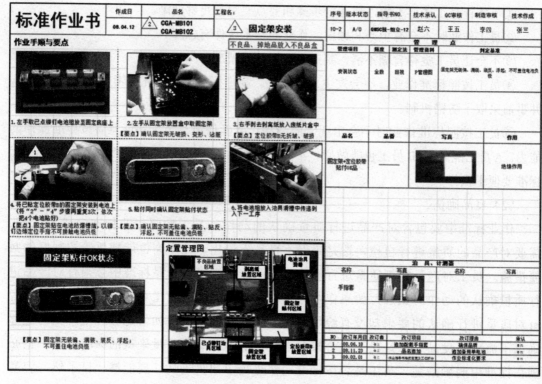

图5-19 标准作业书

5.3.9.4 异常管理简便化

即便企业的管理规范制定得很详细，也不可能不出现异常，所以异常管理也是精益企业的工作重点。异常是指脱离标准、与标准不符合的现象。

异常是完善企业标准、实现卓越的改善机会。丰田式生产方式，某种意义上就是暴露异常、改善异常、完善标准、追求卓越的持续改善过程。丰田汽车公司为生产线设定了严格的标准，如果员工做不到，就会点亮代表异常的报警灯，召唤管理人员协助其处理异常。如果异常没有办法及时处理，就要让生产线停下来。众所周知，停止生产线损失很大，停线次数越多，说明生产越不稳定，生产不稳定并不是员工的责任，而是管理人员的职责。停线等同于生产系统崩溃，管理人员要快速调查异常、快速处理异常，让生产线快速恢复正常。通过这样的方式，可以完善管理标准，预防异常发生。

异常停线等于崩溃，崩溃后要快速处理，完善标准。然后又有新的异常发生，又停线崩溃，然后再处理和完善。通过崩溃、完善、再崩溃、再完善，企业一步步实现了生产系统的稳定。通过异常目视化和快速改善机制，企业可以打造极致卓越的生产系统。

5.4 卓越运营管理的步骤

所有的管理方法，都是为经营服务的。企业导入精益思维，要考虑精益能够解决企业的哪些问题，以及如何解决。打造卓越的运营管理系统，涉及企业内部管理的方方面面，是系统性、全面性的改善，努力使各个方面持续向卓越迈进。卓越运营管理系统，是企业经营的有力支撑，而不是点对点打补丁式的改善，也不是单纯地引入精益工具。

卓越运营管理覆盖面广、知识点多，如何简便、有效地打造卓越的运营系统呢？简单来说，有以下四个步骤。

5.4.1　第一步：绘制当前的运营流程图

首先，企业需要全面梳理当前的运营流程，识别当前运营管理中对经营有影响的障碍和课题。只有清楚地认清现状，敢于直面当前的问题，才有改善的机会。

其次，为了可以直观地把握现状，我们通常要把当前的运营管理模式，用一张纸、一张图的方式绘制出来。使用图示的目的，是直观、简便地探讨。无论是多么有效的管理方法，都要尽可能地简单化，因为只有简单的，才是最容易实现的。

运营流程图应当包含客户下订单、物料采购、内部生产加工、交货给客户的全过程，始于客户、终于客户。对企业运营管理全过程的梳理，是站在高空俯瞰企业的运营，要有全局观、系统观，找出瓶颈和制约点，找到改善的方向。所以运营流程图既要系统、全面、宏观，又不能过于精细，丧失焦点。

【相关链接】▶▶

绘制运营流程图的方法

绘制运营流程图，可以按以下步骤来进行。

第一步：先准备一些 A0 幅面的大纸，或者一张 2 米长的桌子，或者一面可以张贴标签的墙壁。再准备一些记事贴。

第二步：把客户，供应商，公司各部门、各车间、各仓库，逐一写在记事贴上。

第三步：把写好的记事贴，按以下两种方式排列。

（1）将客户、业务、研发、PMC、采购等，自右向左依次摆放在上半部分。

（2）将供应商、原料仓库、加工车间、成品仓库、出货等，自左向右依次摆放在下半部分。

这样一来，就把从客户下单到采购、物料供应、生产、成品出货、运输到客户工厂的全部环节罗列出来了。

第四步：把记事贴之间的关联，用箭头连接起来。

上半部分从客户开始，向业务连线，明确订单的下达方式（邮件、传真、软件系统等），确认是正式订单、意向订单、还是预测订单，是否需要回复等，把客户和业务之间的关系连接起来，并注明信息传递的途径、频度、准确度等。上半部分传递的内容通常都是信息。为了和下半部分的物资流动区分开，上半部分使用虚线箭头连接，下半部分的物资流使用实线箭头连接。

按照上面的方法，把上半部分记事贴之间的关联，依次按自右向左的顺序，全部使用虚线箭头连接起来。如果两张记事贴之间，有多种关系，可以使用多条多种颜色的线区分，以免混淆。

接下来，把下半部分的记事贴，用实线箭头连接起来。从各个供应商开始，先连接供应商和原料仓库，备注供应商的名称、所在地、离公司的距离、运送货物的方式、交货周期、批次合格率等。再把原料仓库和各车间的关系连接起来，备注物料领用或配送的频度、批量、距离等。以此类推，把各车间、车间到成品仓库之间的关系全部连接起来。

第五步：把上半部分和下半部分的关系连接起来。

从上到下的关系，实际上就有三个，一是销售，接单—发货；二是生产，下达生产计划—领料—加工—入库；三是采购，下达采购计划—催料—入库。

现在等于把运营管理的两个流程（信息流和物资流）、三个环节（销售、制造、采购）连接在了一起，如下图所示。

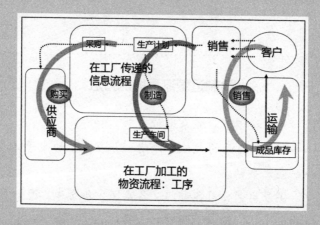

运营管理的两个流程和三环节

第六步：把完成连接的图整理到PPT中。

需要说明的是，运营流程图在日本丰田，被称为信息和物资流图，与价值流图略有不同。价值流图是在运营流程图的基础上进行调整，更强调物资流的改善，把每个工序的信息调查清楚，然后计算加工时间的增值比，通过连线创建连续流，消除中间库存，对产品加工问题进行改善等。两者在表现形式和关注点上有所不同，在理想图的绘制和课题识别方面，关注点也不尽相同。价值流图是对当前存在问题的改善和优化。运营流程图强调根据经营方针和目标，规划企业经营的蓝图。

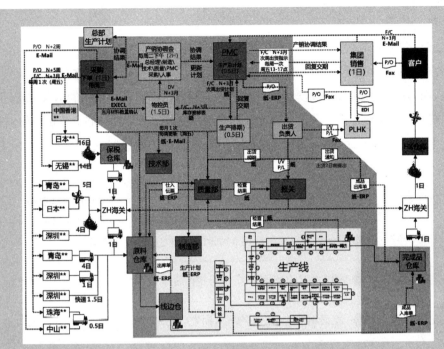

运营流程图

绘制好运营流程图后，应在图上标注当前存在的制约经营的问题点，如下图所示。

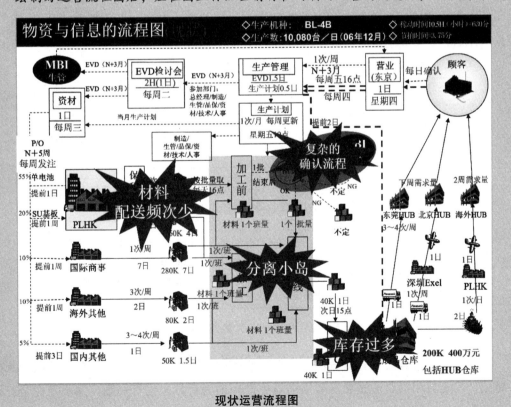

现状运营流程图

165

5.4.2 第二步：绘制理想的运营流程图

在完成现状运营流程图绘制的基础之上，我们要绘制企业经营发展的蓝图。企业应根据经营方向和目标，运用前述的方针目标展开方法，作出企业未来3~5年的经营规划。根据经营规划的方向，倒推能够支撑经营的运营管理模式。所以说，理想的运营流程图，不单单是对现有工作的优化，而是要实现革命性的突破，为打造企业的核心竞争优势作出规划。

企业可以围绕图5-20所示的四个核心原则来进行中长期规划。

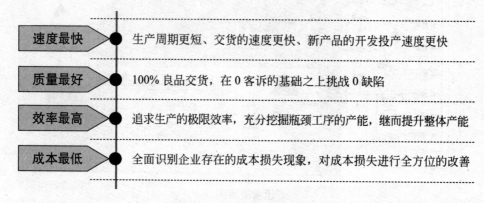

图5-20　规划的四个核心原则

企业应落实这四个原则，致力追求四个"一"的产品制造，即一层化、一个流、一日精准计划、研发和制造的一贯化，如图5-21所示。

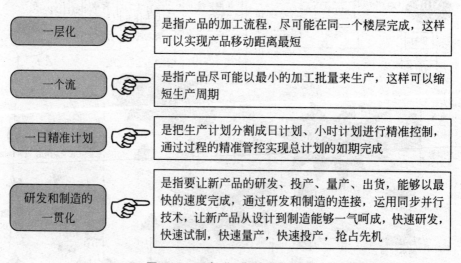

图5-21　四个"一"的产品制造

图5-22所示的理想运营流程图，是在现状图的基础之上，作出的某个产品的理想生产模式。需要说明的是，企业主要以缩短生产周期为目标来进行规划，并不是完全打造经营优势。

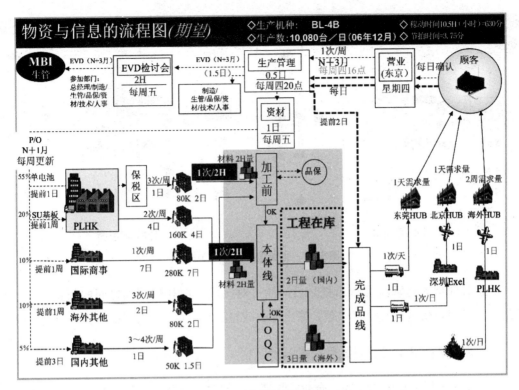

图5-22　理想运营流程图

5.4.3　第三步：现状和理想之间的差距分析

企业完成了理想运营流程图的规划，接下来要对现状和理想进行比较，召集企业的核心运营管理干部，共同讨论如何从现状转变为理想状态。由于理想状态是中长期规划，不可能一朝一夕就能完成，要根据企业的经营实力，分步实施。图5-23的（a）、（b）、（c）、（d）分别是现状图、Step1、Step2、期望的理想图，该企业正是通过分步实施，实现了生产周期缩短50%、库存削减70%的改善效果。

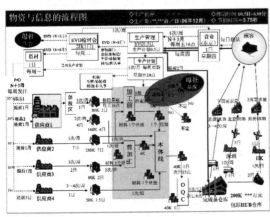

（a）现状图

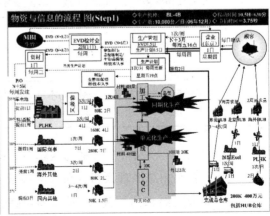

（b）Step1

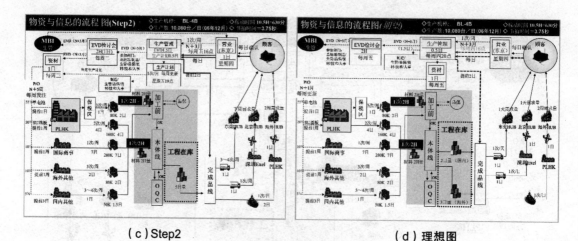

（c）Step2   （d）理想图

图5-23　企业现状图及理想图

　　企业对理想的运营流程作出规划后，通过对比现状图和理想图之间的差距，寻找改善路径，识别必须改善的经营课题，输出课题改善清单，成立课题改善团队，着手改善。

5.4.4　第四步：制订课题改善计划

　　针对差距分析识别出的课题，企业应制订详细的改善计划，推动改善，如表5-5所示。

表5-5　课题改善计划

步骤	问题点	对策	效果	担当	完成时间
Step1	品管确认流程复杂	品管确认的必要性检讨	L/T减少0.5～7天 半成品在库减少一个批量	质量部长	2021年12月
	材料配送频次少	1次/班→1次/4小时	库存减少62% 金额：170万元	生产部长 PMC经理	2022年1月
	工程在库多	前加工线和本体线合并	L/T减少0.5日	技术部长	2022年3月
	完成品在库多	OQC试验时间变更	L/T减少2日 库存减少6万件 金额：120万元	质量经理	2022年6月
Step2	预测精度低造成在库多	没有P/O不准备在库 取消完成品仓库	避免因信息不准确造成的在库	业务部长	2022年12月

　　经营的改善，涉及很多类别的课题（见图5-24），是个系统工程，所以由厂长、生产副总牵头，甚至由总经理亲自挂帅，才能够集中人力、物力，实现突破。课题清单识别出来后，要成立跨部门的改善小组，明确职责和分工，制订详细的推行计划，并每周、每月确认进度，实现彻底改变。

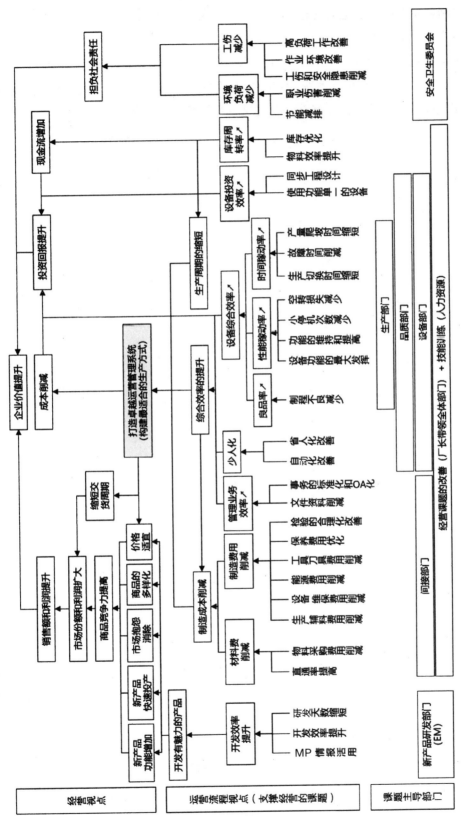

图 5-24 打造卓越运营管理系统涉及的课题

　　打造精益企业的卓越运营管理，意味着企业在各方面追求卓越，从现状变优秀，再从优秀变卓越。从经营角度来看，卓越的运营管理，一定会提升经营利润，降低运营成本，减少运营资金的投入，实现经营贡献最大化。从管理角度来看，卓越的运营管理，会实现很多管理指标的突破性改变，100%准时交货、100%良品交货、0客诉、0安全事故、0不良、0切换等极限管理指标都有可能实现，并得到长期维持。

第四部分
制造精益管理

如何打造稳定的生产系统，预防和改善生产系统的异常，是生产制造过程中精益改善的重点。打造可靠的生产系统，必须做到以下几点。

（1）物料供应稳定。

（2）产品质量稳定。

（3）设备效率稳定。

（4）人员技能稳定。

（5）做好基础管理5S。

第 **6** 章

物料稳定供应的改善

俗话说"巧妇难为无米之炊"。对于生产来说，如果没有稳定的物料供应，生产效率就难以保持稳定。接下来我们从以下几个方面来谈物料供应。

（1）物料供应存在什么样的问题？

（2）理想的物料供应是什么样的？

（3）理想的物料供应该如何衡量？

（4）实现理想物料供应的方法是什么？

（5）物料稳定供应的具体实施步骤和技巧是什么？

6.1　物料供应存在的问题

物料供应经常出现两个方面的问题：欠料和过剩。根据其对生产影响程度的大小，可以细分为图6-1所示的几类现象。

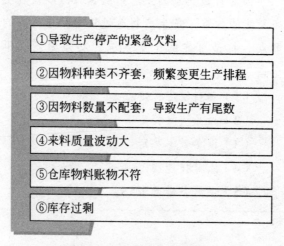

①导致生产停产的紧急欠料

②因物料种类不齐套，频繁变更生产排程

③因物料数量不配套，导致生产有尾数

④来料质量波动大

⑤仓库物料账物不符

⑥库存过剩

图6-1　物料供应存在的现象

图中①到④，是欠料的具体表象；⑤是管理的问题，既会导致欠料停产，又会导致物料过剩；⑥是物料过剩现象。欠料会导致生产停产，或者降低生产速度，从而影响交货和生产效率。过剩是指物料提前到达，占用企业运营资金。

6.1.1　导致生产停产的紧急欠料

欠料很容易理解，就是因物料原因，导致生产停产，或者因物料供应不足而不得不降低生产速度。一般来说，因物料原因导致生产中断，是非常严重的"紧急欠料"，属于严重的管理问题。企业是按照计划部门的生产排程来组织生产的，在上线生产之前，计划部门已经确认过物料的配套情况。如果物料不配套，计划部门通常会事前调整生产计划。生产排程已经确定，而物料不能提前供给生产，说明计划部门事前确认和跟催物料的职能没有充分发挥，这才是问题的所在。

导致生产中断或降速生产的紧急欠料，必须优先改善，目标通常定为0，即因紧急欠料影响生产的次数是0。如果企业的这类问题较多，则说明物料供应能力非常不稳定，应当把它当作课题进行集中改善。

6.1.2　因物料种类不齐套，频繁变更生产排程

物料供应能力略微稳定的企业，紧急欠料次数非常少，偶尔才会出现。但有可能会出现另外一种现象，即总是不得不根据物料的实际到货情况，调整生产排程的顺序。这种现象的发生，与物料供应部门跟催物料的能力有很大关系。采购部门应当把握供应商的生产和交货进度。值得注意的是，只是打打电话、发发信息来确认供应商的实际进度，是不能够解决问题的，采购部门应当运用多种手段来了解供应商的实际供货进度。

6.1.3　因物料数量不配套，导致生产有尾数

有些时候，物料的种类是齐全的，但物料的数量不精准，或者物料有质量瑕疵，导致物料数量不配套，无法及时完成所有的生产数量，使产品出现尾数，无法及时结批。不能如期清尾的产品，数量越多越麻烦，有些时候甚至出现更为糟糕的情形，即临近出货还没能把尾数补齐。清尾的工作量大而烦琐，会占用大量的管理资源，很多时候也意味着成本的增加。

6.1.4　来料质量波动大

暂且不论供应商的供应能力和质量管控水平，企业选择的供应商，都是与企业自身能力相当的。从理论上讲，供应商应当保质保量地供应物料，但事实上很多时候却不尽然。

供应商的质量管控水平，没有办法在短时间内发生彻底变化，所以企业需要考虑，如何将供应商来料质量的波动，对企业自身生产的影响降到最低。企业应当在来料检验的方式方法上下功夫，把不良因素在上线加工前就充分识别出来，并作为衡量来料检验部门的基本标准。供应商品质波动大时，不适合生搬硬套 AQL 标准来选择抽样标准。企业应当根据生产停产导致的损失大小，确定来料检验的方法。

6.1.5　仓库物料账物不符

物料的库存管理精度差，账与实物不一致，有账无物、有物无账的现象经常发生。为了解决库存问题，很多企业没有重视物料的三定（定容、定量、定位），把问题归结为信息不准、更新不及时，然后在库存的信息化上下功夫，其实并没有真正解决物料准确性问题。

要想做到库存账物相符，就必须在物料的简便管控上下功夫，首先就要做好物料的三定工作。物料越少，越容易管理；物料在仓库停留的时间越短，越容易管理；物料摆放越有序，越容易管理。所以优先确保物料的有序摆放，压缩物料的停留时间，减少物料的库存种类，更容易带来显著的效果。

如果以上几个问题都不存在，在某种意义上则意味着原料库存有可能太多了。所以精准的物料管控，始终是在欠料和库存过剩之间进行平衡。

6.1.6　库存过剩

仓库存放的物料，有一个非常有趣的现象，就是"现在要用的物料都没有，现在用不上的物料都在库存里"。原料仓库的一个重要功能就是物料的缓存，因为每种物料的到货周期不同，所以先到的物料就在仓库里等待后到的物料，只有同一个产品的组成物料都齐了，才能输送到生产线组装成产品。

对于生产来说，物料同步到达才有意义，即组成产品的所有物料能够同时到达生产线。如果不能同时到达，提前存放在仓库的物料没有太大意义，只是增加了库存而已。

物料库存越多，整理物料的工作量就越大，库存占用资金就越多，物料呆滞的风险就越高。

有些知名企业，要求供应商为自己准备大量的物料库存，以方便使用，这种行为只是把库存转嫁给了供应商，对自身来说，从整个供应链来看，库存并没有真正减少。而且，这种做法并不适合所有类型的企业，只有在供需关系上占据有利地位的企业，才会这样做。

想必大家都会有一个疑问："谈论物料供应问题时，为什么不提供应商的原因？"物料供应的稳定程度，取决于供应商的管理水平，这是显而易见的。企业所有课题的分析，都要从企业能够控制的流程和环节开始，而不是直接要求外部机构进行改善或者更换外部门机构（供应商）。前面我们曾提到：企业选择的供应商，都是与企业自身能力相当的公司。如果企业的实力很强，有足够的地位和雄厚的资金，企业应放眼全球选择供应商。如果企业当前处于发展阶段，没有办法从顶级和一流供应商处获取物料，那么企业该如何应对呢？

制定供应商开发、管控政策时，首先应当考虑企业与供应商之间的"强弱"关系。企业处于强势地位时，可以对供应商提出要求；如果企业处于劣势地位，就应当考虑如何迁就供应商。企业应始终站在解决问题的角度来考虑问题，改善物料供应，优先从企业内部开始，然后逐步扩展到供应商。

6.2　理想的物料供应

我们谈完物料供应存在的常见问题，对企业物料供应的现状有了清晰的认识，接下来应该着手进行改善。改善的思维并不是逐一解决当前存在的问题。使用头脑风暴罗列问题，并逐一制定对策，不会让企业发生彻底改变。企业应当寻求突破性解决问题的方法，一个简单的技巧就是"思考理想模式"。无论企业面对多么复杂、多么困难的物料供应问题，不要急于从当前的问题出发，而是要静下来思考"对于我们来说，什么样的物料供应才是最理想的？"尝试把企业当前的运营模式转变为"最理想模式"，才是最有效的改善方式。

那企业理想的物料供应应该是什么样子的呢？

理想的物料供应，应当是在生产开始的前一刻，按 BOM（Bill of Materials 的缩写，物料清单）的种类和数量，将物料保质保量、成套地配送到生产线的作业岗位，员工上线可以立刻启动组装作业。

6.2.1　理想的物料供应前提

理想的物料供应，应当具备以下几个前提。

（1）物料上线后，员工不需要额外处理，就能立刻组装。

（2）每种物料可以直接配送到作业岗位。

（3）供应数量必须按成品数量"成套"准备：物料清单的用量 × 订单需求数量。

（4）以产品的物料清单（BOM 表）为依据来清点物料。

（5）确保每种物料的品质。

（6）产品组装完成后，按照实际耗用数量，与供应商结算材料款（用多少物料，付多少材料款）。

进行改善，务必从理想模式开始，这也是未来改善的蓝图。实施改善，企业可以根据实际情况变通处理，即使一开始无法直接实现理想模式，企业依旧可以分步骤、按阶段、有计划地来逐步实施改善。

6.2.2　物料理想供应模式的具体要求

接下来我们谈谈物料理想供应模式的具体要求。

6.2.2.1 物料上线后，员工不需要额外处理，就能立刻组装

从加工效率来看，为了提升员工的加工效率，有必要减少员工的无效加工动作，尽可能使员工组装加工时，加工动作次数最少、移动距离最短、劳动负荷最小。

一般来说，员工加工动作的组成如图6-2所示。

拿取物料 ＋ 组装物料 ＋ 检查组装后的质量 ＋ 送到下一个工位

图6-2　员工加工动作的组成

员工应该可以很顺手地拿取物料，不用拆除物料的包装物，没有任何多余的动作；员工不用清点物料，可以不多不少地按组装的需求量拿取物料；员工不需要刻意留意，也不会多装和漏装物料。

企业应按这个标准来思考，当前物料的摆放方式方便员工拿取吗？员工取用物料时有拆除包装物等多余动作吗？当前物料的存放方式方便员工清点数量吗？物料的包装方式能够满足理想要求吗？如果不能满足，可以在供应商送货到工厂后，临时更换物料存放方式吗？临时更换物料的存放容器，会增加多少成本，如何将这个成本控制在最小范围内？今后如何把物料摆放方式扩展到供应商？有多少供应商可以一步到位？有多少供应商需要分步实现……

为了方便员工加工，通常要对物料进行三定改善。物料的三定，指的是物料的定量、定容、定位管理。

（1）定量

定量是指确定物料在一个标准容器内的存放数量。定量存放的目的是减少物料清点的工作量。当一个容器的摆放数量固定时，物料的清点工作就会非常简便。

物料在一个容器里的存放数量该如何确定呢？理想的方法是根据BOM表中物料使用量的最小公倍数来设定。物料的定量摆放，既要方便静态数量的确认，还要方便动态数量的确认。表6-1是一个简单的物料定量摆放演示案例。

表6-1　物料定量摆放

物料名称	标准使用量 （A）	每箱存放数量 （B）	每箱成品套数 （C=B/A）	每30套成品需要的箱数 （D=30/C）
A	1	30	30	1
B	2	30	15	2
C	3	30	10	3
D	5	30	6	5
备注	最小公倍数是30	按最小公倍数设定	都可以被最小公倍数30整除	每组装30个成品，就可以确认一次物料的配套情况

物料A、B、C、D标准使用量的最小公倍数是30，每种物料的单容器存放数量，最好都能够被30整除，这样一来，意味着每完成30个成品，物料A、B、C、D都不会有尾数，这时就可以对每30个成品做一次中间的动态盘点。这种方法使加工中途确认物料数量变得非常简单。

很多企业习惯按5、10的倍数来设定数量，这种方式便于静止状态下的盘点，但如果单箱的总数量不能被标准使用量整除，动态盘点的难度会增加。所以存放数量能够被物料标准使用量整除，是比较合适的。当包装设计人员缺少这种思维时，习惯性以摆满整个容器为目的，尽可能多地在一个容器内摆放更多物料，实际上是不可取的。只考虑方便存放和搬运效率，而不考虑加工效率和管理的简便性，是不恰当的。

（2）定容

定容是指确定物料的存放容器。容器可以是标准箱、托盘、料架等，要根据配件的防护要求来设定。容器的首要功能是确保物料在存放、移动、使用过程中质量不受影响；其次，使移动和周转更方便，如果有可能，尽量不使用搬运工具就可以移动，这样有助于提高物流周转效率；最后，容器的选择要满足定量的要求，便于物料的清点。

企业绝对有必要在物料的定量、定容上下功夫。事实上，有些企业会把在容器上的投资视为浪费。物料的定容、定量管理是基本的物料管理规范，是企业必须具备的管理基础，是确保物料、半成品、成品质量的基本保障。规范的物料容器，可以有效减少物料的不当损耗，提高物流效率，降低物料的管理难度，提高员工加工效率，是加工作业标准化的基础。物料定容、定量管理所消除的潜在浪费损失，远远大于企业在容器上的投资。

（3）定位

定位是指确定物料（容器）的摆放位置，摆放位置的设定要遵循"易取、易放、易管理"的"三易"原则，见图6-3。

企业通常根据容器的轮廓设定摆放位置，既可以使用框线来标识，也可以选择其他位置区分，比如设置托盘的存放胶垫等。理想的定位方式，既能标记摆放位置，又能体现物料的数量信息，比如最大摆放数量（超过意味着存放过量）、最小摆放数量（低于意味着有欠料风险，需要紧急补料）等，这样就能实现物料的简便管理，见图6-4。

6.2.2.2　每种物料可以直接配送到作业岗位

理想的状态下，物料能够按生产需要的数量，以定容、定量的方式，直接配送到作业岗位，这样有助于提高员工的加工效率。正常加工作业时，不建议员工离开工作岗位，员工离开工作岗位，意味着生产加工中断，从而影响加工的进度和效率。所以，事前由管理人员或线外辅助人员，为员工准备加工必需的工具和物料，是生产线管理的基本要求。很多企业采用按件计费的薪酬计算方式，不用额外支付员工工资，就能让员工多做点杂事，其实这是对员工效率和管理的误解。为员工提供确保加工效率和产品质量的必要条件，是生产现场管理的重点，也是基层管理人员的主要职责。

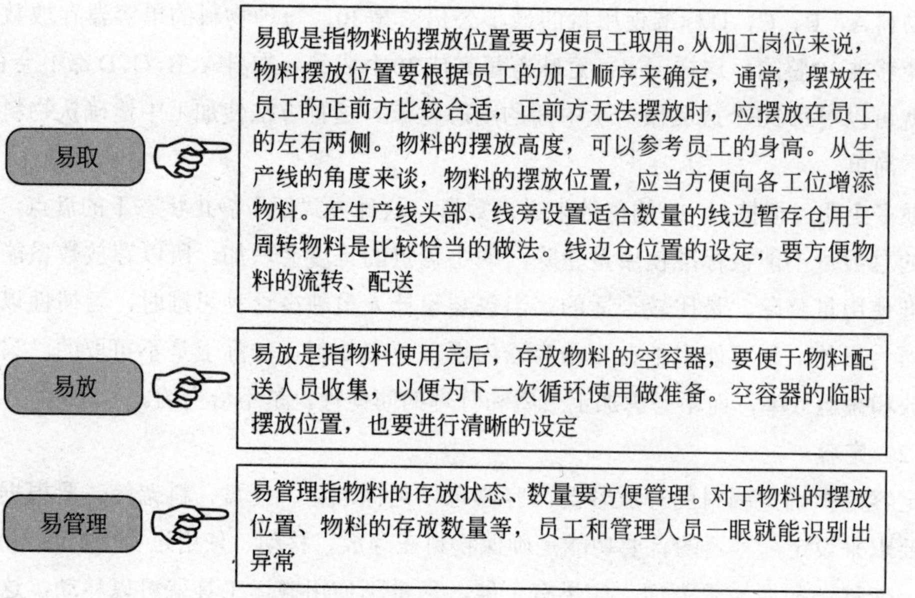

易取 ☞ 易取是指物料的摆放位置要方便员工取用。从加工岗位来说，物料摆放位置要根据员工的加工顺序来确定，通常，摆放在员工的正前方比较合适，正前方无法摆放时，应摆放在员工的左右两侧。物料的摆放高度，可以参考员工的身高。从生产线的角度来谈，物料的摆放位置，应当方便向各工位增添物料。在生产线头部、线旁设置适合数量的线边暂存仓用于周转物料是比较恰当的做法。线边仓位置的设定，要方便物料的流转、配送

易放 ☞ 易放是指物料使用完后，存放物料的空容器，要便于物料配送人员收集，以便为下一次循环使用做准备。空容器的临时摆放位置，也要进行清晰的设定

易管理 ☞ 易管理指物料的存放状态、数量要方便管理。对于物料的摆放位置、物料的存放数量等，员工和管理人员一眼就能识别出异常

图6-3 摆放位置设定的"三易"原则

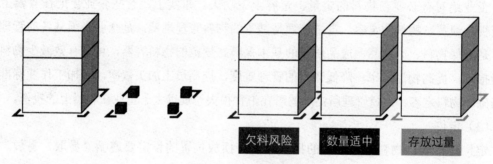

欠料风险　数量适中　存放过量

图6-4 物料的定位管理

精益的物流管理中，有一个专业术语叫"物流的活性化"，是用来衡量物流灵活程度的指标，如图6-5所示。

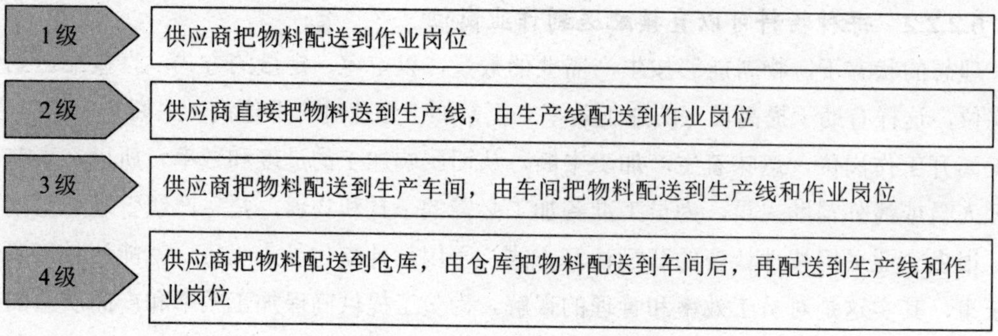

1级	供应商把物料配送到作业岗位
2级	供应商直接把物料送到生产线，由生产线配送到作业岗位
3级	供应商把物料配送到生产车间，由车间把物料配送到生产线和作业岗位
4级	供应商把物料配送到仓库，由仓库把物料配送到车间后，再配送到生产线和作业岗位

图6-5 "物流的活性化"指标等级

其中，理想的物流方式，就是由供应商把物料直接配送到作业岗位。不过，这需要非常稳定的物料供应系统，做到这一步会有很大的难度，一来供应物料的物流和运输过程要非常顺畅。二来物料的品质应达到100%的良品。

考虑到企业的实际情况，其采用的物流方式各不相同，有直送、第三方物流、快递等多种形式，供应商难以直接将物料送到作业岗位或生产车间，但企业依旧可以采用合适的物料配送方式。

精益的物料配送方式如图6-6所示，从方便生产的角度来考虑，应先在生产线旁设置线边仓。

图6-6　物料供应

线边仓只是生产线所用物料的缓存区。简要来说，初期可以存放两天的生产物料，当天生产需要的物料，在前一天事前准备好。第二天生产需要的物料，在今天准备好。这样就能够优先确保线边仓任何时候都有两天的物料量，那么就不用担心生产线停线了。反过来讲，如果能够确保线边仓始终都有两天的物料可用，那么物料仓库的库存就可以大幅度压缩，甚至可以取消原料仓库了。

很多企业，没有线边仓的供料机制，而是把所有的物料都存放在仓库，每次查看物料是否齐套时，都要去仓库逐一确认，难度非常大，所以员工大都不会真正去仓库确认，只是在软件系统上进行查看。值得注意的是，物料是否齐备，不在于企业采用了什么样的ERP软件，而是是否真正确认了物料的状态和数量。另外，受限于库存盘点准确率、仓管员对物料的熟悉度等因素，物料齐备情况的确认依旧难以实现，而且生产线人员也很难事前掌握物料的情况。如果设置了线边仓，仓库人员事前按BOM表把物料配送到线边仓，那么就可以实现物料齐备状态的共有化和目视化，任何人到线边仓，都可以直观地观察物料的齐备情况。在一个地方就能够把实物进行逐一确认，精度远比在ERP软件上确认要高，而且确认难度也大大降低了。

线边仓并不一定要设置两天的量，量的多少由生产批量和场地决定。比如，可以以2小时为单位来设置线边仓，A料架摆放当前生产用的物料，B料架摆放后续2小时要用的物料，然后以此类推。

如果企业的场地足够大，甚至可以设置3 ～ 7天的物料存放区，把线边仓当作物料的配套集散地。供应商送货到工厂后，做完来料检验，按生产计划直接把物料分拣成每天的生产数量，然后送到线边仓的每个区域，这样一来就可以把原料仓库取消了。接下来，再根据供应商的供应能力，把线边仓逐步压缩。比如，把线边仓7天的库存量压缩为5天，再从5天压缩为3天，再从3天压缩为2天，再从2天压缩为上午、下午两个半天，再从两个半天压缩为2小时等。

设置线边仓的目的，主要是确保生产线物料的可得性。任何时候都确保生产线有可用的物料，生产线才不会停线。物料库存越靠近生产线，确认库存是否齐备的难度就越小，库存物料才能真正发挥功能，生产线的物料供应才越稳定。

所以物料供应的稳定化改善，可以从设置线边仓开始。

线边仓设置后，在内部物流没有完成整体调整之前，短时间内会增加物料搬运的次数，首先会招致物流人员和部分管理人员反对。如果企业的决策者，顶不住这个压力，就会放弃。

我们可以大胆地设想，如果任何时间线边仓都有两天的物料可供使用，那么企业就可以改变原料仓库的功能，使其成为物料的分拣区。我们通常建议把仓库部门的名称改掉，把仓库或仓储部调整为内部物流部。把仓管员调整为内部物流员或者物料配套员。把传统的收料、上架、保管、盘点、发放等功能，调整为按生产计划配套供料的功能。

供应商送料到工厂后，快速完成检验，然后由物流人员（原来的仓管员）按生产线别、生产批次分拣物料，并直接配送到相应的线边仓。这样就能实现同一物料流转环节最少、停滞时间最短，并直接配套供应生产线。

当我们把线边仓的机制正式运行起来，把仓库的职能调整为物流配套职能，原来的仓管人员和生产部门的物料领用人员，就可以跨部门整合，总人数会大幅度减少。

如此一来，企业始终为生产线提前准备好物料，确保了生产线连续加工不中断，简化了物料齐套的确认工作量，缩短了物料在工厂内的停留时间，减少了物流的流转搬运环节和工作量，减少了整体物流人员的数量，减少了原料仓库的面积。对企业来说，是非常划算的改善。

6.2.2.3 供应数量必须按成品数量"成套"准备

向线边仓供料，必须按生产计划成套供应。这时物料三定的作用就很好地体现出来了。由生产计划的每天需求量，除去每种物料每容的定量，就可以快速得到每种物料标准容器多少件，尾数容器多少数量。

如果供应商同一批次送来的物料，是很多天的生产量，也要根据每天的生产计划数量，按生产批次进行分拣。即使是连续三天生产都会使用的物料，也不能集中配送三天的量，必须按每天的计划数量来拆分，这是基本的要求。

实际工作中，我们应根据实际情况来实施。低价的标准件，比如螺丝，可以不进行一粒粒的精准清点，按最小包装量领用即可。还有一些物料，没有办法按件、按个、按枚来清点，比如溶剂类、液态类，也可以按最小包装量领用，然后根据一定的期间倒冲盘点，并及时补充。即便如此，我们依然建议企业按每天的生产计划数量，尽最大可能成套配送。

管理人员经常作出"方便间接人员、麻烦生产人员"的决定。间接人员是为生产人员提供服务的，把间接人员的服务意识和服务水平发挥到极致，远比把生产人员的效率提到最高，更为重要。生产人员是制造产品的人员，间接人员是为生产人员服务的，间接人员的工作重点在于服务好生产人员。

按生产计划成套、不多不少地配送物料。定容、定量标准容器的摆放，方便清点。尾数箱（容器）通常需要做状态标识，可以让人一眼就能识别出哪个是标准箱，哪个是尾数箱，这样只清点标准箱的箱数和尾数箱的数量即可，清点工作就变得非常简单。

想必很多人都会有这样的疑问："生产过程出现不良，需要换料时怎么办？"首先提醒大家的是，任何时候都不要用完美来作为判断是否行动的依据。事实上，由于做到了物料的定量摆放和成套配送，生产异常时需要补充物料的数量，会让人一目了然。生产线的管理人员或线外辅助的物料供应人员，可以直观发现，并补充相应的物料。

6.2.2.4　以产品的物料清单（BOM 表）为依据来清点物料

配送物料时，确认物料是否配套的最简便有效的方式，就是以物料清单为依据。无论是内部物流部门配送物料，还是生产部门在线边仓清点物料，都可以直接以物料清单为依据来进行，把物料清单打印出来，用内部约定的方式，在物料清单上做标识。直接使用物料清单的理由是，物料清单是第一手的物料信息。另外，使用物料清单不用额外再填写物料领用报表，也不需要额外制定表单进行管控。

虽然丰田汽车工厂和众多学习丰田式生产方式的企业，大都会导入丰田的看板形式。但对于绝大部分企业来说，以达到实际效率为目的，是验证物料是否有效的最好方式。

6.2.2.5　确保每种物料的品质

物料稳定供应的前提，是确保物料的品质。物料的品质在供应商制造的环节就已经确定了，企业能够做的是，如何在来料验收过程中，把混入其中的不合格品或瑕疵品识别出来，防止其流入生产加工环节，这是来料验收的基本要求。

如果企业有统计数据的话，根据以往来料验收的结论和生产加工过程中识别出的物料品质异常情况，能够掌握物料和供应商的质量波动情况。对于质量稳定的物料，可以维持现有的来料验收标准，甚至可以在确认供应商品质管控的有效性后，采用免检的方式。

对于质量波动比较大的物料，则建议企业调整现有的物料验收方法，增加物料的检验数量，把不良全面识别出来。企业应根据实际情况，制作易于检验的检具和夹具，扩大检验范围，甚至要求全检。

每到这个时候，企业的来料检验人员，会因为工作量增加而产生抵触。他们认为当前的抽样符合 AQL 抽检依据，殊不知，AQL 抽样标准，是以供应商稳定的制程能力为前提的，如果供应商的制程能力不稳定，一味地按 AQL 标准来执行，就会落入教条主义的窠臼。而且，物料质量波动比较大，不正是供应商制程能力不稳定的直观体现吗？

对于全检，最不能接受的做法是，把需要全检的物料，放到生产线让员工边生产边检验，这种做法表明品质管理人员失职和严重不负责，是对不良的放任自流。作为专业的质量检验人员，不在事前进行有效控制，而是放到现场由员工边生产边检验，能够有效保证质量吗？

企业应当思考的是，物料的全检成本，与生产不良和不良返工成本相比，孰高孰低？何况，对质量波动大的物料做全检，并不见得会增加整体检验的工作量。反而是把花在无效检验上的时间，用在了必要的检验过程中。全检的方法如果简便有效，也可以在供应商送货到工厂时，由供应商的送货人员直接完成。

还有一种做法，企业与供应商事前做好约定，分担全检的成本。比如双方约定不良比例不高于 2%，如果企业全检挑出的不良数量超过 2%，那么全检费用由供应商承担。如果全检挑出的不良没有超过 2%，全检费用由企业承担。

> **提醒您**
>
> 需要注意的是，所谓的不良比率，只是用来说明问题的，具体的比率要由企业根据实际情况，与供应商进行约定。

以上从企业内部物流改善的角度，谈了如何稳定物料供应的方法。实际上，如果不在供应商开发、物料采购、货款结算等方面作出工作调整和改善，是远远不够的，相关内容我们在后面的章节再做系统性介绍。

通过内部物流的改善，确保物料能够稳定供应后，企业可以通过改变材料款的结算方法，实现对企业经营贡献的最大化。

6.2.2.6 用多少物料付多少款

企业完成产品组装后，再根据物料的实际耗用数量，与供应商结算材料款。这在很多传统采购人眼里，是根本行不通的。

事实上，绝大多数企业的供应商，都是按月结算货款的。供应商不能接受的是企业不按约定时间付款，而不是不按耗用量结算货款。按实际耗用量结算货款的目的，不是克扣供应商的货款，而是引导供应商分批生产、分批交货，缩短物料的供应周期，提升整个供应链的快速反应能力，确保企业更快速地交货，满足终端客户的需要。企业应把快速反应作为企业运营的核心竞争力。另外，供应商根据企业的生产计划，分批生产、分批交货，能够实现供应商和企业之间库存的最小化，可以把双方在物料库存上占用的资金降到最低，无限接近于 0。有助于引导企业和供应商，致力于生产加工批量的改善，无限压缩生产切换时间（换型、换线、换料等生产切换时间），通过制造方法的改善，压缩生产成本，使小批量生产成本，与大批量生产成本一样低。

这样做虽然有众多好处，但企业在保证稳定供料的前提下，可以依旧采用原有的物料货款结算方式。

6.3　理想的物料供应的衡量

6.3.1　衡量指标——齐套率

理想的物料供应方式，是不早不晚刚刚好在需要生产时，把物料筹备齐套。

$$齐套率 = \frac{已经配套的物料种类}{BOM表物料种类} \times 100\%$$

比如，BOM表的物料种类是100项，截至目前，已经到货齐备的物料是90项，那么齐套率就是90%。

衡量物料供应的指标，应当以"齐套率"为标准。建议企业以物料的齐套率，代替原有的物料采购及时到货率。物料的及时到货率即使达到了99%，也有可能因为那1%未及时到货，而影响众多订单的及时生产交货。未及时交货的物料，影响范围可能不是1%，而是10%或更多。反过来，以任何一个订单、任何一种产品的物料齐套率为衡量标准，可以统计每个订单、每种产品型号、每个生产批量的影响程度。无论及时交货率有多高，只有齐套率达到100%，产品才能如期完成生产。物料供应部门应当确保生产计划中每个产品型号的齐套率都是100%，否则生产计划无法完成。

6.3.2　齐套率应该动态评价

生产时，物料不早不晚刚刚好筹备齐套，意味着100%的齐套率。事实上如果真是刚刚好，生产部门会很不安。所以我们建议企业在上线前一天，必须保证齐套率达到100%，上线前3天、前5天、前7天齐套率各达到多少，企业应进行动态评价。提前齐套，虽然生产部门很安心，实际上却意味着库存过多。企业应根据当前供应的稳定程度，来确定每个提前期的目标。

6.4　实现理想物料供应的方法

理想的物料供应，需要从生产计划、物料采购、内部配送三个方面来改善，如图6-7所示。

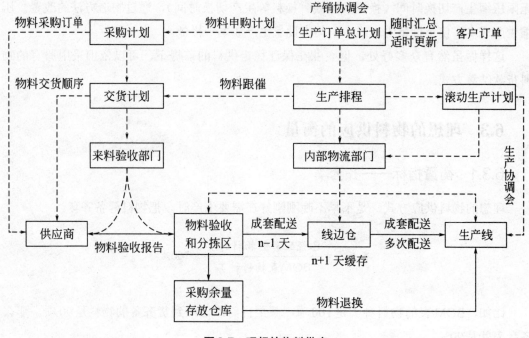

图6-7　理想的物料供应

6.4.1　生产计划方面的管控

6.4.1.1　生产订单总计划及产销协调会

生产计划部门作为最大化利用企业资源的部门，随时统计和汇总来自客户的订单，并根据客户订单汇总（和更新）企业的生产订单总计划。随时更新生产订单总计划，能够确保企业任何时间都可以看到全部订单的生产排程，有助于企业对生产订单进行整体管控和适时回复客户交期。如果缺少了订单的总计划，企业就没有办法直观地掌握客户订单的全貌，在生产进度延误时，无法及时看到订单的延时情况和严重程度。

生产订单总计划，包含客户的正式订单、意向订单、企业内部的预测订单和计划备货订单等全部计划生产信息。

生产计划部门汇总全部生产订单后，会确认订单需求和当前产能的匹配程度，与采购部门确认供应商的交货能力，尤其会重点评价明显超出常规交货能力的订单、采购周期长的物料，以及专用物料的供应能力。同时还会对新产品的开发进度和新生产线、新设备、新工艺的导入进度进行确认。

为了能最大可能地满足客户订单的交付需求，生产计划部门会组织召开产销协调会，通常每周一次，由生产计划部门主持，销售、采购、生产、研发、人力等部门负责人参加，根据未来几周订单的需求，重点评估订单需求和产能负荷的匹配、供应商的交货能力等，以实现最优的交货能力为目的来匹配资源，并对相应的工作作出详细的部署，事前做好准备。形成决议后，更新生产订单的总计划。

6.4.1.2　采购部门下达物料采购订单

采购部门则根据产销协调会的决议，向供应商下达物料采购订单，由于产销协调会已经对交货作出预案，所以基本上能确保供应商的交付情况。供应商会根据采购部门的采购订单启动备料和生产。

6.4.1.3　生产计划部门制作生产排程

生产计划部门在产销协调会后，会制订未来一到两周的生产排程计划，同时要求采购部门依据排程计划制订供应商的实际交货计划，包括哪一天交哪些货物，以及具体的数量。

值得注意的是，此时交货计划的日期有可能与采购订单要求的交货日期不同。采购订单要求的交货日期，是根据供应商的标准采购周期确定的。而交货计划中的物料交货日期，是根据企业内部实际的生产进度排程，进行微调得出的。如果采购部门无法按生产计划部门的要求完成物料的及时交货，采购和生产计划部门会对生产排程进行调整，直至两者完全协调。此时生产计划部门可以对采购部门的每一个生产型号的齐套率进行评价。生产计划部门和采购部门，可以根据企业实际情况确定物料进度协调的频度，通常每天一次。

6.4.1.4　滚动生产计划

由于事前制作了详细的生产排程，并对物料的交货计划进行了详细的协调，理论上，采购部门应当严格按照计划约定跟催物料，确保物料如期回厂。

生产计划部门，会把更新后的生产排程，以天为单位进行分割，制订日生产计划并下达给生产现场。通常不建议直接下达周生产计划给生产线，因为生产部门会为了方便，私自调整生产顺序，如此一来，会导致一系列的调整和变化，这也是导致生产现场混乱的一个原因。正常的做法是，只给生产部门下达今天、明天的生产计划，由于每天更新和滚动，所以通常称为n+1天的生产计划，n指的是下达计划当天的日期，n+1天指的是下达计划当天的次日。当天（n）的生产计划，在前一天已经下达，所以n+1天的生产计划，重点是追加下达计划次日（n+1天）的计划。之所以是n+1天，是为了在今天告知生产部门明天要生产哪些产品，生产部门接到通知后，会在今天做好明天的生产准备，比如事前准备好夹具、模具、工具、作业标准，确定工作调整的顺序、订单信息等内容。

6.4.1.5　内部物流

n+1天的生产计划，还会发送到企业内部的物料配送部门（原来的仓库），由仓库在今天内完成次日计划物料的配送。物料配送部门事前在生产计划部门的要求下，对物料进行了分拣，所以可以直接、快速地按要求配送物料。我们前面反复强调过，此时的配送务必是"成套"的。由于事前确定了物料三定标准，所以按照三定的要求，物料能被准确无误地配送到线边仓的指定位置。

6.4.1.6　生产进度协调会

生产计划部门应根据n+1天的精准生产计划，对生产线每天的实际达成情况进行验收。通常会在每天上午召开生产进度协调会，由生产计划部门主导，生产部门和品保、物流、设备、工艺等现场支持部门负责人参与，每次大约用时30分钟，在最靠近生产现场的地方召开。生产计划部门一般会追问以下几个问题。

（1）昨天的生产任务是否按计划完成？如果没有完成，什么时间能追赶上来？

（2）今天的计划有没有把握完成？如果没有把握，担心什么，如何预防？

（3）对明天计划的生产任务（n+1天生产计划）是否做了相应的准备？

我们习惯性地把这称为"每天三问"，用来确认生产进度，确保生产部门能够100%地按计划完成生产任务。

> **提醒您**
>
> 　　再理想的管理方式，也不可能保证没有丝毫异常发生。实际的生产过程中，难免会因为设备故障和效率低下、人员技能波动和偏差、欠料和材料品质不良等问题，导致生产过程中断和加工进度过缓，使生产计划无法如期完成。此类异常的处理和预防，我们会在后面几个章节详细介绍。

6.4.2　对物料采购过程的管控

一般制造企业的成本构成中，物料成本通常占总成本的30%～50%；纺锤形的制造加工企业，物料成本的占比会更高。卓有成效的采购管理，对企业经营的贡献很大。在此，我们只对如何确保物料的稳定供应进行说明。我们可以通过三个方面的有效管控，来实现理想的物料稳定供应。

6.4.2.1　缩短采购计划和采购订单的制作时间

通常，企业向每个供应商采购物料，都有具体的采购合同条款，对采购流程、采购周期和付款作出详细的约定。每个供应商都有自己的标准交货周期。所谓的采购周期，是指供应商从接到采购订单到完成交货的时间跨度。

采购部门在生产计划部门召开产销协调会后，依据物料申购单，向供应商下达物料采购计划。而实际的采购周期通常为：

采购周期=制作采购计划和订单的时间 + 供应商的标准交货周期

为了无限缩短物料的采购时间，采购部门务必把制作采购计划和采购订单的时间，压缩到最短，也就是说，在接到采购申请后，采购部门在几分钟或一个小时内，就把采购订单下达给供应商，并确保供应商准确无误地接收物料采购订单。

6.4.2.2　采购员应跟踪采购进度

采购员应当跟踪自己负责采购物料的进度。

合格的采购员，应详细掌握供应商的接单、生产、交货流程，掌握流程中每个环节的时间节点和影响因素，并根据流程对供应商实际进度进行确认，以免影响自己负责物料的采购进度。优秀的采购人员，还会要求供应商提供本公司产品的生产计划。采购员只是简单地通过打电话、发邮件、实时通信（QQ、微信、钉钉）等方式跟催进度，而不了解供应商实际生产状况，是不称职的。很多企业，考虑采购岗位的特殊性，担心产生不必要的风险，会安排文员或助理岗位的人员，负责跟催供应商的供货进度，这样更不科学。

在企业实际的工作中，我们曾不止一次地询问采购人员以下问题。

（1）按照采购计划，请问今天（n天）应该收到哪些物料？有没有把握能够如期收到？

（2）请问明天（n+1天）应该收到哪些物料？

（3）请问后天（n+2天）应该收到哪些物料？

（4）请问大后天（n+3天）应该收到哪些物料？

很多采购员根本无法回答这些问题，第一，他们没有事前跟催的习惯，通常生产、仓库和计划部门跟催哪些物料，他们就跟进哪些物料，其他部门不跟催的，采购员默认为正常。实际上有很多物料的供应进度已经滞后，他们根本不清楚。第二，即使采购员愿意去跟催，但没有将物料的采购计划汇总成一览表，也无法掌握应该跟催哪些物料。所以我们通常建议每个采购员把供应商的采购合同，汇总成一览表。考虑到很多公司都已经导入ERP，建议采购员把物料的采购信息从ERP系统里导出来，每天按交货日期排序，识别需要跟催的物料明细。第三，因为采购员没有系统全面地汇总采购信息，以致遗漏了需要及时跟催的物料，使紧急欠料的情况时常发生，忙于补救的同时，又导致更多的物料来不及跟催。

采购部门应在全面掌握供应商供货进度的基础之上，根据生产计划部门每周传达的生产排程，微调每类物料的具体交货周期。确定每种物料的送货数量、送货方式、送达位置后，告知供应商如期配送物料。这需要企业建立有效的物料验收流程、物料分拣流程和内部物流配送体制。

采购部门还需要对供应商的交付能力作出评价，并制定相应的措施，定期对供应商的交付能力进行改善。

6.4.3　对内部物料配送过程的管控

供应商按要求配送物料到公司后，来料检验部门需要对物料的尺寸、性能、外观、包装等品质特性，快速进行检验。通常建议采用块规、检具、夹具、限度样品等对物料进行检验，尤其是配合精度高的检验项目，如果不使用简便的器具，即使检验合格，也有可能在实际装配时发现异常，导致生产停顿。

如果供应商来料的包装方式，不能满足上线后员工可以直接加工，物料的数量达不到定量摆放、便于清点的目的，有必要对物料的存放方式作出调整，通常建议更换更适合加工和清点的标准容器。等企业内部最终确定物料的定容、定量标准后，再联系供应商进行变更。当内部没有明确的标准时，直接推广到供应商，一旦出现异常需要调整时，供应商就会抱怨。当然，如果您认为供应商有很大的配合意愿时，可以加快这个进度。

更多的时候，我们会在来料验收的同时，完成对物料的分拣，按生产计划部门编制的生产排程，按车间、线别、生产的优先顺序，对物料进行备套分拣，然后通知内部物料配送人员，按线别配送到指定的线边仓。

> **提醒您**
>
> 在来料验收的同时进行分拣，可以和供应商的送货人员协同作业，并且此时确认物料品类和状态最容易，可减少内部物流配送人员识别物料的难度，同时对内部物料配送人员的技能要求也不高，即使是新人也能完成物料配送。

6.5 物料稳定供应的实施步骤和技巧

确保物料稳定供应，立足于企业的实际情况进行调整，企业可以按以下步骤来实施。

6.5.1 生产物料的三定改善

生产用物料的定容、定量、定位改善，是确保生产效率和品质的基础，也是企业规范化生产中最基本的要求。物料三定不是为了美观，而是提升效率、确保品质、减少物料损耗、降低生产成本的有效方式。

物料三定改善中，确定物料的存放容器是关键。如果有可能，采用标准化的规范容器是比较理想的。更多时候，一些特殊物料、异型物料，不适合采用标准化的容器时，需要企业根据物料的特性选择、制作专用容器。企业应当集思广益，选择合理、高效、规范、价廉的容器。大批量生产的产品，建议为每类零件选择专门的容器。如果是定制类的产品，每次的生产批量只有一台或少数几台，建议按部件和组件，以成套配件集中放置的方式选择和制作容器，将组件所需的配件，以一台为单位进行配置。类似于日餐的便当盒，把每个人需要的餐食分拣到一个容器（便当盒）中。

如果容器是多层摆放，需要把一个容器允许摆放的层数、每层摆放的行与列明确出来，通常还应对容器进行标识。物料的标识通常应当包含产品名称、编码（条码）、照片、材料架编号、具体存放位置编号等信息，如图6-8所示。

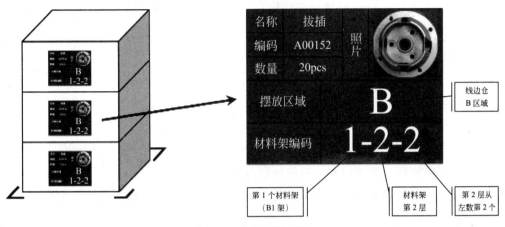

图6-8　物料标识示例

6.5.2　在生产线旁设置线边仓

线边仓，即在靠近装配线的地方设置的装配物料的储藏所，其目的是使操作工易于取得物料，设置的原则为：按照产品组装顺序，进行顺位化、成组化设置。线边仓的设置可以按以下步骤来实现。

6.5.2.1　确定每种零件线边仓的位置

受限于零件的形状和体积，通常不同的零件，线边仓的设置位置和方式会不同。

（1）大型配件：设置暂时存放的场所，实施顺位化摆放，如图6-9所示。

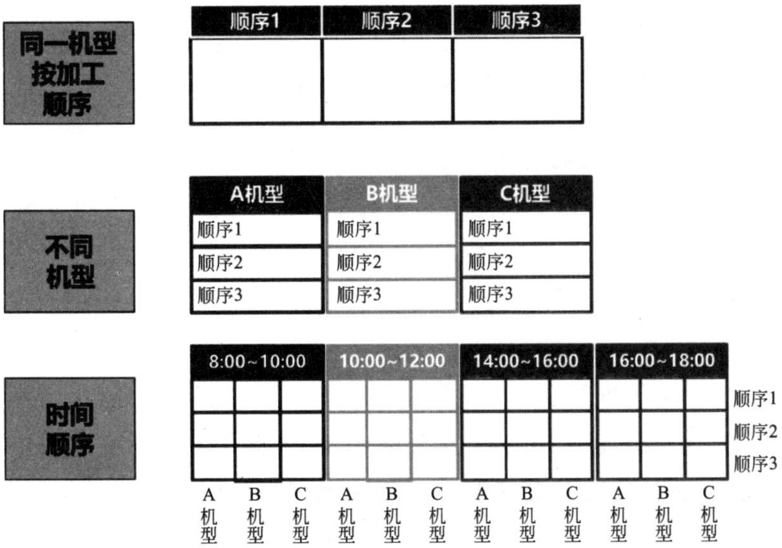

图6-9　顺位化摆放

（2）小型配件：设置在装配线旁（根据生产线加工顺序决定材料架的配置）。使用频度高的零件放置在容易拿取的位置，不同的机型使用不同的颜色加以区分。

（3）前加工组件：将线边仓设置在组件加工线和装配线的物流线上，也就是前加工区域和生产装配区域之间的物流线路上。

6.5.2.2　确定材料架

体积小、重量轻的物料的理想摆放方式是使用材料架。关于材料架的设置，应考虑以下内容。

（1）材料架的数量可以应对生产量的增减。

（2）材料架标识：材料架编号、层数编号、同层顺序编号等，利用颜色、记号、图像等实施目视化管理，能够直观、简便地取得材料。

（3）至少要有安放两个配件箱（标准容器）的位置：第一箱用完时，提出补充材料的要求，在第二箱材料用完之前，必须把第一箱补足。

6.5.3　确定物料的配送方式

物料的配送原则，应该按产品的组装顺序，进行顺位化、成组化配套设置，如图6-10所示。

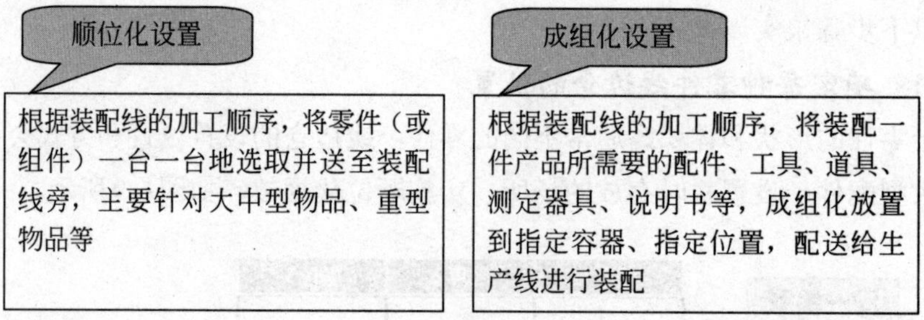

顺位化设置	成组化设置
根据装配线的加工顺序，将零件（或组件）一台一台地选取并送至装配线旁，主要针对大中型物品、重型物品等	根据装配线的加工顺序，将装配一件产品所需要的配件、工具、道具、测定器具、说明书等，成组化放置到指定容器、指定位置，配送给生产线进行装配

图6-10　物料配送原则

6.5.3.1　应该使用便利的台车

台车应以方便配送为原则，让拣料和配送更简便、灵活。台车可以设计成手推式，安装可前后左右自由转向的车轮，这样可以使物料配送人员，一边推车，一边按物料清单拿取物品。

6.5.3.2　规划物料的配送路线

为了方便配送，应根据配送频度和顺序确定物料的配送路线。

路线设定原则：直接线距离最短，专用通道与人行道分开、不可交叉迂回。

6.5.3.3　确定物料的配送频度和单次配送数量

（1）配送方式：定量不定时配送。以一台为单位，进行必要的配件群混载，多回搬运（成套配送）。

（2）配送周期：将下回配送所使用的量折合成时间，配送周期＝配送量×生产节拍。

（3）配送清单：制定每个作业岗位物料的配送清单，明确配送的数量和频度。

配送到生产线时，以方便员工作业为基本，在作业员不受干扰的前提下实施配送，从作业员的正对面进行配送，是最适合的做法。

> **提醒您**
>
> 　　除大件、比较重的物料可以放在作业员的左右两侧外，其他物料尽可能放置在作业员的前方（不要放置在作业员的身后）。

6.5.3.4　确定异常时的信息通知

当物料出现异常时，及时地将信息通知给配送人员，可以快速补充物料。物料供应不及时会导致生产线停止，为了防止生产中断，除让物料配送人员按规定巡视外，企业还可以设置物料的呼叫方式，如看板、灯号、电子屏、电视等。

6.5.4　选择示范线开始试行

当制定了物料三定标准、设置好线边仓、确定配送方式之后，可以先选择一条生产线作为示范线，来测试效果。

线边仓到生产线各工序的配送，暂时由生产线的管理人员或辅助人员负责。仓库到线边仓的配送，暂时由仓库管理员负责。具体的配送，可以由生产计划部门主导，结合生产部门实际情况，以方便生产为目的进行试行。

线边仓设置后，如果生产线的员工无须离开工作岗位寻找、拿取物料，能够专注于生产加工，那么服务生产的功能就实现了。如果生产当天和第二天需要使用的物料，仓库能确保在当天配送到线边仓，那么利用线边仓事前准备物料的功能就实现了。如果生产计划部门、采购部门和仓储部门，能够逐日检查未来三天的齐套率，并使生产前三天的物料齐套率达到100%，那么利用线边仓来稳定生产物料供应的功能就实现了。此时可以对示范线运行的成果和成功的诀窍进行总结，并把它标准化，这样就可以在其他生产线水平展开了。

水平展开时，也不用操之过急，可以有条不紊地逐步实施。

完成以上步骤，线边仓的功能就具备了，接下来我们要把物料供应，从线边仓向仓库、从仓库向采购、从采购向供应商逐步延伸。设置线边仓和内部物料成套配送，是内部物流改善。从原料仓库到采购的物料配送，是外部物流改善。应先内后外、先易后难。

6.5.5 改变现有仓库的功能：从存放变为分拣配送

当内部物料配送机制实现后，可以在确保不断料的前提下，无限压缩仓库功能。事实上，仓库原有的库存物料并不能一下子彻底消耗完。保险的做法是，先把仓库暂时封存，物料尽可能按生产订单采购，可以暂时不以消耗库存配件为目的。当生产过程中发生物料欠缺时，再把库存物料逐步消耗掉。

对于现有库存中的大批量物料，可以先按三定方式进行分拣，这样等于做了更彻底的盘点。然后按后续的生产计划把它们逐步消耗掉。

> **提醒您**
>
> 消耗现有库存的过程，会持续很长一段时间，企业千万不要有冒进的念头，以免导致生产中断的风险。在确保生产线边仓有序运行的前提下，临时增加专人对仓库进行清点，也有助于现有库存的快速消耗。

6.5.6 供应商物料配送分拣的试行

企业内部实现良性运转后，可以把一部分供应商纳入进来进行系统性思考。首先，供应商送料到企业后，企业立刻按物料三定的要求，使用内部容器替换供应商的容器，同时对物料按生产计划进行批次有序分拣。把生产线使用的数量，不多不少地配送到生产线的线边仓；采购的余量物料，则暂时放入原料仓，当作生产异常时的替换物料来使用。如果该备用物料库存越来越大，定期（1个月或3个月）重新检查采购的余量，既可以确保物料不会越来越多，还能有效防范欠料的发生。另外，这部分物料还可以作为外部维修配件来使用。

当内部物料供应稳定后，应结合供应商供应物料的稳定程度，以及物料三定容器增加的成本，确定优先变更哪类物料的容器。原则上来讲，所有的供应商都应该调整和变更，之所以建议分步骤实施，主要是为了降低实施的难度，减少制作容器的一次性投入成本。

标准容器的制作费用，由供需双方共同分担会比较合适。

6.5.7 想方设法提升物料的齐套率

接下来，需要提升采购催货的精度。根据生产计划部门的周排程，采购部门需要把每天需要交货的清单罗列清楚，并根据清单检查未来3～7天的交货计划，逐步提升物料的齐套率。此时可以统计生产3天提前期的齐套率和生产7天提前期的齐套率。努力提升生产7天提前期的齐套率，确保生产3天提前期的齐套率。为了提升齐套率，采购人员应该采用更灵活的物料进度确认方式。

为了便于物料跟催和统计齐套率，应考虑对现有的ERP系统进行调整，局部增加相关功能，或者额外开发外挂功能。

6.5.8　持续推进和改善

完成以上七个步骤后，可以持续滚动确认物料供应的效果。这个过程中依旧会出现异常。针对问题进行改善，持续不断地优化物料稳定供应的模式，是生产计划、物料采购、内部物流、来料验收等部门长期坚持的课题。

第 7 章
稳定品质的改善

产品的品质不良意味着产品功能的丧失或降低，不良和瑕疵会带来非常糟糕的客户体验。对外会招来抱怨、投诉和索赔，对内则是成本损失。想方设法保证产品质量，是企业应长期保持的经营策略，企业应当不遗余力地对品质进行持续不断的改善。

纵观当前主流的企业管理理念和工具，不难发现，所有的管理工具都关注产品质量。品质管理的方法，也从最早的经验管理，进化为当前系统性的全面质量管理。根据统计技术的运用和发展，品质管理方法被命名为科学管理。现代企业通常会设置专门的品质保证部门，对产品设计、加工的全过程，进行全面系统的管控。预防不良产生和不良流出企业，是企业始终关注的品质管理重点。

根据全面质量管理的理念和方法，当前的质量管理系统架构如图7-1所示。

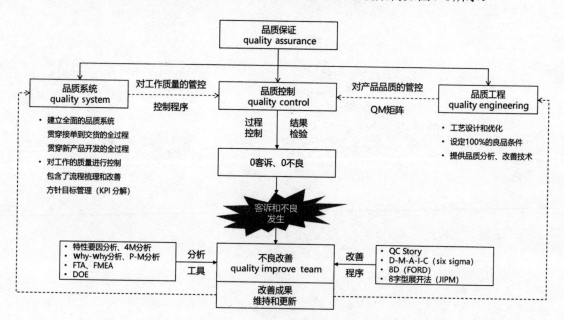

图7-1　全面质量管理系统图

全面质量管理的工作有五大类，分别是品质保证、品质工程、品质体系、品质控制、品质改善。

品质保证的目的是实现0客诉、0不良的品质目标。接下来我们分别对QE、QS、QC、QIT等工作内容进行详细介绍。

7.1　品质工程（QE）

7.1.1　使用QM矩阵确保产品品质特性得到保证

企业首先应通过品质工程（QE）识别产品不良产生的要因，确定不产生不良的良品条件，输出不产生不良的理想生产工艺。并把识别出来的良品条件，制成针对产品加工过程的管控标准QM（quality maintenance）矩阵，作为品质部门对生产加工过程进行品质管控的依据。这是从品质工程技术层面，对不产生不良品的要因进行系统识别和梳理，继而转化成管理项目和具体的管理内容，对产品加工过程进行详细的策划和管控，确保在工艺设计上，能系统性识别不良，预防不良发生。

通常在新产品策划设计阶段，经QFD（quality function deployment，品质机能展开）将客户需求转化为技术要求，然后将技术要求转化为设计品质，最后把设计品质转化为产品的品质特性。如果保证了产品的品质特性，意味着满足了客户要求。客户要求得不到满足等于产品的品质不良或瑕疵，所以说，如果品质特性无法得到保证，就会产生品质不良或瑕疵。

完美的工艺设计，是为了确保产品的品质特性，对产品的加工路线进行详细的策划和设计，识别出每个工序需要"管什么（管理项目和内容）"，然后再对"怎么管（具体的管理方法）"作出设计。工艺设计人员通常会使用QM矩阵（见表7-1），对工艺作出详细的设计，以确保产品的品质特性。

表 7-1　QM 矩阵

QM矩阵通常在新产品导入阶段完成，是完美工艺的汇总表输出。QM矩阵将品质特性与工艺流程建立关联，确定每个工序必须保证哪些品质特性。为了能够更好地确保品质特性，必须对工艺加工过程进行更深层次的设计，也就是对导致结果（品质特性）的原因（管理内容），进行详细的识别、梳理、试验，找出影响结果（品质特性）的"充分必要"条件，对保证"充分必要"条件的管理内容进行管控，从而达到"好的过程实现好的结果"的管理目的。影响结果（品质特性）的"充分必要"条件，也称为良品条件。

7.1.2　QM矩阵的组成内容介绍

下面我们对QM矩阵的组成内容进行介绍（见表7-2），并按正表栏目从左到右依次进行说明。

表 7-2　QM 矩阵栏目说明

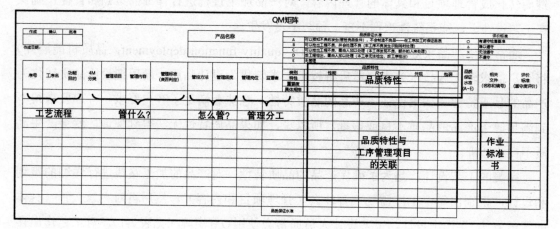

7.1.2.1　工艺流程

产品的加工，通常会使用IE方法，对加工流程进行工序分割，并根据企业的资源配置，把产品的加工工序，分解为一串连续的加工工序。每个加工工序具体的加工内容很容易理解。建议企业的工艺设计人员，对工序的功能和目的作出精准的定义。很多企业管理人员对这类基础信息，并不能真正了解。他们不了解工序的加工目的和功能，只是单纯地为了加工而加工，加工过程中遇到不良、故障、小停机、不安全事件等异常时，很难找出导致异常的原因，很难全面、系统、有针对性地提出解决方案。

每道工序需要实现的目的和发挥的功能，是工序加工的原理，为了让原理真正发挥作用，就需要识别发挥作用的前提条件，原理发挥作用的前提条件称为原则。管理人员和工程技术人员，如果能够掌握每道加工工序的原理、原则，就能够全面、系统地对生产过程进行彻底管控。

QM矩阵中工艺流程的相关内容包含表7-3所示的三个方面。

表 7-3　QM 矩阵中工艺流程的相关内容

序号	项目	内容说明
1	工序序号	依次填写工艺流程的先后顺序
2	工序名称	按工艺流程分解单道加工工序。工序可以通俗地理解为原材料流经的加工环节。工序名称可以使用"名词+动词"的组合来描述
3	工序功能和目的	是指工序在整个加工流程中起到的作用，通常可以使用"通过……，实现……的目标"这样的句式来描述

组成工艺流程的三项内容，是对产品加工过程的描述。实际运用时，可以把前加工、附属工序、主工序，先使用工艺流程图的方式梳理出来，然后再填写到QM矩阵中去。

7.1.2.2　管什么

每道工序发挥了什么样的功能，该工序的加工会对哪些品质特性产生影响，工艺人员可以根据工序的加工功能来进行识别。把工序发挥功能的充分必要条件罗列出来，识别出充分必要条件中容易发生变动的内容，把容易发生变动的项目，作为影响品质特性的内容进行管理，是确保品质特性的有效方法。

产品的质量管理活动，某种意义上就是管理加工过程中的"变动"因素。严格来说，影响工序功能发挥的充分必要条件中，任何一个条件都会导致不良的发生。由于每一个条件发生变动的概率不同，所以对结果的影响程度也不同。此时，有必要根据工序功能，识别出影响功能发挥的充分必要条件，然后对充分必要条件的变动频度进行识别（事前预测、调查类似产品数据、通过试验得出结论）。充分必要条件的变动频度一般可以分为表7-4所示的变动、固定、半变动半固定三大类。

表 7-4　充分必要条件的变动频度分类

序号	类别	说明
1	变动	"变动"要因是重点管控的必要条件，往往使用SPC（statistical process control，统计过程控制），为变动要因设置控制限制，对其进行严格控制
2	固定	"固定"部分的内容，因为相对稳定，随着加工时间的推移，并不会发生变化，只需要长时间做一次复核即可
3	半变动半固定	"半变动半固定"要因，变化频度没有"变动"要因那么频繁，但并不是不发生变化，因此需要对这部分要因进行变化趋势调查，根据变化的趋势来管控即可

值得注意的是，影响工序功能发挥的充分必要条件，与企业配置的软硬件加工资源（机、料、法）有关。上述内容的逻辑结构，请参照图7-2所示的内容。

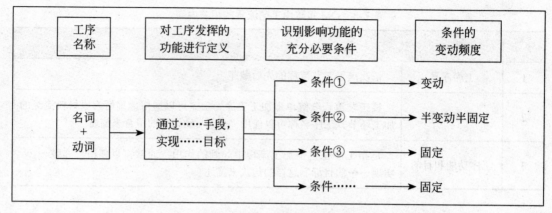

图7-2　充分必要条件的识别

管什么，即对管理项目和管理内容进行归类，是在识别影响功能发挥的充分必要条件后，对影响功能发挥的条件进行归类，通常包含以下四个方面。

（1）4M分类。把影响功能的充分必要条件，按材料（material）、设备（machine）、方法（method）进行归类。该列只填写"材料、设备、方法"三项中的一个。

（2）管理项目。充分必要条件中，材料、设备和方法需要管理的项目。

（3）管理内容。为了使管理项目得到有效保证，对影响管理项目的要因，进行下一步分解。影响管理项目的要因称为管理内容。

（4）管理标准。用来判断管理内容的标准。管理标准务必方便判断，越直观，效果越好。

之所以对管理项目和管理内容做4M归类，是为了方便管理和分工。

到此为止，已对每道工序影响品质特性的项目和内容，作出了"充分必要"的识别。识别了需要"管什么"，接下来就要设计具体的管理手段，为每项管理内容制定具体的管理手段。

7.1.2.3　怎么管

这部分内容是管理内容，即企业制定有效的管控手段。

（1）管控方法

管控方法是支撑管理内容有效执行的方法。管控方法通常在平衡效果（产出）和成本（投入）后最终确定。选择管控方法时，通常会有若干手段，需要对每个手段从实施效果、实现的难易度、需要投入的成本等几个方面进行评价，然后选择出最为理想的手段。制定管控方法时，还需要导入防止人为失误的机制。

（2）管理频度

管理频度是指根据条件的变动频度，确定管理手段实施、验证的频度，通常管理频度要低于条件变动的频度。企业需要在条件没有发生变动之前，就对确保条件正常发挥的管理手段进行确认，以防止不良结果出现。

> **提醒您**
>
> 　　管理频度越频繁，执行的难度就越大，管理方法越不容易得到保证。所以，防止条件发生变动，尽可能把"变动"条件，变成"半变动半固定"条件，是稳定生产加工过程的关键所在。

7.1.2.4　管理分工

管理分工比较容易理解，是指管控方法由哪些岗位负责执行；为了防止出现执行偏差，由哪些管理岗位负责对执行岗位进行稽核，如图7-3所示。

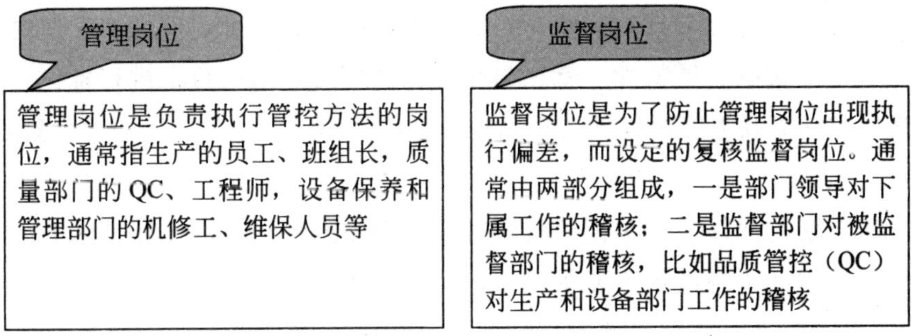

管理岗位	监督岗位
管理岗位是负责执行管控方法的岗位，通常指生产的员工、班组长，质量部门的QC、工程师，设备保养和管理部门的机修工、维保人员等	监督岗位是为了防止管理岗位出现执行偏差，而设定的复核监督岗位。通常由两部分组成，一是部门领导对下属工作的稽核；二是监督部门对被监督部门的稽核，比如品质管控（QC）对生产和设备部门工作的稽核

图7-3　管理分工

　　工艺流程、管什么、怎么管、管理分工等四部分内容，是为了保证品质特性而详细分解出来的管理条件。如果这些内容能够100%保证品质特性，就是"良品条件"，或者是"不生产不良品"的生产条件。

7.1.2.5　品质特性

　　品质特性通常在设计阶段就已经确定了。一般来说，品质特性由性能要求、尺寸要求、外观要求、包装要求等几个方面组成。每个方面的要求，又由若干个子项组成，每个子项都会被明确地定义出来。要么定量，要么定性，如果有可能，尽可能把每个品质特性都用定量的方式定义出来；不能直接定量描述的，可以采用替代的定量评价手段。

　　（1）特性。特性是指性能、尺寸、外观、包装几个大类别内包含的具体项目。

　　（2）重要度。重要度是指品质特性对产品功能的影响程度，影响程度越大越重要。重要度要站在客户的立场来判断，可以简单地分类为重要、一般、轻微；也可以按"10分制"来进行判断，这部分内容可以参照FMEA（failure mode and effects analysis，潜在失效模式和效应分析）。

　　（3）具体规格。具体规格是指每个品质特性的判定标准，通常以公差、允许接受的限度等形式呈现出来。

　　品质特性的描述，请参照表7-5所示的案例。

表 7-5　品质特性的描述

类别	性能	尺寸		外观		包装
特性	硬度	轮廓尺寸	孔径	毛刺	色泽	标签
重要度	重要	一般	重要	一般	重要	一般
具体规格	HRC≥55	长：（100±0.1）毫米 宽：（300±0.1）毫米 高：（5±0.05）毫米	$\phi 5^{0}_{-0.02}$	大小：≤0.2毫米 方向：冲孔面	色泽一致 无明显色差 （参照限度样品）	贴付正中位置，印字清晰

7.1.2.6　品质特性与工序管理项目的关联

品质特性与工序管理项目的关联，指的是如果该工序的管理项目和管理内容得不到有效执行，会影响哪些品质特性，就在与品质特性相对应的项目上进行标记。此时，不需要对管理内容的关联强度进行确认，无论是强相关、一般相关、弱相关，只要有关联，就进行标记。

这样一来，就能把每个工序管理内容对应的管控方法，与每一项具体的品质特性进行关联。然后根据品质特性的重要程度，把影响"重要"特性的工序，定义为"重要工序"。重要工序的管理内容和管控方法，必须得到100%严格执行，导入防止人为失误的措施，并进行严格的管理监督。

QM矩阵的主要目的，在于完成工序管理内容和品质特性的关联，通过验证工序充分必要条件与品质特性的关联，对工艺流程的管理方法作出全面、系统、彻底、详细的设计，确保工艺流程得到有效实施。

工艺流程的管控方法是否有效，可以对品质的保证水准进行自评。品质保证水准的自评标准，分为A、B、C、D、E五级，见表7-6。其中，为重要品质特性选择的管控方法，最好能够达到A级标准。

表 7-6　品质保证水准的评价内容

序号	等级	评价标准
1	A	可以预知不良的发生（管控良品条件），不会制造不良品（在工序加工时保证品质）
2	B	可以检出工程不良，并处理不良（本工序可识别并同时处理不良）
3	C	可以检出工程不良，需由人加以处理（本工序可发现不良，但需要人来处理）
4	D	后工程检出，需由人加以处理（本工序无法检出不良，后工序可检出）
5	E	无管理

7.1.2.7　岗位作业标准书

为了为品质特性制定管控方法，应根据企业组织架构进行分工。为了确保每项管理内容得到有效运行，企业需要制定更详细的岗位作业标准书。一般来说，企业需要制定图7-4所示的作业标准书。

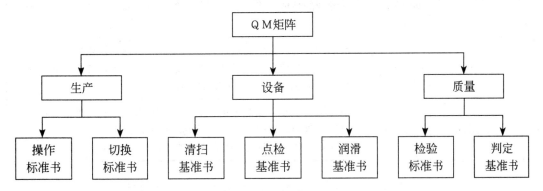

图7-4　作业标准书的类别

作业标准书的说明如表7-7所示。

表 7-7　作业标准书的说明

序号	名称	内容说明
1	操作标准书	即产品加工时，员工需要完成的工序加工内容。通常根据工序加工内容的先后顺序，罗列出清晰的步骤，步骤的描述务必简练，尽可能保持10～15个汉字，并使用"动词＋名词"的组合方式，避免使用形容词。然后为每个加工步骤，注明需要注意的作业要点。操作标准书采取图文并茂的表达方式比较合适
2	切换标准书	生产加工中，通常会出现更换物料、更换模具、更换产品型号、切换加工程序等工作，这类工作属于比较重大的生产变更，如果不严格控制，会突发性产生大批量的品质不良。所以需要对这些切换工作制定标准书，对变更过程进行严格控制
3	清扫基准书	生产线、加工设备、治工具，会因料屑、泄漏、长时间运转产生磨损及污垢，如果不及时清扫，会对产品品质、设备精度等产生影响，继而导致停产、降速、不良等生产异常，所以需要定期对污染物进行清扫。企业需要对生产线和设备装置的污染部位、污染物、污染方式进行调查和改善，确定污染物的清扫频度、清扫方法和工具、清扫后的判定标准、清扫的时机（运转还是停产时）、每次清扫耗用的时间等标准，作为清扫工作的依据
4	点检基准书	生产线、加工设备、治工具等装置，必须保持良好的运行状态，确保加工精度和条件参数有效，所以需要对其影响因素做点检确认工作。企业也需要对点检的工作进行细化，制定相应的点检基准书。点检基准书应当包含点检部位、点检方法、点检工具（仪器或五感）、判定标准、点检频度、点检工时、点检时机（运转或停产）、点检目的（品质、效率、安全等）、点检发现异常时如何处理等内容

续表

序号	名称	内容说明
5	润滑基准书	制定润滑基准书的目的，是减缓装置运转部位的摩擦，确保装置的运转精度，延长装置的使用寿命。通常需要对润滑的要求作出明确的规定，明确需要润滑的部位、润滑剂的具体要求、润滑工具、加注量、润滑频度、安全注意事项等内容
6	检验标准书	制定检验标准书的目的，是对品质特性的结果进行验证。需明确原料、半成品、成品的检验方法，对检验的频度、抽样方法、检验步骤、结果判定、记录填写、样品保管和处置方式等，作出明确的规定
7	判定标准书	判定标准书是为了判断品质而制定的，有定量的标准，也有定性的标准。五感法（视觉、听觉、嗅觉、触觉、感觉）的判断标准，由于受限于每个检验人员的敏感程度，常常产生判断偏差，因而需要作出清晰明确的约定

在QM矩阵中，只需要记录每个工序的标准书名称（或文件编号），无须包含作业标准书的具体内容。而制定标准书时，需要将QM矩阵中识别出来的管理内容和管控方法，详细地展开到作业标准书中。

QM矩阵是一份汇总性文件，是工艺设计和优化的结果，是整体的指导性文件。作业标准书是QM矩阵输出的下一级执行文件，它们之间是母子关系。之所以要把作业标准书的名称或编号登录在QM矩阵中，是因为对QM矩阵作出调整和更新时，需要同时更新相关的作业标准书，以免作业标准书不能同时更新，而出现执行失误和偏差。把作业标准书的名称和编号登录在QM矩阵中，能够简化变更，并防止变更不彻底导致的失误。

7.1.3 QM矩阵执行的重要性

无论QM矩阵有多完美，输出多少份作业标准书，如果不能得到执行，就毫无意义。对于企业来讲，有规定不遵守是最大的问题。

7.1.3.1 标准的遵守情况调查

对于QM矩阵中的管控方法能否被简便、有效地遵守，必须进行追踪确认。我们可以对标准的遵守情况，进行以下几个方面的详细调查，见图7-5。

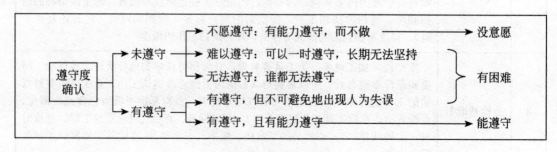

图7-5 遵守度调查

（1）标准未遵守：遵守标准没有困难，员工有能力遵守，却没有遵守。这是因为员工没有遵守的意愿，管理者也没有发挥稽核监督作用。

（2）标准未遵守：是因为标准难以遵守。员工付出努力，可以短时间遵守。如果要求员工长时间遵守，却无法坚持。

（3）标准未遵守：是因为标准无法遵守。无论谁来执行标准，都做不到。

（4）标准有遵守：标准可以执行，但执行时，不可避免地出现人为失误。

（5）标准有遵守：遵守标准没有难度，所以人人都能遵守。

以上五种情况，第（1）种情形是管理人员的责任，主要是管理人员的督导和稽核不到位所致。第（2）、（3）、（4）种情形，主要是遵守标准有难度所导致，是管控方法选择不当。

7.1.3.2　QM 矩阵的试行

QM 矩阵的作业标准制定完成后，需要通过试行的方式，确认标准是否可以被有效地遵守。试行的方式有两种。

（1）谁制定标准，谁负责试行。如果制定标准的人自己都无法遵守，那么就是标准本身出了问题，需要对标准进行修订。

（2）标准完善后，让员工来试行。如果制定标准的人可以遵守标准，而员工却做不到，需要对员工进行指导，让员工快速掌握执行标准的技能和诀窍。如果不对员工进行指导和训练，只是将要求进行简单的宣讲，是不会有好结果的。这种情况也是管理者的责任。

以上就是 QM 矩阵的制作方法，品质工程技术人员对工艺流程作出了完美设计，输出了确保品质特性的良品条件和更细化的作业标准，并对作业标准是否能被有效遵守，进行了调查和改善。这也是品质工程（QE）模块的一项重点工作。

7.2　品质系统（QS）

品质系统是指从企业层面建立全面的品质系统，为品质管理工作提供资源支持，构建全面、有效的品质管理架构。国际标准化组织（ISO）提供了可供选择的质量管理系统，用于机构和企业彼此之间对质量管理互认。常见的质量管理体系有 ISO 9001 和 IATF 16949。这些质量管理体系，对质量管理的原理、原则、目的、手段进行了条款式的约定，企业可以直接借鉴和使用。图 7-6 是 ISO 9001 质量管理体系的关联图。

标准化的质量管理体系，对质量管理工作进行了全面的规定，对工作流程进行了详细的要求，对新产品开发量产流程和企业从接单到交货的后续服务进行了全面管控，对流程中的重要支撑点和下一级执行标准做了详细的要求，给企业"符合体系要求"指明了方法和路径。

很可惜的是，很多企业没能把标准化的质量管理体系运用好。众多企业之所以认为

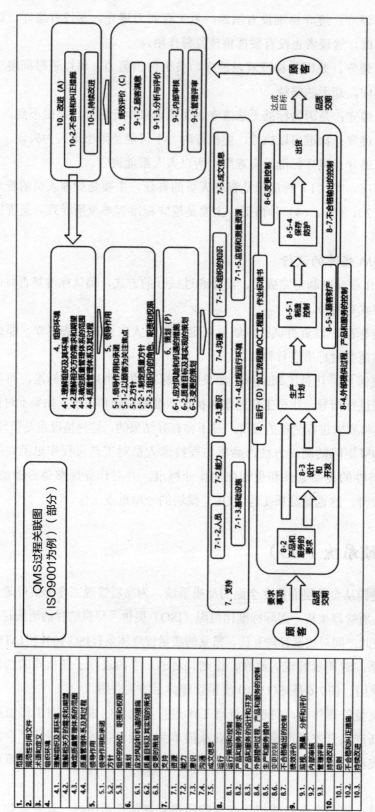

图7-6 ISO 9001 质量管理体系

质量管理体系过于文件化，是对工作的束缚而不是支持，很大一部分原因就是其只解决了如何"迎合"标准条款的问题，而没有解决如何让企业简便运用的问题。为了在企业间快速复制，让企业快速通过认证，程序文件往往写得不够精准，甚至脱离了企业的实际情况，把原本应该精准管理的质量体系，弄成了模糊的执行标准。

另外，标准化的质量管理体系，通常只解决企业"应该怎么样"的问题，没有解决"如何做到这样"的问题。所以有必要把ISO质量标准化体系，改造成更实用的TQM（total quality management，全面质量管理）管理体系。

总体来讲，质量管理系统，从经营、流程、资源配置等方面，对质量管理工作提出了具体的要求。

无论是从品质工程（QE）方面对产品加工制定的标准，还是从品质系统（QS）方面对工作过程质量制定的标准，都由品质控制（QC）来承接和落实，并在落实的过程中进行监督。

7.3 品质控制（QC）

品质控制是运用品质管理的工具和技术，对QE和QS输出的标准进行过程管控，一方面是对品质管控结果的复核（检验和试验），另一方面是对工作过程的控制（稽核和监督）。

7.3.1 对成品的出货进行检验，以确保符合客户要求

品质控制是指对成品的品质特性进行检验和试验，以确保所有的品质特性都能够符合客户要求。实际工作中，除了对成品进行检验和试验外，还需要对加工过程中的半成品以及原料进行检验和试验，以验证原料、半成品、成品是否符合预设的标准。

从这个意义上来说，品质管控工作等于检验和试验，即依据品质检验标准和判定标准，根据生产加工过程的稳定性，对产品的品质特性，进行抽样或全数检验。图7-7是品质检验的相关内容，值得一提的是，现有的品质控制方法，都是建立在概率统计的知识之上的。概率统计知识，是QC人员应牢固掌握的基本功。

7.3.2 对生产加工过程进行严格的监督和稽核

不做过程管控，只进行产品检验的品质管控，就如缺了轮子的车子。很多专业的质量管理人员常说这样一句话："品质不是检验出来的，是制造出来的。"如果质量管理人员只进行检验和试验，而把品质责任推给生产部门，那么是不负责任的。如果质量管理人员除了检验和试验外，把更多的精力放在了对生产过程的管控上，并在管控过程中指导生产部门，那么是得体的。

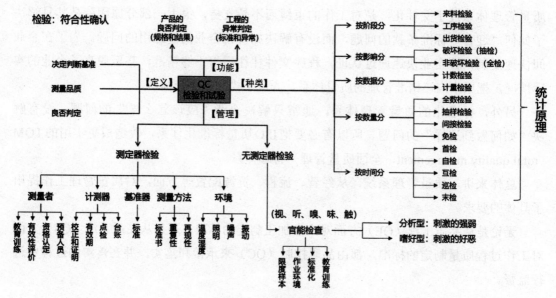

图7-7 品质检验的内容

品质控制人员为了更便捷有效地控制生产加工过程，通常会根据QM矩阵，制作QC工程表（有时称为控制计划），同时以QC工程表（见表7-8）为基础，对生产过程进行监控，识别标准执行过程中存在的问题，提出改善要求并追踪，以确保问题得到解决。

品质控制人员还应当定期检查标准的遵守度与产品合格率之间的关系，以确保标准执行的遵守度越高，产品的合格率也越高。如果标准执行度发生了变化，而产品的合格率没有提升。说明标准控制和结果没有显著的关联，这时需要对质量管控内容重新进行检查。

有关标准的执行要求是：重要工序的作业标准必须100%遵守；一般工序的作业标准，遵守度应该在95%以上。

来自QE的产品标准和来自QS的工作标准，应一同作为品质控制的依据，在日常工作中起到监督和稽核的作用，以确保不流出不良品、不制造不良品，实现0客诉、0不良的目标。

然而，事实可能不尽如人意，客诉和不良都有可能频繁发生。这时就需要对客诉和不良进行改善，识别产生不良的漏洞，对管理标准进行持续不断的完善。

7.4 客诉和不良改善（QIT）

在介绍客诉和不良改善活动之前，首先需要确认的是，0客诉和0不良是可以实现的，并不是脱离实际的目标。所谓的0客诉和0不良，是指连续6个月不出现客诉、连续6个月不出现不良。

0客诉并不意味着没有不良，而是不良不会流到工厂以外。客诉根据其影响的严重程

表 7-8　QC 工程表

QC工程表

产品名称（顾客品名）

工程	原材料	流程		工程名	重要度区分	曾出现的问题（相关性分析）	管理项目	检查项目	检查频率	管理方法								作业标准及相关标准	硬用设备	异常处置	评价标准
	原材料/准备零部件名	原材料/准备零部件名	主要工序							判定基准	计量器、计测器等	检查负责人	检查表单	监督者	表单保管期限	品质保证水准					
序号	材料名称																				

变更内容	日期	序号	原因	作成	确认	承认

制定日期	
文件编号	
版本状态	

流程中使用符号

输入	▽
作业	○
检查 检证	◇ ○
定期检查	
运送 或工程调整	

作成　审查　承认

度，会导致市场索赔、退换货、减少订单、投诉和抱怨。而不良不流出工厂，只会在工厂内部带来成本的损失。所以应当优先控制不良的流出，做到0客诉。然后逐步改善内部不良损失，有计划有步骤地实现0不良。

0不良的实施步骤，首先是实现某一不良现象的0不良，其次再扩大到某一工序的0不良，最后挑战某条线的0不良。

7.4.1 客诉和不良的改善流程

客诉和不良的改善，通常按图7-8所示的流程来实施。运用不良的改善程序和分析工具，对不良进行改善并取得成果，然后更新到品质工程和品质系统的管理标准中，继而对品质控制的检验和稽核内容进行改善，重新检验标准遵守的难易度，以确保重新更新和完善的标准可以被简便有效地执行，达到品质保证的目的。

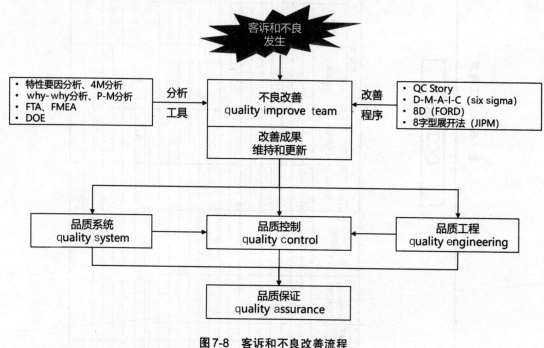

图7-8　客诉和不良改善流程

7.4.2 不良的改善程序

不良的改善程序，通常有以下几个。

（1）QC Story。

（2）D-M-A-I-C。

（3）8D。

（4）8字形展开法。

其中，8字形展开法与其他三种不同，8字形展开法，先做复原再做改善。

常见的不良分析方法如表7-9所示。实际工作中，以why-why分析法最为便捷和有效。

表7-9 常用的不良分析方法

分析方法	适用情况	必要的技术
特性要因图	"大缺陷"	经验判断、头脑风暴、5M分类
why-why分析	"发生"不良	理想状态的分析、现状与理想状态的比较能力（系统图展开）
PM分析	"慢性"不良	不良发生的物理（化学）原理和成立条件（加工点分析）
FMEA	"潜在"不良	产品结构、加工工序（工艺）的设计原理（失效模式）
FTA	"发生率预测"	现象的理论展开（推导）能力（充分必要条件）
田口试验	"显著要因"不明	加工的物理（或化学）原理、条件设定能力（统计计算能力）

接下来，我们以8字形展开法为对象，介绍0客诉和0不良的改善方法。

7.4.3 8字型展开法的实施步骤

8字形展开法是日本JIPM（公益社团法人日本设备维护协会）在1997年正式刊发的品质改善方法。8字形展开法结合了品质改善的PDCA循环和日常维持的SDCA循环（见图7-9），持续滚动、深入地针对不良进行改善。两个循环的结合像一个倾斜90度的阿拉伯数字"8"（严格来说更像数学无限大符号"∞"），所以被称为8字形展开法。

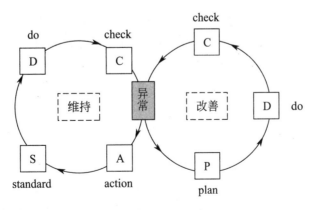

图7-9 8字型展开法

0不良改善的8字形展开法，以"0不良"为目标，将维持管理的4步骤与改善的3步骤以"8"字形无限滚动推进。8字形展开法共有7个步骤（见图7-10），分别是：

Step1，现状把握。

Step2，复原。

Step3，要因分析。

Step4，消灭原因。

Step5，条件设定。

Step6，条件改善。

Step7，条件管理。

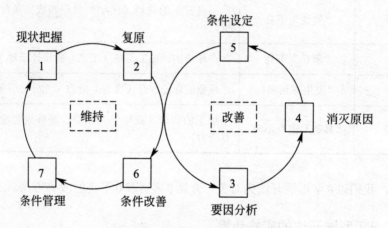

图7-10　8字形展开法的7个步骤

接下来对7个步骤进行详细的说明。

7.4.3.1　现状把握

为了实现0客诉和0不良的双零目标，我们首先需要对当前的客诉和不良现象进行调查，统计当前发生过的所有客诉和现有的制程不良。客诉现象的统计，应当根据严重等级来分类，通常来说，分为严重客诉、一般客诉、轻微客诉。对客诉现象改善时，务必先以严重客诉为对象来展开。制程不良，则按损失大小来确定优先改善的顺序。客诉并不是每天发生，所以我们通常把客诉现象作为制程不良现象来研究，因为客诉现象是制程不良现象流出工厂导致的。

对现状的调查，可以细分为以下几个步骤。

（1）调查当前的品质状况，选择改善课题。

通过企业对制程不良所做的统计（见表7-10），我们可以发现，有些不良现象每天都会出现，从来没有变为"0"，这类不良通常称为慢性不良，如不良现象A和B。有些不良偶尔才会出现，时有时无，这类不良通常称为偶发不良，如不良现象C、D、E、F、G。还有一种现象，突然某一天不良集中爆发，包括原来未曾出现的不良，如10日这一天，所有的不良都集中出现，这类不良称为突发不良。

表 7-10 制程不良统计表

××制程不良统计

日期		1	2	3	4	5	6	7	8	9	10	11	12	13	14	15	16	17	18	19	20	21	22	23	24	25	26	27	28	29	30	合计
生产数量		199	200	184	230	200	130	—	140	150	216	179	160	114	—	200	200	120	100	165	150	—	160	170	150	100	150	120	—	125	150	4162
不良数量		3	4	4	9	6	6	—	5	6	65	8	5	4	—	3	4	4	6	4	4	—	3	6	6	5	17	6	—	8	3	204
不良率		1.5%	2.0%	2.2%	3.9%	3.0%	4.6%	—	3.6%	4.0%	30.1%	4.5%	3.1%	3.5%	—	1.5%	2.0%	3.3%	6.0%	2.4%	2.7%	—	1.9%	3.5%	4.0%	5.0%	11.3%	5.0%	—	6.4%	2.0%	4.90%
不良现象	A	2	3	1	1	3	3	—	3	4	10	3	1	2	—	1	2	1	2	2	2	—	2	2	3	4	5	1	—	3	2	67
	B	1	1	1	3	1	2	—	2	2	9	2	3	1	—	2	1	2		1		—	1	3	1		6	3	—	1	1	52
	C		1	2	1			—			6				—			3	1			—					2	2	—	2		20
	D		1	3				—			11				—	1	1	1				—						3	—		2	26
	E				3			—			8				—						1	—				—						12
	F				1			—			9				—	1				1		—							—			13
	G							—			12				—							—		2					—			14
不良合计		3	4	4	9	6	6	—	5	6	65				—	3	4	4	6	4	4	—	3	6	6	5	17	6	—	8	3	204

根据制程不良出现的现象，我们可以得出图 7-11 所示的分类。

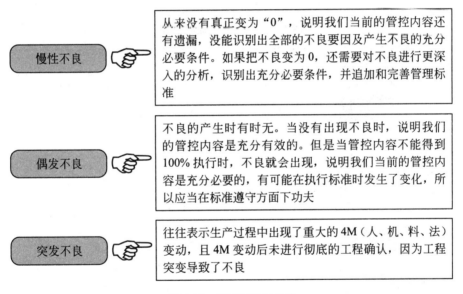

慧性不良	从来没有真正变为"0"，说明我们当前的管控内容还有遗漏，没能识别出全部的不良要因及产生不良的充分必要条件。如果把不良变为 0，还需要对不良进行更深入的分析，识别出充分必要条件，并追加和完善管理标准
偶发不良	不良的产生时有时无。当没有出现不良时，说明我们的管控内容是充分有效的。但是当管控内容不能得到 100% 执行时，不良就会出现，说明我们当前的管控内容是充分必要的，有可能在执行标准时发生了变化，所以应当在标准遵守方面下功夫
突发不良	往往表示生产过程中出现了重大的 4M（人、机、料、法）变动，且 4M 变动后未进行彻底的工程确认，因为工程突变导致了不良

图 7-11 制程不良的分类

不良统计汇总后，我们要提出不良改善的目标，建议把"不良率在当前的基础之上减少 50%"作为改善目标，把指标实现突破性的改善作为挑战目标。如图 7-12 所示，优先选择排序第一位的印字不良作为改善课题，必须把印字不良改善为 0，才能达到整体不良率减少 50% 的目标。

（2）不良现象层别

把印字不良作为改善课题后，应对印字不良进行调查。经过连续一个月的数据调查，我们发现印字不良主要有六类现象，并对每类现象的不良数量进行了统计，如图 7-13 所示。

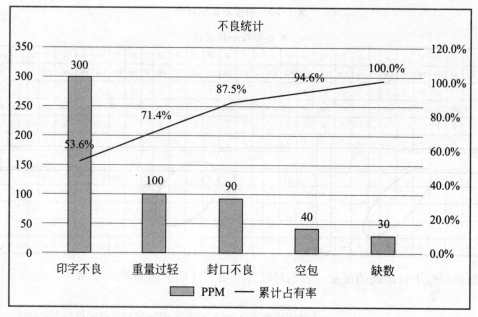

图7-12　制定不良改善目标

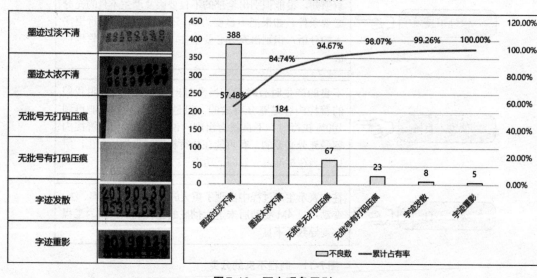

图7-13　不良现象层别

对不良现象进行层别的目的是将不良现象细分为单一现象，这样有助于后续的调查和分析。如果不对不良现象进行层别，各种现象交织在一起时，会增加分析的难度，甚至会丧失焦点。

（3）不良现象定义（原理解释）

接下来，对选定的改善主题（印字不良），根据印字加工的原理、原则进行不良定义。

原理：指不良现象的基本原理（物理原理、化学原理）。

原则：指不良成立的基本条件（原理发挥作用的充分必要条件）。

为了能够更好地把原理解释清楚，可以绘制产品加工原理的示意图，见图7-14。

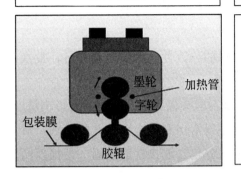

加工示意图	印字的原理
墨轮 加热管 字轮 包装膜 胶辊	①加热系统对墨轮(字轮)腔加热,使墨轮中墨析出 ②包装膜被纵封机构牵引,通过与字轮胶圈摩擦,带动字轮转动,使字钉与墨轮接触 ③字钉充分沾墨后,转动到下方与膜接触,通过挤压使墨印到膜上

图 7-14 原理解释

（4）不良产生工序的相关性分析

原理解释清楚后,根据加工原理,应对不良产生的工艺路线进行调查。不良通常都是在加工过程中产生的,同一不良现象的产生,可能与很多工序都有关联。优先对不良产生的工序进行调查,能让接下来的分析更聚焦——聚焦所有有关联的工序。相应地,根据加工原理,与不良产生没有关联的工序,就可以忽略不计。

相关性分析是使用矩阵图识别不良现象和生产加工工序的相关性（见表 7-11）。横向写出层别后的不良现象,纵向写出产品的加工工序名称以及每个工序的作业步骤（产品流经的环节）。然后依据加工的原理、原则,逐一排查工序,用"√"勾选出与不良现象相关的作业步骤。此时,无论工序与不良现象之间是强相关、一般相关、弱相关,只要有关联就勾选出来。之所以不区分相关性的强弱,是因为我们把 0 不良作为改善目标。表7-12 是印字不良六类细分现象与印字工序加工步骤的相关性分析。

表 7-11 不良工序相关性分析

加工工序	作业步骤	不良现象		
		A	B	C
1	①			
	②	√		
	③		√	
2	①			
	②	√		√
	③			
3	①		√	
	②	√		√
……				

表 7-12 印字不良的相关性分析

工序	步骤	不良现象					
		墨迹过淡不清	墨迹太浓不清	无批号无打码压痕	无批号有打码压痕	字迹发散	字迹重影
包装打码	装字钉			√			
	送膜			√			
	沾墨	√	√	√	√		
	印墨	√	√	√	√	√	√

（5）不良的4M要因调查

不良的产生原因，通常隐藏在人、机、料、法等生产四要素内。所以应从生产四要素（4M）查找原因。

①从原料方面来看，通常要重点考虑原料的一致性、品质检验项目、批次差异、存放条件、投放顺序等内容。

②在机器装置硬件方面，通常要考虑其是否能够保证运行精度。而影响精度的因素，通常与设备的维保要求有关，通常要考虑设备日常保养和定期保养的要求。日常保养内容包含设备的清扫、点检和润滑要求；定期保养包含连接件的紧固、易损件的更换、需要定期复原和校准的项目等内容。

③作业方法包含两类，一是作业人员的操作步骤和要点；二是设备装置良性运行的参数。作业方法的考虑重点是，如何防止出错，确保作业方法得到100%遵守。

④由于人的作业内容，通常都以作业步骤体现出来，所以人这个维度的内容，本身就包含在作业方法内，无须再额外分析。

关于不良的4M，要逐一调查第（4）个步骤里有关联的每个工序（打"√"的工序），然后把每个关联工序的投入原料、设备装置、作业方法等三个维度的现有管理标准下的所有要求，全部罗列出来。关联工序的4M（原料、设备、方法）调查，通常采用表7-13所示的格式。

表 7-13 4M 调查表

加工工序	加工步骤	原料（一致性）				设备（精度）				方法（防错）			
		管理项目	具体要求	实际做法	结果判定	管理项目	具体要求	实际做法	结果判定	管理项目	具体要求	实际做法	结果判定

4M调查表中，加工工序和加工步骤，指的是第（4）个步骤里打"√"的工序。原料、设备、方法三个维度的调查内容，是现有的"管理项目"和每个管理项目的"具体要求"，这两项内容可以从技术标准、图纸、QM矩阵、QC工程图、检验标准书、作业指导书、设备保养基准书、加工条件和参数中获得。调查"管理项目"和"具体要求"时，务必要全面，调查得越全面，接下来复原的效果就越好。

完成对当前"管理项目"和"具体要求"的全面盘点后，应到生产现场进行"实际做法"的调查，确认当前的"实际做法"与"管理要求"是否一致。如果当前的"实际做法"与"管理要求"一致，在结果判定栏打"√"；如果当前的"实际做法"与"管理要求"不一致，在结果判定栏打"×"。还有一种情况，当前需要做而实际没有做，当前正在做而实际标准中没有提出要求。盘点时发现类似情况，除了正常的做法外，应在结果判定栏标记"△"。

依据4M调查表，对现场完成调查后，应根据结果确定标注的符号。标记符号为"√"的管理项目，是当前都能够遵守的内容。标记符号为"×"的管理项目，是当前没能完全遵守的内容，需要额外统计成一览表，及时复原。标记为"△"的内容，应在复原时一并考虑。

表7-14是印字不良的4M调查表，判定栏里标记为"×"和"△"的内容，都需要在Step2进行复原。

表 7-14　印字不良的 4M 调查表（局部）

工序	不良现象	步骤	材料					设备/治具				方法			
			规定项目	具体要求	实际做法	判定	规定项目	具体要求	实际做法	判定	规定项目	具体要求	实际做法	判定
包装打码	无批号无打码压痕	装字轮	/	/	/	/	字轮完好性	字轮胶圈直径40.6$^{+0.2毫米}_{-0.8毫米}$	字轮胶圈直径39.76毫米	×	字钉安装要求	1.字轮紧固	1.安装紧固，用胶块固定	√
								字轮表面洁净无异物	字轮表面存在较多墨垢	△				
								字钉无过度磨损，字钉高度6.7毫米，字钉突出高度3.7毫米；字钉凹槽直径1.3毫米	字钉存在过度磨损情况	×		2.信息正确	2.字钉方向正确、批号信息正确	√
								字钉导轨无变形，导轨间距1.39毫米	导轨间距1.39毫米	√				
								字钉固定尼龙无破损、断裂	部分尼龙块断裂	×				
								字轮卡槽无变形，宽度4.1毫米	卡槽宽度4.14毫米	√		3.首检要求	3.安装打印后，每道检测三支批号信息	√
								字轮定位轴无变形	目视无变形情况	√				
								字轮卡块无过度磨损	目视无过度磨损情况	√				
		送膜	膜材质、规格	1.包装膜不允许有褶皱、粘连、异物、变形情况 2.规格：膜宽190毫米，厚度≥37微米 3.光标要求：光标间距215毫米，光标之间均需铺白印刷；大小5×10+0.2；位置位于出卷方向右侧	按来料检验标准进行抽检，合格后进行生产使用	√	/	/	/		接膜要求	接膜要求（方法、位置）：光标对光标	接膜：光标对光标	

7.4.3.2　复原

Step2的重点工作是，把Step1第（5）个步骤中4M调查表里未能得到遵守的内容，全部按要求执行，然后确认执行的效果。

（1）强制复原

当前未能按要求遵守的管理内容，通常意味着遵守起来有困难。不良是否由这些管理标准未被完全遵守所导致的呢？需要加以验证。此时的做法是，强制要求生产现场把不能遵守的项目，按规定要求100%执行三天，根据三天100%严格执行的结果，来验证存在的问题。

表7-15是印字不良4M调查后制订的复原计划。通过Step1的4M调查，共有9项管理内容未能得到有效遵守。接下来逐一对它们进行复原，对每项复原内容都要作出复原前后对比，见图7-15。

表 7-15　印字不良 4M 复原计划

序号	不符合内容	4M分析			复原措施	责任人	实施时间	结果	说明资料
		机	料	法					
1	字轮胶圈直径39.76毫米，低于标准要求			√	更换胶圈	王××	2月21日	更换新胶圈，保证字轮正常运作	附件1
2	部分尼龙块断裂	√			更换尼龙块	王××	2月21日	尼龙块完整，字钉无松动	附件2
3	字轮表面存在较多墨垢	√			清洗字轮	张××	2月21日	字轮表面洁净，无墨垢	附件3
4	字钉存在过度磨损情况	√			更换字钉，每班进行点检，出现过度磨损时及时进行更换	张××	2月24日	字钉无过度磨损情况	附件4
5	无字轮清洗标准			√	设定清洗标准	陈××	2月24日	清洗班对更换下的字轮进行清洗	附件5
6	字轮胶圈无更换周期			√	根据胶圈使用寿命，制定胶圈更换标准	陈××	—	从2月21日扩机更换后持续收集胶圈磨损量，截至更换日期，确定更换标准	附件6
7	轴承磨损变形	√			将塑料轴承更换为不锈钢轴承	王××	2月21日	全部更换为不锈钢轴承，减少磨损变形	附件7
8	腔体存在墨垢等异物	√			对腔体进行清理	王××	2月21日	腔体清洁无异物	附件8
9	温度根据打印效果进行调节，无固定更换周期			√	根据墨轮使用过程中温度及产量曲线，制定墨轮更换标准	马××	4月7日	按标准产量、时间进行墨轮调节、更换，避免批号浓淡不清	附件9

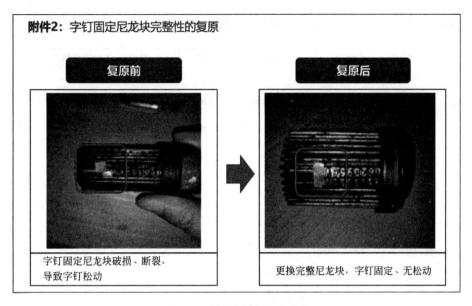

附件2： 字钉固定尼龙块完整性的复原

复原前 | 复原后

字钉固定尼龙块破损、断裂，导致字钉松动

更换完整尼龙块，字钉固定、无松动

图7-15　复原内容前后对比

（2）复原效果确认

按照复原计划完成复原后，通过不良数据来验证改善前后的效果，确认改善课题（印字不良）是否真正减少为0。图7-16是复原前后的效果，印字不良虽大幅度减少（减少了96%），但是没有达成0不良的改善目标。

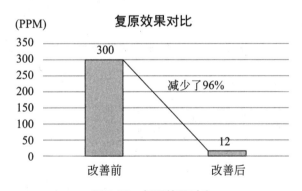

复原效果对比

(PPM)

图7-16　复原效果对比

8字型展开法在Step2复原完成后，会根据复原效果，确定后续的改善步骤。有三种可能性，参照图7-17。

第一，如果不良降为0，达到了0不良的改善目标，说明当前的管理要求是充分的，可以直接进入Step6进行容易遵守的条件改善。

第二，如果不良几乎没有变化，则说明当前的管理要求还不够充分，必须进入Step3，运用更有效的分析方法，对导致不良的原因进行深入的分析。

第三，复原后取得了部分效果，但不良没有减为0，此时既要进入Step6，通过条件改善固化改善成果；又要同时进入Step3，对不良产生原因进行深入分析和调查。

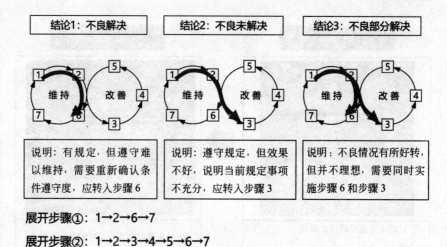

展开步骤①：1→2→6→7

展开步骤②：1→2→3→4→5→6→7

图7-17　复原后的三种结论

印字不良的复原结果，属于第三种情形，正常来讲，我们会同时进行Step6和Step3的工作。但为了方便大家掌握8字型展开法的全部过程，我们暂且放下Step6，按顺序进行。

7.4.3.3　要因分析

经过Step2强制复原后，尚有一些不良未能得到彻底解决，说明当前的管理标准还没有达到100%的良品条件。残留不良的产生，不再是某单一原因所致，通常是多种原因共同交织的结果。所以我们把这类不良称为慢性不良。

不良率从1%向0迈进时，需要选择慢性不良的分析方法（见图7-18），通常以why-why分析为主。

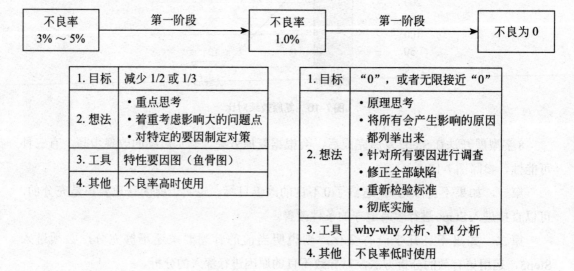

图7-18　不良分析方法的选择

why-why分析将慢性不良，依其原理、原则进行"物理"分析，以明确不良的机构，并根据原理考虑所有会影响的要因。图7-19是why-why分析的步骤，其核心在于检验成立条件并层层系统展开。

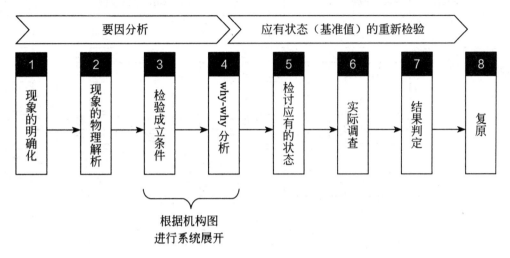

图7-19　why-why分析的步骤

why-why分析有8个步骤。

步骤1：现象的明确化，指的是现象的层别。

步骤2：现象的物理解析，指对现象作出原理、原则定义。

步骤3：检讨成立条件，根据原理、原则的解释，作出充分必要条件的识别。

图7-20是根据原理、原则对成立条件进行解析的例子。

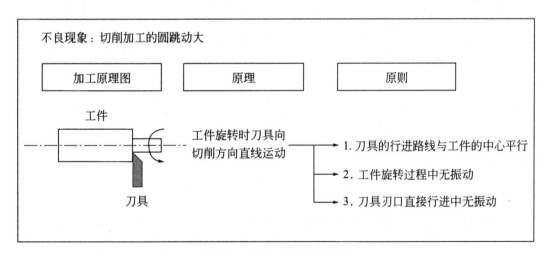

图7-20　对成立条件进行解析

步骤4：why-why分析，采用系统图展开的方式，对每一级要因进行充分必要条件展开，强调展开的逻辑性，见图7-21。需要注意的是，why-why展开分析的逻辑，先从左至右逐级展开，然后从右向左逆向验证。图7-22是使用why-why分析逐级展开的案例。

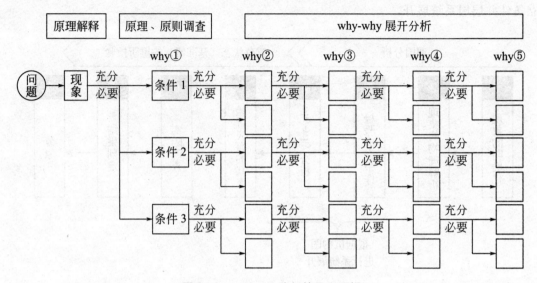

图 7-21　why-why 分析的展开逻辑

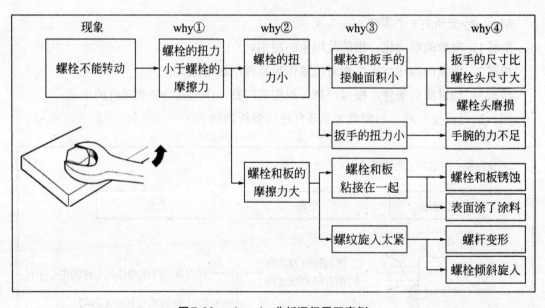

图 7-22　why-why 分析逐级展开案例

步骤5：检查应有的状态，是指对展开内容赋予理想的值，意味着"达到什么样的理想状态才有效"。检查应有状态的过程，是根据成立条件逐级制定标准的过程。

步骤6：实际调查，依据步骤5制定的理想值（标准），对现场、现物、现实进行现状调查，以识别现状与理想值之间的偏差。

步骤7：结果判定，识别现状与应有状态之间的差距。

步骤8：复原，复原现状与应有状态之间的差距，然后验证复原后的效果。

步骤5～步骤7的分析逻辑如图7-23所示。

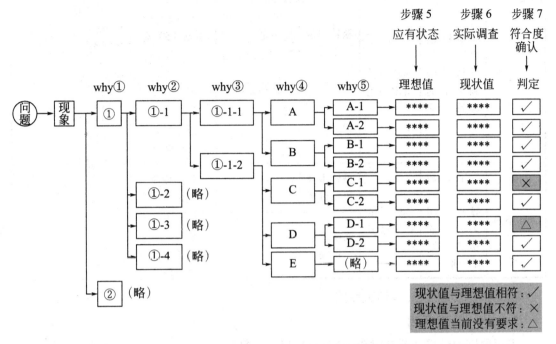

图7-23　步骤5～步骤7的分析逻辑

在印字不良案例中，经过Step2的复原，印字不良整体下降了96%，但并没有减少到0，所以要持续改善，进入Step3进行要因分析。经过细部确认，印字不良的六种现象中，过淡不清和太浓不清没有减少到0，需转到Step3；其他四种不良现象全部减少到0，需转到Step6，见图7-24。

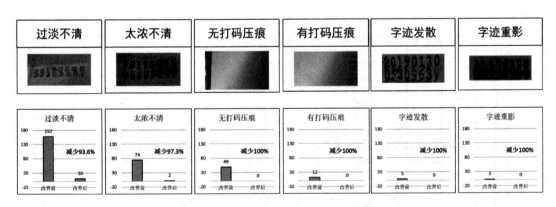

图7-24　印字不良分析（步骤5～步骤7）

对过淡不清和太浓不清进行why-why分析（见表7-16），得出结论，墨轮析出墨量与温度有关，而温度的调整依赖于员工的经验，很难精准把握调整温度的时机。

表 7-16　残留不良的 why-why 分析

不良模式	现象解析	成立条件 why1	why2	why3	理想条件	现状	判定
过淡不清	字钉沾墨不充分，导致转印到膜上的墨迹不清晰	墨轮墨量析出不足	墨轮墨量不足	墨轮本身墨量不足	新墨轮重量（24±0.5）克	未发现墨轮重量有低标现象	○
				长时间使用消耗	墨迹变淡前及时更换	存在延迟更换情况	×
			温度不足	加热系统故障	运转良好无异常	当前运转无异常	○
				调节不到位	根据墨的余量及时调整	温度调节不及时，调节值不够	×
太浓不清	字钉沾墨过多，导致转印到膜上的墨迹太浓不清晰	墨轮墨量析出过多	墨轮本身墨量过多	—	新墨轮重量（24±0.5）克	未发现墨轮重量有超标现象	○
			温度调节过高	—	墨的余量和匹配温度要有精准对照表，以便调整	无对照表，依赖员工经验判断	×

接下来需要进入 Step4 消灭原因。

7.4.3.4　消灭原因

消灭原因的过程，就是对 Step3 分析结果进行复原改善的过程，包含两个子步骤。

（1）复原改善

在印字不良的案例中，要因分析的结论是墨轮的析出量与温度有关，如果找出墨轮析出量和温度的关系，就能确保印字清晰，所以应结合加工原理的实际情况，对墨轮析出量与温度进行关联。根据跟踪调查试验（见表 7-17），得出如下结论，见图 7-25。

表 7-17　试验数据

		初始温度（℃）	打码计数	第一次加温（℃）	打码计数	第二次加温（℃）	打码计数	第三次加温（℃）	打码计数	第四次加温（℃）	打码计数	第五次加温（℃）	打码计数	更换墨轮前计数
第一轮	第1道	100	0	105	18705	110	36500	115	54398	120	64453	125	70357	80383
	第2道	100	0	105	18714	110	36582	115	54416	120	64392	125	70384	80328
	第3道	100	0	105	18720	110	36588	115	54410	120	64437	125	70382	80397
	第4道	100	0	105	18718	110	36610	115	54400	120	64384	125	70394	80314
	第5道	100	0	105	18722	110	36615	115	54436	120	64386	125	70418	80295
	第6道	100	0	105	18736	110	36587	115	54420	120	64344	125	70391	80450
	第7道	100	0	105	18801	110	36585	115	54423	120	64331	125	70406	80422
	第8道	100	0	105	18725	110	36512	115	54436	120	64400	125	70431	80401
	第9道	100	0	105	18777	110	36584	115	54429	120	64391	125	70401	80337
第二轮	第1道	100	0	105	18821	110	36543	115	54399	120	64321	125	70396	80411
	第2道	100	0	105	18815	110	36565	115	54446	120	64387	125	70378	80302
	第3道	100	0	105	18824	110	36574	115	54446	120	64408	125	70352	80447
	第4道	100	0	105	18832	110	36545	115	54430	120	64400	125	70400	80352
	第5道	100	0	105	18834	110	36554	115	54441	120	64349	125	70408	80343
	第6道	100	0	105	18827	110	36546	115	54441	120	64349	125	70352	80438
	第7道	100	0	105	18820	110	36577	115	54430	120	64330	125	70457	80424
	第8道	100	0	105	18818	110	36572	115	54442	120	64366	125	70395	80338
	第9道	100	0	105	18836	110	36548	115	54446	120	64385	125	70361	80450

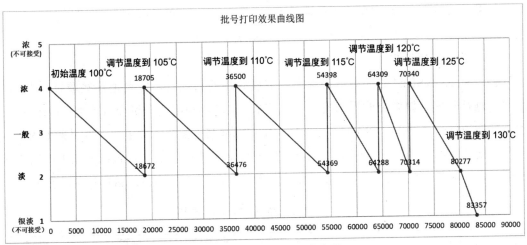

图 7-25　批号打印效果曲线图

为了确保印字效果与墨轮析出量，通过试验找到了墨轮温度调节的理想曲线，接下来应按照结论，进行批量生产验证。

（2）复原效果确认

完全按照墨轮温度的调节曲线进行量产验证，我们发现印字太淡和过浓的不良全部减少为0，见图7-26。印字总不良也由原来的300减少为0，连续追踪16周后，总不良持续为0（见图7-27），实现了0不良的改善目标。

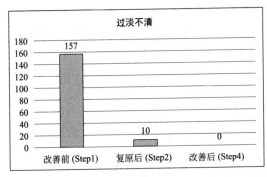

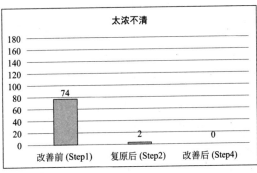

图 7-26　不良全部减少为0

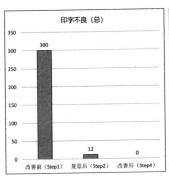

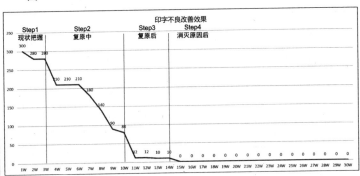

图 7-27　印字总不良持续为0

如果在Step4消灭原因后，不良未达到0，说明在Step3做的要因分析不够彻底，需要重新返回Step3进行更细致的要因分析，直接实现0不良。

7.4.3.5 条件设定

通过Step3和Step4的改善，识别出了需要管控的新项目，需要把这些项目纳入QM矩阵中进行管理。如果企业原来没有QM矩阵，也可以利用这个机会重新制作QM矩阵，把新管理项目一并纳入。QM矩阵更新后，操作标准书也需要一并更新（参照表7-18）。

需要注意的是，标准更新后，原有的管理标准内容会增加。那新标准能否得到简便有效的遵守呢？需要认真确认。如果增加了遵守的难度，则进入Step6进行条件改善。

表 7-18 更新后的 QM 矩阵（局部）

起草人	张三、李四							品质特性关联评价		品质控制水平		评价结果	
审核人	王五							●	强相关	A	可以预知不良的发生，不会制作不良	○	有遵守检查基准
制发日期	2019-4-25						零零打印QM矩阵			B	可以检出工程不良，并会处理不良	△	难以遵守
实施日期	2019-4-28							○	一般相关	C	可以检出工程不良，需由人加以处理	×	无法遵守
文件编号	CDYL-ZL-BZ-QMJZ-002							△	弱相关	D	后工程检出，需由人加以处理	—	不遵守
生产线	六线									E	无管理		
序号	工序	功能	4M1E					管理项目	检查基准	检查方法	检查频次	确认状态		责任人	品质特性			质量控制水平	相关文件	评价结果

品质特性行说明：运行 / 停机；批号正确 / 批号猜断 / 批号无缺失

序号	工序	功能	人	机	料	法	环	管理项目	检查基准	检查方法	检查频次	运行	停机	责任人	批号正确	批号猜断	批号无缺失	质量控制水平	相关文件	评价结果
1	包装打码	将墨轮上的墨充分、均匀沾附到字钉上		●				加热系统正常	加热管运行正常	测量检测						⊙		C	多道包装机定期点检标准	○
2				●					热电偶运行正常	测量检测	1次/月		●	维修工		⊙		C	多道包装机定期点检标准	○
3				●					PLC运行正常	测量检测						⊙		C	多道包装机定期点检标准	○
4						●		沾墨效果	墨轮初始使用温度100℃；打印量达到32600时，系统自动升温到110℃；打印量到44700时，系统自动升温到125℃	目视检测	3次/班			操作工		⊙		C	多道包装机岗位作业标准	○

7.4.3.6 条件改善

完成标准更新后，应将新标准的内容，重新向相关人员进行传达教育，确保各岗位能够清晰掌握更新后的要求。建议大家每次不要只培训新增加的部分，应把更新后的新标准，进行整体培训，目的在于重新识别更新后的标准执行起来是否有难度。一般来说，Step5之后增加了新的管理项目，一定要确认员工对新标准的遵守度，见图7-28。

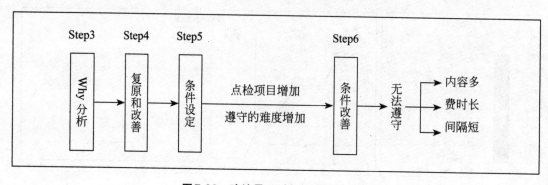

图 7-28 确认员工对新标准的遵守度

无法遵守的现象通常如下。

（1）内容多：需要遵守的内容太多，就会增加遗漏的风险。

（2）费时长：需要遵守的内容所耗用的时间过长，人执行起来也会存在困难。

（3）间隔短：需要遵守的项目频度太高，也会增加遵守的难度。

印字不良经过Step4改善后，不良降低为0。墨轮析出量和温度之间的关联曲线，虽然识别了出来，但由于设备运行速度快、产量高，员工需要频繁设定墨轮的温度，而且每次设定温度的时间间隔都不一致，越临近墨轮的极限寿命，调整温度的间隔越短。所以，为了执行0不良的理想标准，员工需要特别注意才能把握好时机，这样就增加了员工的工作难度，如果对此不进行改善，很容易演变成无法遵守的项目。

经过多种方案论证，在确保投入成本最小化的基础之上，确定增加墨轮温度自动调节的装置，见图7-29。

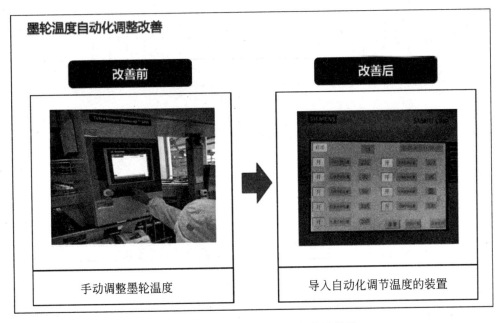

图7-29　增加墨轮温度自动调节的装置

导入自动化装置后，不再依靠员工的注意力来进行调整，既有效保证了印字0不良，又降低了员工的作业强度。自动化控制装置导入后，由于变更了管控方法，需要重新修订QM矩阵和相应的作业标准书，并依据新标准对员工进行教育训练。

7.4.3.7　条件管理

通过条件改善，降低了员工遵守标准的难度，使管理标准可以被简便有效地执行。品质控制部门应当对标准的长期遵守进行稽核和监督，以确保0不良的改善成果可以长期保持。表7-19是品质控制人员长期监督的巡查表，图7-30是印字不良长期管理的效果趋势图。

表 7-19　品质控制人员长期监督巡查表

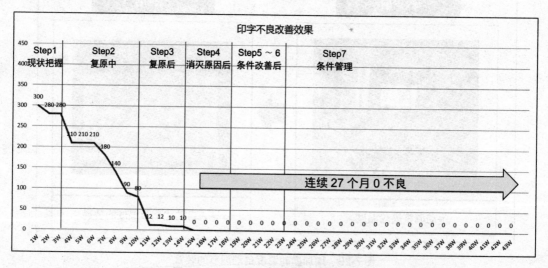

示范线包装机岗位操作标准检查表																									
管理项目	检查基准	检查方法	检查频次	确认状态		责任人	检查情况																		
				运行	停机		5月25白	5月25夜	5月26白	5月26夜	5月27白	5月27夜	5月28白	5月28夜	5月29白	5月29夜	5月30白	5月30夜	5月31白	5月31夜	6月1白	6月1夜	6月2白	6月2夜	6月3白	6月3夜
字轮安装、切换	字钉固定尼龙无破损、断裂	目视检测	更换时		●	操作工	√	√	√	√	√	√	√	√	√	√	√	√	√	√	√	√	√	√	√	√
	字轮定位轴无变形	目视检测	更换时		●	操作工	√	√	√	√	√	√	√	√	√	√	√	√	√	√	√	√	√	√	√	√
	对字轮、字钉进行清洗，字轮与字钉表面无墨垢及其他异物	目视检测	更换时		●	操作工	√	√	√	√	√	√	√	√	√	√	√	√	√	√	√	√	√	√	√	√
	字轮、墨轮腔体干净、无异物	目视检测	更换时		●	操作工	/	/	/	/	/	/	/	/	/	/	/	/	/	/	/	/	/	/	/	/
效果验证	开机后的批号信息正确、打印位置及清晰度符合标准	目视检测	每次开机后	●		操作工	√	√	√	√	√	√	√	√	√	√	√	√	√	√	√	√	√	√	√	√
	过程故障停机后，重新开机的批号信息正确，打印位置及清晰度符合标准	目视检测	每次故障停机后		●	操作工	/	/	/	/	/	/	/	/	/	/	/	/	/	/	/	/	/	/	/	/
	过程批号更换后的批号信息正确，打印位置及清晰度符合标准	目视检测	每次批号更换后	●		操作工	√	√	√	√	√	√	√	√	√	√	√	√	√	√	√	√	√	√	√	√

图7-30　印字不良长期管理效果趋势图

以上是实现0不良改善的8字型展开法的全部步骤。建议企业按照以上7个步骤，持续不断地开展不良改善活动，严控不良的产生和流出，将内外部质量损失降到最低。

第 8 章

稳定设备的改善

设备作为企业的重要资产，其效率和稳定性，对企业的经营有着重要的影响。发挥设备的极限效率，减少设备异常，在稳定设备效率的前提下，减少设备的投入，储备设备管理和维护的人员，是企业应当思考的课题。

然而，很多企业的管理人员，对设备的观念还停留在传统的认识中。我们听到过很多观点：

"我们的设备用了近10年了，已经到了故障高发的时间。"

"我们公司天天加班，和其他公司相比，设备运转时间长，比其他公司的故障高很正常。"

"我们已经买了业界最好的设备，依旧有这么多的故障，应该没有什么好办法了。"

"我们的设备问题多，都是因为采购人员买的配件质量太差。"

"我们的设备故障多，建议换新的，但公司就是舍不得花钱。"

"设备和人一样，人会生病，设备难免也会有故障。"

"我们公司的设备问题，都是厂家设计失误造成的。"

"我们公司的设备故障率不高，只有5%，很好了。"

"我们公司的设备之所以会坏，都是因为生产的人乱来，他们不懂设备乱操作。"

……

衡量设备加工效率的指标是设备综合使用效率，简称OEE（overall equipment effectiveness），同时它也是衡量生产附加价值时间贡献率的指标。

8.1　设备综合使用效率的计算

设备的综合使用率是设备运转时间稼动率、性能稼动率、良品率三个指标的乘积，反映了设备时间利用、速度发挥、加工良品等方面的能力。图8-1是设备综合使用效率的计算方法。

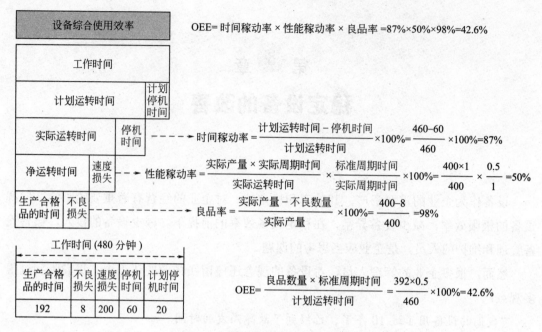

图8-1　设备综合使用效率的计算方法

以下对设备综合使用效率指标的定义和计算方法做简要介绍。

8.1.1　指标定义

8.1.1.1　工作时间

工作时间是指企业的出勤时间。

8.1.1.2　计划运转时间

计划运转时间是指设备必须运转的时间，通常是扣除了计划停机时间的设备运转时间。设备的计划停机时间是指现有工作标准下，必须停机的时间，一般是指早晚会时间、设备定期保养时间、设备的日常维保时间、就餐时间等。

8.1.1.3　实际运转时间

实际运转时间是指计划运转时间减去设备非计划停机时间后的实际运转时间。非计划停机时间一般包含故障停机时间、设备换模换刀换料时间、因欠料和品质异常导致的停机时间、设备的预热时间（暖机）等，非计划停机属于计划外的异常停机。

需要说明的是，从生产计划的角度，设备的换模、换刀、换料时间，被定义为必要的计划停机时间。从提升设备效率的角度来说，切换的次数是由计划决定的，但每次切换的时间却是可以实现大幅度改善的，所以习惯上会把各种切换时间，归类为计划外停机时间。

8.1.1.4　净运转时间

净运转时间是相对于实际运转时间来说的，是设备按预定速度运转的时间，也就是实际运转时间扣除设备短暂停机时间和速度降低导致的损失时间。

比如，设备实际运转了 1 小时，理论上来说，1 小时能够产出 100 件产品，但实际上在 1 小时内只产出了 50 件产品。虽然设备一直在运转，并没有发生停机，但这里存在 50 件产品的速度差异，等同于设备损失了 0.5 小时的加工时间。

8.1.1.5 生产合格品的时间

生产合格品的时间是指设备净运转时间减去生产不良品所导致的损失时间。

8.1.2 计算方法

为了便于大家掌握计算方法，我们先假定以下内容和数据。

①每天的工作时间为 8 小时，也就是 480 分钟。

②每天的计划停机时间，也就是花费在早晚会和设备保养的时间，是 20 分钟。

③设备异常停机时间，也就是设备故障、切换物料、品质异常处理等计划外停机时间，累计为 60 分钟。

④理论上每件产品的加工时间（cycle time，简称 CT）为 0.5 分钟 / 件。

⑤当天的实际生产产量是 400 件，其中还有 8 件为不良品，也就是说当天实际生产的合格品，只有 392 件。

接下来按照给出的公式，计算设备的 OEE。

8.1.2.1 计算步骤

设备 OEE 的计算步骤为：计算时间稼动率→计算性能稼动率→计算良品率→计算设备综合使用效率。

（1）计算时间稼动率

时间稼动率是设备运转时间与计划运转时间的比率。计算公式为：

$$时间稼动率 = \frac{计划运转时间 - 停机时间}{计划运转时间} \times 100\% = \frac{460 - 60}{460} \times 100\% = 87\%$$

影响时间稼动率的主要变量是计划外停机时间。之所以会出现计划外停机时间，是生产过程中发生异常所致。事前做好准备，预防异常的发生是生产部门的责任。所以时间稼动率的指标应由生产经理负责，这也是衡量生产管理水平的指标。

（2）计算性能稼动率

性能稼动率由速率和净稼动率决定。速率是用来衡量速度差的指标，由设备的理论设计速度和实际速度的偏差决定。正常来说，设备应当按设计的速度生产。但实际上，会因为担心速度过快导致设备出现不良，或者担心设备不稳定、人员配合（喂料）跟不上设备速度，而放慢速度。速率的计算公式是：

$$速率 = \frac{设备理论最大速度}{设备实际速度}$$

$$换算为时间后,速率 = \frac{标准周期时间（理论CT）}{实际周期时间（实际CT）}$$

影响速率的主要原因是放慢了设备的运转速度。

净稼动率是用来衡量设备是否以固定速度持续运转的指标。设备运转正常时，单位时间的产出是均衡和稳定的。事实上，会因为设备运转时出现短暂停机，而导致产出达不到预定的数量。严格意义上来说，短暂停机也属于计划外停机，管理上通常把短于5分钟的停机，称为短暂停机。因为停机时间短又相对频繁，在没有导入自动化统计数据之前，手工统计数据的工作量过大，所以把短暂停机纳入净稼动率的计算中。净稼动率的计算公式是：

$$净稼动率 = \frac{实际产量 \times 实际周期时间}{实际运转时间} = \frac{实际产量 \times 实际周期时间}{计划运转时间 - 停机时间}$$

所以，性能稼动率的公式为：

$$性能稼动率 = \frac{实际产量 \times 实际周期时间}{实际运转时间} \times \frac{标准周期时间}{实际周期时间}$$

$$性能稼动率 = \frac{400 \times 1}{460 - 60} \times \frac{0.5}{1}$$

$$性能稼动率 = 50\%$$

注意：实际周期时间等于400分钟内完成了400件产品，所以实际周期时间是1分钟/件。

性能稼动率中的速率和净稼动率，主要由设备的稳定性所致，所以这个指标用来衡量设备部门的工作绩效，由设备经理负责改善。

（3）计算良品率

良品率的计算公式为：

$$良品率 = \frac{实际产量 - 不良数量}{实际产量} \times 100\% = \frac{400 - 8}{400} = 98\%$$

良品率指标，应由品质经理负责改善。

（4）计算设备综合使用效率

设备综合使用效率（OEE）=时间稼动率×性能稼动率×良品率

$$= 87\% \times 50\% \times 98\%$$

$$= 42.6\%$$

8.1.2.2　OEE 一步一步计算的意义

实际上，如果只是单纯地计算OEE，可以简化为：

OEE = （良品数量×理论CT）÷ 设备计划运转时间

　　　= （392 × 0.5 ） ÷ 460

　　　= 42.6%

既然很简单就可以把OEE计算出来，那为什么还要如此麻烦地计算时间稼动率、性能稼动率和良品率呢？因为OEE的计算不是为了计算，而是为了找到改善的机会。所以无论OEE计算得多么准确、统计的数据有多么完美，如果用作辅导改善课题的依据，那么OEE的统计是没有任何意义的。我们曾见过很多公司，把OEE数据的统计实时化、IT化，可以在软件系统、电子屏、手机终端上直接查看每台设备的OEE，实现了数据收集的自动化，但是却没有输出课题，也没有成立课题改善团队，这样统计OEE的意义在哪里呢？

之所以把OEE的计算，细分为时间稼动率、性能稼动率和良品率，就是要求：

（1）由生产经理主导改善影响时间稼动率的非计划停机课题。

（2）由设备经理主导改善影响性能稼动率的速度降低课题和短暂停机课题。

（3）由品质经理主导改善影响良品率的不良缺陷。

OEE的管理水平，大于等于90%为优秀，70%~90%为良好，60%~70%为一般，低于60%为差。企业可以根据这个标准进行自评。

统计OEE时我们发现，有些工厂的性能稼动率出现了超过100%的情况。之所以出现这样的问题，是因为计算性能稼动率时，以工作的生产定额作为分母，当生产数量超出生产定额时，性能稼动率就超过了100%。性能稼动率如果以产量为对象来计算，务必以设备的设计产能作为分母。即使在设计产能时无法精准确定该数值，也要以历史最高产能作为分母来计算。

另外，有些管理人员，为了将OEE统计得相对准确，把收集数据和填写报表弄得非常复杂。为了准确统计数据，给生产现场和员工增加很大的工作负担，是错误的。OEE是统计出来的，可以由生产部的经理助理和文员来负责统计OEE的基础数据。时间稼动率中的非计划停机现象，可以直接在生产日报表中进行统计。影响性能稼动率的短暂停机现象，可以事前罗列出来，交生产线员工以次数来进行统计。不良品数量则由生产现场的品质控制人员（QC）来负责提供。无论如何，都不要额外增加生产现场人员的工作负担。当然，如果工厂开始导入自动统计的装置，就另当别论了。

8.1.3　影响OEE的因素

正如上述所说，OEE的统计目的，是导入需要改善的课题，通过课题的逐一改善，实现OEE的提升。根据OEE的计算公式，影响OEE的因素有图8-2所示的八个方面。

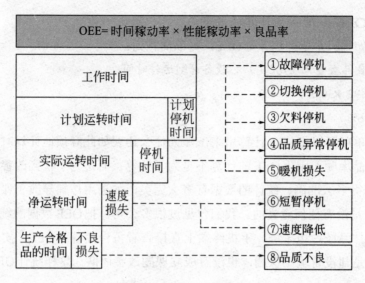

图8-2 影响OEE的因素

这八个方面的内容是影响设备OEE的主要损失。企业有必要对损失现象进行统计，并根据损失的大小，确定课题改善的优先顺序。

8.1.3.1 影响时间稼动率的因素

影响时间稼动率的因素主要是非计划停机，常见的有故障停机、切换停机、欠料停机、品质异常、设备预热。

（1）故障停机时间损失

故障停机时间损失是指正常生产过程中，设备发生异常停机导致生产中断的时间损失。为了与短暂停机区分，通常把设备停止后，修理时间超过5分钟的停机归为故障，把修理时间短于5分钟的停机归为短暂停机。

设备功能丧失或降低，由此导致的生产停止、产量减少、不良增加称为故障。

故障的发生，根据设备的重要程度，对生产的影响是多方面的，会导致安全事件、效率低下、不良增加、能耗损失、环境事件等问题。并且故障的修复，都伴随着设备配件的维修和更换，也会带来较大的制造成本损失。所以企业应当进行设备0故障的改善活动。

（2）切换停机时间损失

切换是指生产加工时，存在的换料、换刀具、换模具、换夹具、调整定位、产品型号切换、调整控制程序等现象。切换的过程从产品停止生产开始，到下一个产品正式生产为止。

切换损失由切换次数和单次切换时间决定。切换次数由计划部门决定，但单次切换时间的长短，与生产部门的事前准备、切换和调整方式有关。生产部门必须致力于把切换损失降到最低。也就是把单次切换的时间压缩在3分钟之内。通常把3分钟内完成的切换，称为0切换。

（3）欠料停机时间损失

欠料停机时间损失是指因为物料或半成品未及时供应导致设备停机的时间损失。

（4）品质异常时间损失

品质异常时间损失是指在生产过程中，需要停产调查不良的产生原因，或通过停产来处理不良。即使不良不是由设备导致的，但处理不良导致的设备被动停机，也算品质异常损失。品质异常的改善，可以参照前面0不良的改善步骤。企业应当有追求0不良的决心和行动。

（5）设备预热时间损失

设备预热时间损失，又称为暖机损失。在机械工厂，通常会遇到早上开机后，产品尺寸不稳需要反复调整的现象。为了防止这类现象发生，通常在上班前让设备空转一段时间，对设备提前预热。在严寒地带，这类情况更普遍。暖机现象通常出现在长时间停机再启动生产时，比如定期维保后开机时、节假日后开机时、午休后开机时等。

有些企业可能不会发生预热现象。比如有些冷饮企业，生产前需要先制冷，把温度降到一定程度才能正常生产。类似的现象，请根据企业自身的情况来定义。

8.1.3.2　影响性能稼动率的因素

影响性能稼动率的因素有两大类，分别是短暂停机和速度降低。

（1）短暂停机

短暂停机是设备出现一些小毛病，而使设备处于停止或空转的状态。对于这些设备的小毛病，通常只需简单处理就可以再次启动生产。单次处理时间通常在5分钟以内。由于此类问题处理的时间短，又不需要太高的技能，所以很容易被忽视。事实上，这些小毛病因频繁出现，会对设备效率产生很大的影响，特别是自动化设备、自动化流水线等设备。短暂停机往往是设备效率低下、不良多发的主要原因。企业需要把0短暂停机作为改善的挑战目标。

（2）速度降低

速度降低损失是指设备速度慢下来所产生的损失，即设备实际速度小于设计速度所导致的损失。设备在使用时，之所以没有按照设计速度运转，主要是因为设备速度过快，会导致产品品质不稳定、不良或瑕疵明显增加，设备频繁发生小毛病（短暂停机）。因此生产或设备管理人员，为了稳定生产，避免反复调整，而选择了降低设备运转速度。

采取有效的设备维护措施，确保设备稳定，继而将设备速度发挥到极致，对企业的产出效率贡献非常大，建议企业定期检查设备的速度，尤其是瓶颈设备的速度。

8.1.3.3　影响良品率的因素

影响良品率的因素主要是品质不良。

品质不良是指因设备制造不良品而导致设备有效产出减少所带来的损失，还包括人工整修所造成的时间损失。一般来说，突发不良相对容易解决。而慢性不良往往是多种原因交织在一起导致的，不太容易找到真正的原因，常被忽略。当不良和设备有关时，管理者通常因设备问题需要非常专业的知识和技能，不愿意甚至是不敢触碰，只是委托专业人员来分析。而设备专业管理人员，更多地关注设备本身的维护，对不良产生的原理、不良分析工具、不良处理流程等工作不擅长，以致对设备有关的不良束手无策。因此，设备部门对设备维修、保养、调整不彻底，导致生产异常，而生产和品质部门无法及时发现，甚至会加剧问题的严重程度。

生产和质量管理部门，必须致力于学习设备相关的原理、知识和技能，否则会错失很多改善机会。

8.2　提升 OEE 的方法

提升 OEE 的目的，是扩大有效产出，同时减少投入的费用，使单位产品的摊销成本最低。提升 OEE 需要从两个方面着手：一是调查影响 OEE 的八大损失；二是选择课题实施改善。

8.2.1　调查影响 OEE 的八大损失

提升 OEE 首先从调查 OEE 的损失开始。OEE 的损失包含图 8-3 所示的几类。

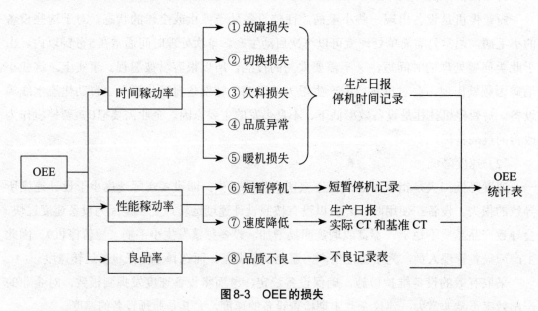

图 8-3　OEE 的损失

8.2.1.1　停机损失

对于停机损失的统计，可以直接在生产日报表中，增加停机现象，如表 8-1 所示。记录停机现象时，建议注明停机的起止时间，要记录流水账，不建议采用事后回忆的方式，否则容易出现偏差，或者因记不清楚而胡乱写。

表 8-1 停机损失统计表

日期	生产线	停止开始时间	停止结束时间	停止原因							
				故障	换线	换模	品质异常	待料	作业员	待指示	其他

8.2.1.2 短暂停机损失

短暂停机次数过于频繁，如果记录停机时间，会给员工增加太多的工作量，所以只记录次数即可。通常先把短暂停机的现象，罗列在统计表中，如表8-2所示。现场记录时，员工只需要在相应的栏内标记次数，比如画"正"字。

表 8-2 短暂停机损失统计表

日期	短暂停机现象（只记录次数）						
	卡料	信号报警	吸附不牢	移不到位	位置偏移	附着异物	其他

8.2.1.3 速度损失

速度损失不需要详细地记录，只要事前把每个产品加工的基准CT调查出来，然后把基准CT作为一个常量，直接放入OEE统计表中即可。

8.2.1.4　不良损失

不良损失统计，直接参照表8-3的格式即可。

表 8-3　制程不良统计表

××制程不良统计

日期	1	2	3	4	5	6	7	8	9	10	11	12	13	14	15	16	17	18	19	20	21	22	23	24	25	26	27	28	29	30	合计
生产数量	199	200	184	230	200	130	—	140	150	216	179	160	114	—	200	200	120	100	165	150	—	160	170	150	100	150	120	—	125	150	4162
不良数量	3	4	4	9	6	6	—	5	6	65	8	5	4	—	3	4	4	6	4	—	3	6	6	5	17	6	—	8	3	204	
不良率	1.5%	2.0%	2.2%	3.9%	3.0%	4.6%	—	3.6%	4.0%	30.1%	4.5%	3.1%	3.5%	—	1.5%	2.0%	3.3%	6.0%	2.4%	2.7%	—	1.9%	3.5%	4.0%	5.0%	11.3%	5.0%	—	6.4%	2.0%	4.90%
不良项目 A	2	3		1				3	4	10	1	2	1		1	2	1	1		2		2	3	4	5			3	2	67	
B	1	1		3				2	2	9	2	3	1		1	2	1	1		1		3	1	1	6	3		1	1	52	
C		1	2	1				6						—	3	1						2	2		2			2		20	
D		1	3					11	3				1	1	1					3			2							26	
E		3						8							1					—	1				—					12	
F		1						9		1		1				1				1					—			1		13	
G		12																				2								14	
不良合计	3	4	4	9	6	6	—	5	6	65	8	5	4	—	3	4	4	6	4	—	3	6	6	5	17	6	—	8	3	204

以上损失数据收集后，就可以汇总到OEE统计表中，如表8-4所示。

表 8-4　OEE 统计表

日期	产品No.	基准CT	工作时间	计划停机			非计划停机							生产量	良品数	时间稼动率	性能稼动率	良品率	综合使用效率OEE
				SD	其他	合计	故障	暖机	切换	不良	欠料	其他	合计						
(计算公式)		A	B			C							D	E	F	G=(B-C-D)/(B-C)	H=E*A/(B-C-D)	J=F/E	G*H*J
2022/6/4	ME	0.0222	300	20		20		40					40	6485.6	5256	85.71%	59.99%	81.04%	41.7%
2022/6/5	DM	0.0179	540	30		30	120						120	16618.4	13700	76.47%	76.27%	82.44%	48.1%
2022/6/6	SB	0.0222	540	30	20	50						50	50	11239	9360	89.80%	56.71%	83.28%	42.4%
2022/6/7	SB	0.0222	540	20	10	30	30		200			30	260	6604	5280	49.02%	58.64%	79.95%	23.0%
2022/6/8	JA/JT	0.0179	840	10		10			240				425	15267	12285	48.80%	67.48%	80.47%	26.5%
2022/6/9	BC	0.0222	540	10	30	40	80		90				170	13512	11160	66.00%	90.90%	82.59%	49.6%
2022/6/10	SB	0.0222	300	10		10						30	60	8628	7120	79.31%	83.28%	82.52%	54.5%
2022/6/11	DM	0.0179	450	10	40	50			130				130	13581	11243	67.50%	90.04%	82.78%	50.3%
			合计	140	100	合计	230	40	660	0	0	110			平均值	70.33%	72.91%	81.89%	42.00%

8.2.2　影响OEE的课题改善

根据OEE统计表，可以很直观地识别出影响OEE的课题。从表8-4中我们可以看到，平均OEE是42%，时间稼动率、性能稼动率、良品率的平均值分别是70.33%、72.91%、81.89%，这三个指标需要改善，此时可以分别成立改善小组，进行专项改善。

对于时间稼动率的影响因素，可以从非计划停机的时间统计中识别出课题，如图8-4所示，切换时间损失和故障损失占了整体的86%，可以优先把它们作为改善课题。

对于影响性能稼动的时间损失，可以依据短暂停机的统计次数来选择课题，优先把次数占80%的短暂停机现象作为改善课题。

不良课题，可以从两个维度来选择，一是报废金额的大小，二是不良率的高低。

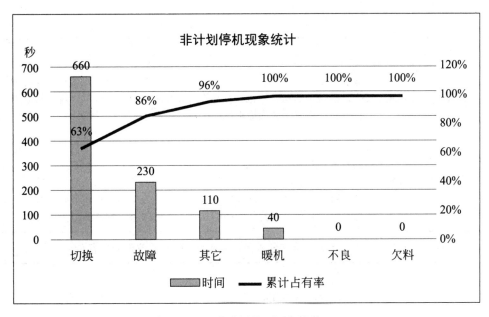

图8-4 非计划停机现象统计

有了OEE的统计数据，选择课题并不困难。解决问题的核心在于如何改善。表8-5为不同课题的改善措施。

表 8-5 不同课题的改善措施

序号	课题	改善措施
1	故障的改善	故障的改善，应以0故障为目标。所谓0故障，是指设备连续运转6个月，也不会发生一次故障停机。故障的改善，可以采用TPM（total productive maintenance，全面生产维护）的方法来实现，通常由设备部门主导，并成立改善小组
2	切换的改善	切换有换料、换模具、换刀具、换产品型号等多种形式。切换时间的改善，通常使用IE中快速换模的方法来实现。单次切换时间，应无限压缩到3分钟内。切换的改善通常由生产部门主导，并成立改善小组
3	欠料的改善	因物料不足导致设备停机，实属不应该。根据生产节拍，设置必要的物料缓存，重新确认物料的流转频度，确保物料连贯、有效配送，是生产部门必须确保的工作
4	品质异常的改善	对于生产过程中突发的品质异常，一来应当制定异常的快速处理流程，规定异常必须在多长时间内处理完毕，避免生产长时间等待。二来可以按照稳定品质的改善方法来实现。这项工作应由品质部门主导，并成立专项小组
5	暖机的改善	之所以需要暖机，是因为设备停止和运转时产生了热变形现象。暖机的改善，必须从测量设备热变形开始。热变形测定并建立模型后，可以制定预补偿程序，来应对热变形，让设备从开机就可以稳定生产。这通常由设备部门主导改善

序号	课题	改善措施
6	短暂停机的改善	短暂停机的发生部位，不易掌握，应尽可能使用高速摄像机捕捉短暂停机发生时的现象。短暂停机往往是设备存在轻微缺陷导致的，可以与故障一同进行分析和改善。就像追求0故障一样，也可以设定0短暂停机的目标
7	速度降低的改善	把设备的实际运转速度提升到设计速度需要对设备的动作步骤以及每个步骤的时间进行详细的调查，并绘制成加工时序图，然后检查速度的偏差发生在哪个动作步骤，研究该动作步骤存在的问题点。至于缺陷发生的原因，进一步做细部分析即可。速度降低的改善，优先从瓶颈设备开始。瓶颈设备效率提升，才有可能使整体的产能提升。这类课题由设备部门主导改善
8	不良的改善	不良的改善方法和程序，请参照稳定品质改善的内容

综上所述，影响设备OEE效率发挥的课题，应当根据生产实际发生的损失大小，确定优先顺序。接下来我们重点对故障损失和切换损失的改善进行介绍。

8.3 设备故障和短暂停机的改善

8.3.1 导致设备故障和短暂停机的原因

8.3.1.1 故障的发生与劣化及应对措施

设备和装置都是为了实现某种功能而存在的。故障等同于设备功能的丧失或降低。功能丧失意味着停机；功能的降低，不会发生停机，但会降低速度。正常的新设备，各级组成装置和配件，都处于完好的状态。随着运转时间的增加，一些装置和配件开始出现轻微的磨损。设备配件从完好状态到逐步损伤的过程，称为劣化过程。运转的早期，只有少部分轻微劣化，习惯性称为微缺失（或微缺陷）。随着设备运转时间的增加，微缺失会逐渐放大，变成一般程度缺失。再随着运转时间的增加，会演变成严重程度的缺失，直至配件的寿命到期。配件寿命到期后，如果事前没有发现，设备就会以故障的形式停机。如果事前掌握配件的劣化状态，了解配件寿命，就可以在临近配件寿命到期时，选择时机，更换配件。这时的停机是定期保养的计划性停机，而故障则是超预期计划的异常停机。

从完好状态到逐步劣化，再到寿命到期，是每个配件的必然规律。只是每种配件的寿命长短不同。如果设备在运转的过程中，配件发生了劣化现象，企业没有采取相应的延缓措施，就称为对劣化置之不理。

配件的劣化，又分为两种，一种是配件良性使用，直到寿命到期，然后更换新配件。这种按照配件固有寿命，自然到期的劣化，称为自然劣化。另一种是配件没有达到固有寿命，提前发生劣化，只能提前更换配件。这种情形往往与设备使用不当、维护不当有关。配件寿命提前到期的劣化，称为强制劣化。区分自然劣化和强制劣化时，一个简单的方法是，如果同一配件每次更换的周期基本一致，则是自然劣化。如果配件的更换周期波动很大，则一定存在强制劣化。

为了延长配件的寿命，增加设备连续运转的时间，有必要采取措施，防止劣化提前演变为故障。第一，对设备的劣化现象、劣化状态、劣化速度进行检查与测量。检查与测量劣化的活动称为点检，用于发现劣化的规律，统计配件的寿命。第二，采取延缓劣化的措施。对设备进行必要的保养，让设备始终维持在良性运转的状态，比如对运转部位润滑、定期对松动部位紧固、定期调整设备的精度、定期对设备计量装置进行校准等。第三，对劣化复原。配件寿命到期或临近到期时，更换新的配件，同时复原设备精度，称为劣化的复原。配件的复原和更换是有差异的。单纯地把劣化配件拆除，安装上新的配件，称为更换。更换并不意味着解决问题。事实上，很多公司的设备更换完配件启动时，故障就重复发生；也有一些公司，刚刚做了定修和保养，设备却无法高效运转，这些都是只更换配件，而没有对设备精度进行复原所导致的。配件寿命到期后，拆除旧配件，更换新配件时，必须测量配件精度，确认基准，尽可能地复原精度，以确保配件间的配合。可惜的是，很多公司在故障抢修过程中，都没能彻底对精度进行复原，甚至是拆装方法不当，导致精度受到破坏。

8.3.1.2　故障和短暂停机的发生

故障的发生与劣化及对劣化采取的措施有关。故障和短暂停机的发生有五个方面的原因，见图8-5。

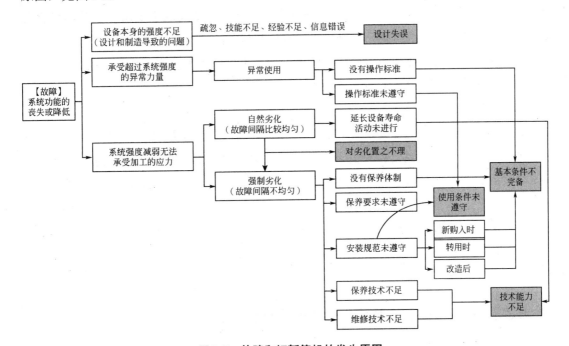

图8-5　故障和短暂停机的发生原因

（1）对设备劣化置之不理

设备安装调试后，在正常生产过程中，企业只使用却从来不保养，根本不了解设备劣化的程度，被认为对设备劣化置之不理。之所以这样，一是认识不到保养的重要性，这是认识和技能不足所导致的。二是缺少相应的制度和流程支持，这是管理的缺失。三是知道要保养，却忽略不做，这是对设备的恶意使用。

从设备正式投产开始，一定要有点检劣化、延缓劣化的维保措施，防止劣化加速发生，杜绝强制劣化。

（2）基本条件不完备

设备的开关机、操作、调整、更换模具刀具、维修保养，都要有明确的标准，防止员工使用不当和维护不当。正常来说，设备要有操作标准书（换型、换模、换料等），切换标准书，程序设定标准书，日常清扫、点检、润滑基准书，定期更换、调整、校准标准等。

如果企业制定并持续完善这些标准，则设备使用和维护的基本条件就具备了。

有些企业，还存在误使用、违章使用、违章指挥等现象，应该坚决杜绝。

（3）使用条件未遵守

如果企业制定了相应的标准，却没有按标准执行，称为使用条件未遵守。设备的标准的遵守，与生产不同，遵守设备标准需要一定的技能。企业务必确保员工和维护人员，具备设备操作、保养、维护技能。

（4）技术能力不足

对劣化置之不理、基本条件不完备、使用条件未遵守，这三个方面的问题，企业是否都存在？如果存在的话，有可能是设备操作、保养、维修技能不足所导致的。企业需要在人力资源的教育训练体制下，强化设备维修和保养的技能。

根据研究，设备故障和短暂停机发生的原因，上述四点大约占了95%。还有5%是设备选型、设计、制作、安装不当所导致的。

（5）设计加工不当

如果设备在选型、功能定义、设计、制作、安装时，信息错误、疏忽，或者技能不足、经验不足，就会导致设备有先天性的缺陷。只不过，新设备导入工厂前，企业会到厂家验收和试机，即使设计不当，也会在早期发现，要求厂家及时进行设计变更。新设备的导入过程，本身就是对设备验证的过程。当然，也有可能因为技术不足，事前对新设备的评价不够具体、彻底，以致量产使用时才发现问题。

所以，设备不当，虽然是设计和制作方面的问题，但也与工厂设备验收和评价技能不足有关。

8.3.2 设备故障和短暂停机的改善步骤和方法

故障和短暂停机的改善，可以按照图8-6的流程和步骤来完成。为了便于理解和掌握，我们特意把TPM计划保全活动中0故障七步骤的核心内容，细分了15个小步骤。实现0故障的过程，包含两大方面的内容，一是针对故障的改善，通过原理、原则分析，把故障和设备组成配件之间的原理、关联，全面、系统地识别出来。对设备存在的劣化情况，进行全面、系统的把握，然后复原设备存在的异常，让设备恢复完好状态。二是在设备复原到完好状态后，为了长期保持设备的良性运转，对配件的劣化现象和所处阶段进行监控和点检，避免因放任劣化导致故障再次发生。所以应根据设备的劣化状态，制定设备的保养基准，通过建立和完善设备保养制度，保证设备完好状态长期有效。

设备故障的改善过程，依赖设备的分析和维保技能；设备的管理步骤，是建立设备的保养制度。前者是技术工作，后者是管理工作。

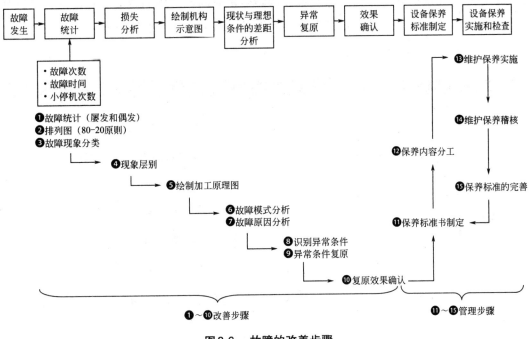

图8-6　故障的改善步骤

8.3.2.1　故障改善的10个步骤

（1）故障统计（图8-6之❶）

实现0故障最基础的工作，就是对设备故障进行统计。设备曾出现过的故障，如果不进行改善，未来还会再次发生。尤其是屡次发生的故障，虽然发生后已立刻排除，但实际上故障并没有被真正彻底地解决。因而，对以往曾经发生的故障进行故障次数和故障时间的统计，是有必要的。统计就是根据以往的故障报告记录，把故障现象全部罗列出来。由于设备的故障并不会频繁发生，所以统计的时间跨度要尽可能长，至少也应该统计最近两年的故障现象。

如果企业没有故障记录，那就根据生产和维修部门人员的回忆，把设备曾出现过的故障现象，全部罗列出来。

> **提醒您**
>
> 　　值得注意的是，企业对故障记录务必要认真对待，故障发生一次，就要有相应的故障维修报告。故障维修报告，必须在维修后，由设备维修人员立刻完成。一次故障填写一张故障维修报告。记录的内容越具体、越详细、越规范、越清晰越好。无论以何理由，缺乏故障的维修报告，都是不可接受的。

（2）故障排序（图8-6之❷）

把设备故障的历史数据统计出来后，再根据设备故障发生部位、故障现象次数、故障现象时间进行统计分析，把故障次数和故障停机时间，用排列图的方式由高到低排列出来（见图8-7），然后选择需要优先改善的设备。如果事先已经明确解决哪台设备的故障，以上两个步骤可以省略。

故障部位	机械手	插筷小车	多道包装机	清洗脱模工位	膨化料小车	主传动系统	吸浆小车	舀勺小车
故障时间(秒)	176	139	116	41	30	27	15	15
故障次数	10	7	6	3	3	2	1	1

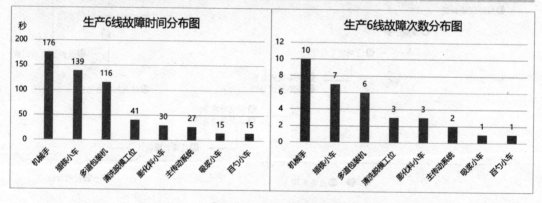

图8-7　故障停机时间和故障次数分布图

（3）故障现象分类（图8-6之❸）

选定故障设备后，对故障发生的部位进行调查。以图8-7的数据为例，选择故障时间和故障次数均排列第1位的机械手来说明。按机械手的部位对故障现象进行层别，机械手的故障发生在三个部位（如图8-8），依次是机械手、拔模工位和涂挂工位。

（4）故障现象层别（图8-6之❹）

为了让故障分析更简便，应对故障部位做更细的故障现象层别。细部层别后，我们发现机械手的故障现象共有四种（见图8-9），分别为机械手卡死、拔模工位卡死、涂挂工位卡死和机械手错位。

以上四个步骤，是选定故障设备，对故障现象层别的过程，也是故障分析的准备过程。如果企业对曾发生的故障，有清晰的记录，这个过程可以在很短的时间内完成。

完成以上故障基础数据调查后，可进入设备故障的分析过程。

故障现象	机械手	拔模工位	涂挂工位
故障时间(秒)	92	47	37
故障次数	5	3	2

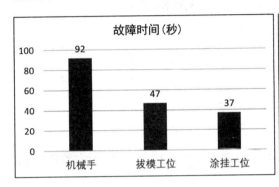
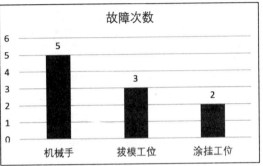

图8-8　故障发生部位统计

故障现象	机械手卡死	拔模工位卡死	涂挂工位卡死	机械手错位
故障时间(秒)	60	47	37	32
故障次数	4	3	2	1

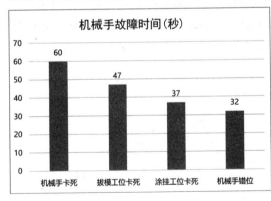
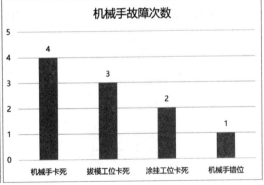

图8-9　机械手故障现象统计

（5）绘制加工原理图（图8-6之❺）

在正式分析故障前，我们通常会指导客户绘制设备的加工原理图，把故障发生的部位在原理图上标注清楚，如图8-10所示。绘制加工原理图的目的，是清晰地了解设备的加工原理，掌握设备各机构之间的关联。很多时候，故障不能彻底排除，与故障分析不够彻底有关。为了快速抢修，并节约维修时间，维修人员往往只对故障配件进行更换，但导致配件故障的原因，并未真正得到消除。

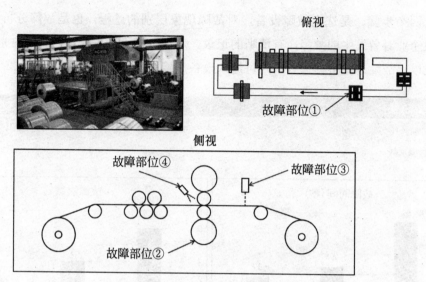

图8-10　故障发生的部位在原理图上标注

图8-11是一家大型化工厂某设备系统的机构原理图，图8-12是在机构原理图上标注故障现象的情形。

传统的故障分析，大都是经验分析法，依赖维修人员的经验、直觉和尝试冒险的胆量。在企业内部，越是有经验的维修人员，越受欢迎。每个维修人员的丰富经验，都是通过大量实践、频繁试错获得的。这种培养维修人员的方式，不可复制，而且成本高昂，因此推荐使用why-why分析法，见图8-13。why-why分析是原理、原则的分析方法，基于原理的系统性，强调设备机构之间的逻辑关联性，确保识别异常问题的充分必要性，从而使设备故障分析系统、全面、无遗漏。为了能够把故障分析得更彻底，优先对故障模式展开分析。

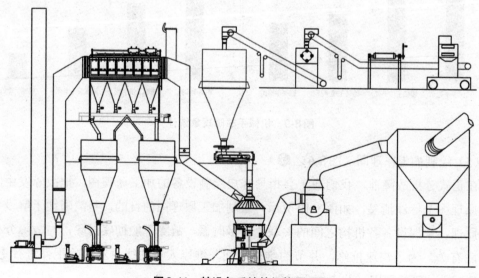

图8-11　某设备系统的机构原理图

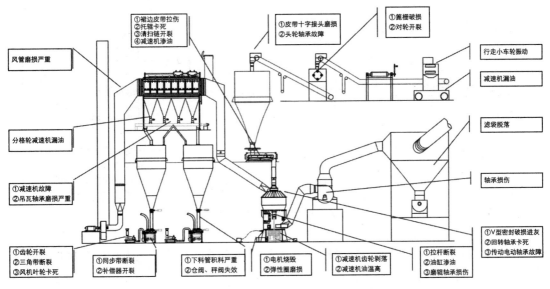

图 8-12 在机构原理图上标注故障现象

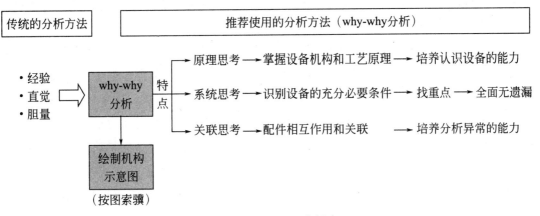

图 8-13 Why-Why 分析法

（6）故障模式分析（图 8-6 之 ❻）

故障发生的原因是故障模式，同一故障现象的故障模式有很多种。分析故障时之所以要优先罗列故障模式，是要把导致故障发生的全部因素识别出来。只有彻底分析，才有机会实现 0 故障。

图 8-14 是故障模式分析的案例。为了便于大家理解，我们在故障现象和故障模式之间，增加了分析思路，而实际分析时，分析思路不需要体现出来。识别故障模式时，一定要把与故障有关的内容全面识别出来。

首先，故障的发生一定与故障配件本身有关。既然故障现象是螺栓不能转动，那一定与螺栓本身有关，应优先把有关的内容识别出来。螺栓在什么样的情况下，才会无法转动呢？答案是螺栓头异常，出现破损。

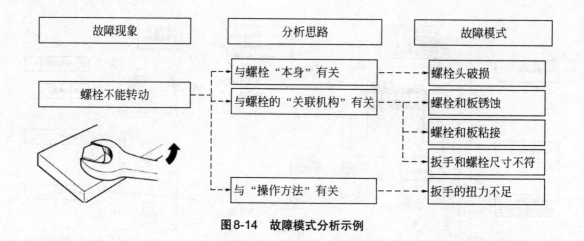

图8-14 故障模式分析示例

其次，故障的发生一定与故障配件的关联机构有关。在这个案例中，与螺栓直接接触（关联）的机构是板和扳手，所以故障一定和板、扳手有关。螺栓与板之间怎样才会导致螺栓不能转动呢？比如螺栓和板发生了锈蚀，或者螺栓和板之间有粘接现象。螺栓和板之间有锈蚀和粘接，需要更大的扭力才能使螺栓转动。另外，与螺栓接触的还有扳手，所以与扳手和螺栓形状是否相符也有关。

最后，故障的发生一定与该机构的运转参数和操作方法有关。因为本案例是以手工为动力，所以应分析操作方法。如果机构是以电动机、油压装置、空压装置为动力源，应当分析动力传递机构以及动力参数范围。故障与操作方法有关，本案例中螺栓不能转动，与施加的扭力有关，有可能螺栓、板、扳手都没有问题，只是扭力不足。

根据故障模式的分析思路，从故障配件"本身"、配件的"关联机构"、配件的"操作方法或参数"三个维度推导出故障模式。如果能够把这几种故障模式都消除，那么就可以全面排除故障。如果能够对这六个方面的影响因素，做好日常点检和维护，就可以预防或预知故障的发生。

通过上面的案例，大家应该可以了解绘制设备机构示意图的重要性了。正是因为有了设备机构示意图，我们做推导时才会更清晰、具体，不会有遗漏，分析才能更全面。通过机构原理图，按设备原理来推导故障模式，不在于人员经验是否丰富，而在于其对设备原理的理解。即使是维修设备的新手，也可以快速掌握。

（7）故障原因分析（图8-6之❼）

故障现象的故障模式识别出来以后，应对故障模式做Why-Why分析。把每一个故障模式的充分必要条件，按系统图的方式，逐级依次展开。每一层级可以参考故障模式的展开方法，从配件本身、关联机构、方法和参数等几个维度来展开。需要注意的是，关联机构的分析，务必按传动机构逆向反推到动力源头。图8-15是故障原因分析的案例。

故障分析的关键点，在于故障模式和故障原因的Why-Why分析，设备维修的技术人员，有必要多练习，直到熟练掌握。

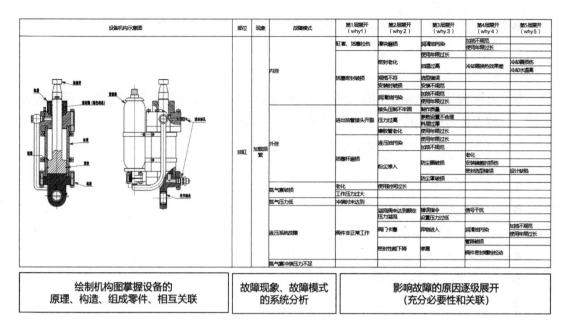

图 8-15　故障原因分析示例

（8）识别异常条件（图8-6之 ❽）

应以图文并茂的形式，把设备曾出现的故障现象全部分析出来。完成分析后，应着手对分析内容进行调查。why-why分析法梳理出来的每一级内容是否存在异常，需要逐一确认。确认的过程，就是排查的过程、识别劣化的过程，也是测量劣化、设定标准的过程。

why-why分析的内容基本上有三种情形，第一种情形是配件没有发生劣化。也就是说配件的精度维持得非常好，几乎没发生劣化，非常稳定，还可以长期使用。第二种情形是某些配件发生了很严重的劣化，必须立刻更换并做精度复原。第三种情形介于前两种情形之间，配件发生了部分劣化，但都没有达到需要更换的标准。提前更换意味着浪费，不提前更换又有可能发生故障。这部分配件是最需要关注的。必须对每个劣化配件的当前劣化现象和劣化程度进行调查和测量，并记录或拍照留样，检查它们的理论寿命和实际运行时间，确定接下来使用什么样的点检方法监控它们的运行状态。

未发生劣化的配件，只需要定期确认即可。劣化严重的配件，因为已经更换了配件，并做了精度复原，所以不用担心它们立刻会发生故障。局部发生劣化的配件，因为劣化程度各不相同，如果放任不管，有可能会陆续发生故障。所以这类配件必须重点监控，防止劣化进一步演变。

对故障进行why-why分析后，如何才能确认关联的机构装置和配件是否发生劣化呢？正常的做法是，对why-why分析的内容进行事前确认。

● 哪些内容是设备运转时，就可以直接确认的。

● 哪些内容是必须停机后，才可以确认的。

●哪些内容是需要拆开设备后，才能确认的。

●哪些内容是拆解设备后，重新装配复原，才能确认的。

为了方便确认，将why-why分析的内容，按以上四个方面进行归类，然后有计划地停机，拆解设备的关联部位，逐级确认是否发生劣化。

拆解设备前，务必做好准备，需要考虑的内容如下。

●拆机安全注意事项。

●拆机步骤和复原步骤。

●拆机所需要的工时和人力。

●拆机和复原时需要使用的工具、器具。

●测量劣化时需要使用的工具、检具、量具、仪器。

●记录劣化时需要使用的工具、仪器、相机、图纸。

●拆解设备后用来清洗配件的容器、工具、溶剂。

●拆解后有可能需要更换的零配件。

以上事项准备充分后，才可以停机进行拆解确认。

提醒您

拆机是一次非常有意义的教育训练机会，也是认识设备异常现象的机会。让今后参与设备维保的人员参与拆机，会有非常好的效果。通常建议生产、维修、质量、技术等部门的人员参与拆机。为了达到理想的教育目的，设备部门要指定一人作为拆机的指导员。另外，如果生产、质量、技术等非设备部门的人员，敢于动手拆解设备，会有更多意想不到的好处。

（9）异常条件复原（图8-6之**❾**）

通过专门的设备停机拆解确认，可识别出设备所有产生劣化的零配件，应测量和记录劣化情况，作为今后点检的依据。对于寿命即将到期的劣化配件，直接更换配件，并做精度复原。装配复原后的设备，就可以良性运转了。

（10）复原效果确认（图8-6之**❿**）

拆解复原后的设备是否稳定了呢？故障、短暂停机、不良是否都发生了显著变化？这需要追踪确认。根据我们过去十几年的辅导经验，经过系统性分析和拆解复原，设备故障、短暂停机和不良等异常，至少会比复原前减少50%。拆解复原后达到0故障、0短暂停机的比率，大约有80%。如果达不到降低50%的效果，应当认真反思故障分析的漏洞在哪里。

设备复原后的效果，需要长时间跟踪确认。

8.3.2.2　故障和短暂停机排除后的长期维持步骤

以上 10 个步骤（图 8-6 之 ❶ 至 ❿），是彻底排除故障和短暂停机的改善步骤。接下来的 5 个步骤（图 8-6 之 ⓫ 至 ⓯），是故障和短暂停机排除后的长期维持步骤。

（1）制定保养标准书（图 8-6 之 ⓫）

严格意义上来说，这一步是更新原有的设备保养标准书。新设备导入后，维保人员会根据设备的构造、原理、说明书、易损件清单等，以及自身的专业知识，直接制定设备的保养标准书。这也是早期的设备保养标准书。

随着设备的运转时间增加，设备会发生故障和异常，维修人员排除异常后，应根据新出现的问题点，把相关保养内容，适时更新到保养基准书中。

此时我们彻底消除了故障和短暂停机，进行了系统分析和拆解确认，一次性识别了设备的劣化状态。针对发生劣化的配件（包含劣化严重已经更换复原的配件），必须制定相应的保养措施，并把它们重新更新到设备的保养基准书中。如果设备故障分析和拆解复原进行得比较彻底，更新后的保养基准书会相对全面和完善。当然，保养基准书的内容比以前增加了很多，为了确保有效实施，必须对保养内容进行分工。

设备的保养工作，一般来说由多个活动组成，包括清扫、点检、润滑、紧固、更换、调整、校准、改造等。其中，清扫、点检、润滑的频率相对比较高，成为日常保养的内容，应移交给生产部门。针对这部分的保养工作，必须制定清晰的保养基准书，作为日常保养的依据。图 8-16、图 8-17、图 8-18 分别是清扫基准书、点检基准书、润滑基准书的案例。

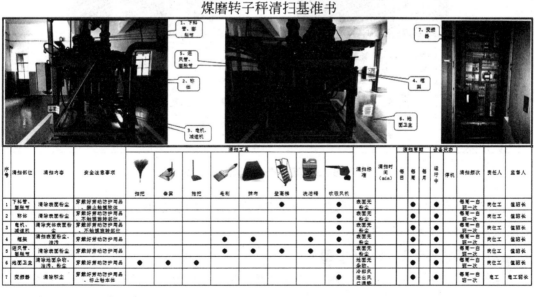

图 8-16　煤磨转子秤清扫基准书

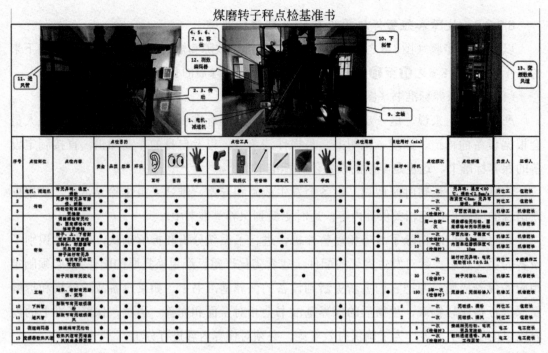

图8-17　煤磨转子秤点检基准书

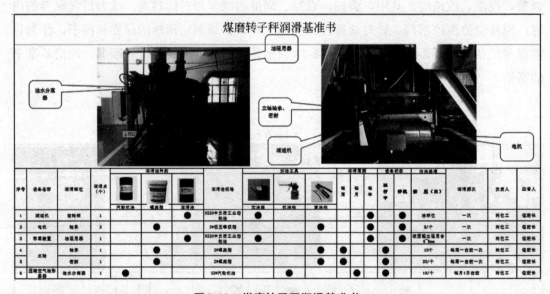

图8-18　煤磨转子秤润滑基准书

定期保养的内容，主要包括定期点检和定期更换，由设备维修人员来负责，通常以定期保养项目年历和月历的方式呈现。

（2）保养内容分工（图8-6之⑫）

保养基准书制定完成后，应根据保养内容的频度进行分工。清扫、点检、润滑的时间间隔短于1个月的，移交给生产部门负责。也就是说，保养频度为每班一次、每天一次、每周一次、每月一次的内容，移交给生产部门来做。需要跨月实施的保养工作，由设备维修人员来做。两个部门的分工如表8-6所示。

表 8-6　生产部门和设备维修部门的分工

生产部门（运转）	设备维修部门（保养）
（1）清扫、加油等工作要彻底实施 （2）遵守使用规定 （3）通过点检发现设备的劣化征兆 （4）设备点检 （5）设备简单异常的调整 （6）记录设备情况，绘制趋势图	（1）对生产部门进行指导支持 （2）定期点检、定期更换 （3）设备条件明确化（故障、小停机、品质相关） （4）设备弱点改造 （5）研究点检方法，提高点检效率

　　生产部门的主要任务是生产，那么把设备的保养任务移交给生产部分，生产部门有能力完成吗？事实上，把日常保养工作移交给生产部门，是有前提条件的。

　　第一，拆解、复原后的设备保养基准书，应对保养的要求和方法作出明确的规定。

　　第二，设备维修人员制定保养基准书后，必须亲自验证该基准是否可行。如果不易操作，应当先行调整，再移交给生产部门，否则生产部门难以完成。另外，移交内容有时间要求：

　　每台设备，生产部门每日一次的保养项目，花费的保养时间不超过10分钟。

　　每台设备，生产部门每周一次的保养项目，花费的保养时间不超过30分钟。

　　每台设备，生产部门每月一次的保养项目，花费的保养时间不超过60分钟。

　　第三，设备移交给生产部门时，应由设备维修人员优先指导生产部门经理和主管，确保经理和主管掌握保养要求和技能。

　　第四，由掌握技能的生产主管指导生产班组长，然后再由生产班组长指导员工。

　　绝对不允许设备维修人员直接指导生产员工。如果生产部门的各级管理人员，对维保工作不了解，今后是没有办法进行稽核的。

　　（3）维护保养实施（图8-6之⓭）

　　制定保养标准并完成分工后，就需要严格按照标准来执行。为了方便执行，通常会对保养内容进行目视化改善。彻底的目视化，在防止出现差错、降低保养难度、减少保养工作量等方面，会起很大的作用，比如仪表刻度盘的上下限标识、油位标识、点检路线等。

　　（4）维护保养稽核（图8-6之⓮）

　　为了确保保养工作有效执行，不发生遗漏，防止保养工作执行不到位，有必要对保养工作进行稽核。生产部门的日常保养工作，首先应当由生产部门的主管和经理进行内部稽核；其次由设备维保人员进行跨部门稽核。设备维保人员负责的保养项目，应当由设备部门的经理和主管稽核。

　　稽核的目的是确保保养工作有效执行，并不是改善人的责任心。当发现执行不到位时，应要求生产人员立刻停止工作，将该区域的所有保养工作，在稽核人员的监督下重新完成，以达到保养目的。

（5）保养标准的完善（图8-6之**⑮**）

随着保养活动的推进，以及设备维修人员持续不断地优化保养内容、更新保养方法，应及时对保养标准进行更新和完善。

以上是设备实现0故障、0短暂停机的步骤和方法。

8.4　切换损失的改善

影响设备效率的另外一个损失是切换损失。设备的切换损失是指设备更换品项、更换模具、更换原材料、调整程序和参数时，带来的停机时间损失。企业往往认为设备的切换损失是理所应当的损失，并不会觉得是浪费。实际上这是一个很容易被忽略的显性损失。

8.4.1　切换损失的影响因素

在企业内，换品项、换材料、换模具等是必不可少的工作，必然会产生切换的时间损失。如果企业不能减少切换的次数，就必须在减少切换时间上下功夫。

$$切换停机总时间 = 切换次数 × 单次切换时间$$

从上面这个公式不难看出，如果想要让切换停机总时间减少，要么减少切换次数，要么减少单次切换的时间。

产品品项的切换次数，通常由生产计划部门根据客户的需求来确定。如果企业的订单类型属于多品种、小批量，那么品项的切换次数就会增加。

产品物料的切换次数，往往由物料的数量来决定。在生产节拍不变的前提下，物料的最小包装量，决定了产品物料切换的次数。

产品模具的切换次数，也由生产计划的批量（或订单的批量）来决定。

所以说，切换次数通常不是由企业决定的，但每次的切换时间，却是需要企业深入研究无限缩短的。在切换总次数不变的前提下，只有把每次的切换时间缩短了，设备切换停机的总时间才会减少。所以企业应当在每次的切换时间上下功夫，尽可能地缩短单次的切换时间。

8.4.2　0切换——控制在3分钟内

如上所述，存在换品项、物料、模具等情况，就必然存在切换带来的时间损失。切换时间损失不可避免，但需要无限压缩。理想的切换时间，应当控制在3分钟内。

日本IE之父新乡重夫先生，提出了0换模的概念。所谓的0换模，就是指在3分钟之内完成模具的切换。通常把3分钟之内完成的切换，称为0切换。

0切换的改善步骤，通常包括以下几个阶段。

第一阶段：在当前的基础之上，把切换时间缩短一半（减少50%）。

第二阶段：在切换时间减少50%的基础之上，再减少50%，达到改善之前的25%。

第三阶段：在第二阶段的基础上，把切换时间减少到9分钟以内，这意味着切换时间减少到了个位数。

第四阶段：在9分钟以内的基础上，把切换时间减少到3分钟内。

这是一个逐步递进的改善过程，如图8-19所示。

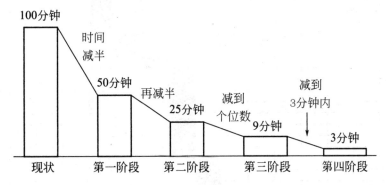

图8-19 0切换的改善阶段

如果要进行缩短切换停机时间的改善，首先，需要改变思维，把"理所应当"的切换时间损失定义为浪费的时间损失。只有把切换时间损失定义为浪费，才会着手改善。其次，减少切换时间损失的过程，尽可能地减少切换作业带来的停机时间损失。通常我们把切换时间损失分为两类，一是必须停机才能做的工作，称为线内作业。二是不停机就可以完成的工作，称为线外作业。缩短切换时间，就是把线内作业（必须停机才能完成的工作），尽可能地变为线外作业（不停机就可以完成的工作）。最后，切换工作是从前一个产品生产结束开始，到下一个产品可以正式量产为止的全过程。

8.4.3 实现快速切换的改善步骤和方法

如果要把品项、材料、模具等切换工作缩短到3分钟内，需要按以下步骤来实施。

8.4.3.1 实时记录当前切换工作的现状

应把当前切换品项、材料、模具的全过程，使用录像机从头到尾全部拍摄下来。拍摄时间从前一个产品停止生产开始，到下一个产品正式生产为止。然后再通过录像回放的方式，把切换全过程的步骤和时间全部记录下来，做成时间观测表。

为了便于改善，可把切换的全过程分割为多个连续作业的步骤。通常把一个完整的切换过程，依次分解为准备、拆卸、安装、善后工作、确定位置、设定基准、调整、试料加工、品质检验等步骤。

时间观测表的样式如表8-7所示，先把切换的步骤、每个步骤花费的时间全部罗列出来。然后再把每个步骤的时间，使用甘特图的方式表达出来。

表 8-7 时间观测表（一）

序号	步骤	时间（分钟）	区分（人/机）	时间轴（分钟）
1	准备工具	5	人	1–5
2	准备物料	3	人	6–8
3	准备模具	3	人	9–11
4	拆下设备上的模具	5	人	12–16
5	把拆下的模具送回模架	2	人	17–18
6	领取新模具	2	人	19–20
7	把新模具安装在设备上	5	人	21–25
8	调整位置	8	人	26–33
9	试加工	1	机	34
10	产品尺寸检查	2	人	35–36
11	调整模具行程	5	人	37–41
12	再次试加工	1	机	42
13	产品尺寸检查	2	人	43–44
14	品质首检	2	人	45–46
15	收尾工作	3	人	47–49
16	正式生产	1	机	50
	时间合计（分钟）	50		

8.4.3.2　把切换步骤定义为三大浪费

（1）准备的浪费

准备的浪费是指为了切换工作而产生的事前准备和事后收尾工作。这类工作通常在设备不停机时就可以完成。

（2）交换的浪费

交换的浪费是指为了切换工作必须产生的拆装工作。这类工作通常不可避免，但应无限压缩时间。

（3）调整的浪费

调整的浪费是指在完成拆装工作后，为了确保精度，必须完成的精度设定工作。这类工作通常要反复尝试才能完成，需要很高的技术。

切换工作的改善思路是，所有的准备工作都要在设备不停机时完成，把必须要停机才能完成的作业全部在不停机时完成。比如，在停机前就完成所有的事前准备工作；在完成切换可以正式生产后，再去做收尾工作，其目的是不占用任何停机时间。

我们通常在时间观测表的基础上，直接标明三大浪费，如表8-8所示。

表8-8　时间观测表（二）

序号	步骤	时间（分钟）	区分		三大浪费		
			人	机	准备	交换	调整
1	准备工具	5	√		√		
2	准备物料	3	√		√		
3	准备模具	3	√		√		
4	拆下设备上的模具	5	√			√	
5	把拆下的模具送回模架	2	√		√		
6	领取新模具	2	√		√		
7	把新模具安装在设备上	5	√			√	
8	调整位置	8	√				√
9	试加工	1		√			√
10	产品尺寸检查	2	√				√
11	调整模具行程	5	√				√
12	再次试加工	1		√			√
13	产品尺寸检查	2	√				√
14	品质首检	2	√				√
15	收尾工作	3	√		√		
16	正式生产	1		√			
	时间合计（分钟）	50					

8.4.3.3 把准备和善后工作全部由线内调整为线外

严格意义上来说，切换的工作，只有拆装工作才是有意义的。所以，除了拆装工作，其他一切工作都不应当停机。

事前的准备工作，应当在停机之前就完成。通常把切换需要用到的模具、工具、检具、材料、作业标准等物品，根据切换的工作计划，在设备未停机之前，就全部准备好，成套配送到待切换的设备旁。

同理，完成拆装后，务必先让设备启动加工，待生产完全启动后，再去完成待整理的收尾工作，这样就能把准备工作，全部由线内作业变更为线外作业，从而把准备工作的浪费时间减少到0。需要注意的是，这里所谈到的准备工作浪费时间为0，并非指事前准备和善后工作不占用时间，而是指事前准备和善后工作不占用停机时间。

做好事前准备工作的核心，在于事前成套地把所需要的物品全部整理妥当，并就近摆放在待切换的设备旁边，以免切换工作开始时，浪费时间寻找切换时需要使用的物品。所以说改善准备工作，应做到事前准备、定置摆放，确保切换时"不寻找"任何物品。

8.4.3.4 把交换的浪费压缩到极致

做好事前准备后，只待拆装。压缩拆装时间，可以从以下几个方面来实施。

（1）减少拆装的工作量：从多个部位拆装，变更为只拆装核心部位；事前做好准备，使A（待拆下的）和B（待安装上的）快速切换。

（2）统一拆装的工具：统一螺丝种类，减少拆装时使用的工具。比如，把内六角螺栓、六角螺栓、一字螺钉、十字螺钉，全部统一为固定螺栓，这样就可以把工具统一为一种拆装工具，有效地压缩拆装的时间。

（3）不使用螺丝固定：把原来螺丝固定的方式，变更为其他固定方式，比如液压、磁力吸附等。如果能够去除螺丝，就不需要逐一拆除和安装螺丝，可以有效缩短拆装时间。

8.4.3.5 把调整的工作压缩为0

调整的工作，最为费力，改善起来也比较困难。之所以需要调整，甚至是多次调整，是因为在拆装模具、物料时，改变了模具和物料的加工基准。如果在拆装时不改变模具和物料的基准，那么调整的工作量就可以大幅度减少，无限接近于0，实现真正意义上的0调整。

缩短调整时间的重点，在于做到"一发良品"。"一发良品"是日语，意思是拆装后生产的第一个产品必须是100%的良品。这意味着拆装的同时，就设定了产品的加工基准，不需要在拆装后再次调整产品的加工精度。

如果要做到拆装后生产的第一个产品就是良品，需要从以下几个方面着手改善。

（1）拆装时不要改变产品、物料、模具的基准。

（2）拆装时可以使用检具、量具、块规来设定产品的加工基准。

（3）不同的产品、物料和模具，需要进行加工基准的共通化、平台化改造。

把准备作业调整为线外作业、无限缩短拆装的交换时间、把调整工作压缩为0的过程，就是对切换作业进行分析的过程，通常需要编制时间分析表，制订改善计划。

8.4.3.6　编制时间分析表，制订改善计划

切换时间分析表的格式，如表8-9所示。

第一，把切换步骤分为准备、交换和调整的浪费。

第二，把切换步骤尽可能地从线内作业调整为线外作业。

第三，识别当前存在的问题点，并进行详细的描述。

第四，根据改善四原则：E（取消）、C（合并）、R（重排）、S（简化），提出改善的方向。

第五，制定详细的改善措施，并预估改善后的效果。

第六，制订改善计划，确定每个改善措施的负责人和完工时间。

8.4.3.7　按计划实施并确认效果

制订切换实施计划并实施后，要对改善效果进行确认。如果没有达到预定的效果，应当分析原因，再次进行改善，直到达到预定目标为止。

8.4.3.8　固化成果

取得改善成果后，应当对改善后的切换作业形成相应的作业标准，并对有关人员进行传达教育，确保每个人都可以保质保量地完成作业，让改善成果得到固化并长期维持。

以上是实现快速切换的改善步骤和方法。

值得注意的是，企业的切换停机损失有时比故障、不良等显性损失还要大。企业的管理人员，往往认为切换花费时间理所应当，所以并不把切换的停机损失当作浪费，以致忽略了对切换停机的研究，这是企业的管理人员务必要改变的。

8.5　设备管理的工作内容

8.5.1　构建设备保养体系

运用实现0故障的步骤和方法来稳定设备，只能将设备从异常状态复原到良性运转状态。为了确保设备有效运行，发挥极限效率，同时减少设备的投入成本，必须系统性地构建设备保养体系。图8-20是设备计划保养体制的系统图。

建立设备计划保养体制的目的，是让设备在任何时候都能发挥最大功能，同时尽可能减少设备的使用和维保成本。

表 8-9　切换时间分析表

序号	步骤	时间（分钟）	人	机	准备	交换	调整	线内作业	线外作业	存在的问题点	E	C	R	S	改善措施	效果预估停机时间（分钟）	负责人	完工日期
1	准备工具	5	✓		✓				✓	停机后才做准备，浪费时间				✓	根据生产计划提前备好工具，就近摆放在设备周边	0	物料员	3月5日
2	准备物料	3	✓		✓				✓	停机后才做准备，浪费时间			✓		根据生产计划提前备好工具，就近摆放在设备周边	0	物料员	3月5日
3	准备模具	3	✓		✓				✓	停机后才做准备，浪费时间			✓		根据生产计划提前备好工具，就近摆放在设备周边	0	备模工	3月5日
4	拆下设备上的模具	5	✓			✓		✓		拆卸工作太频繁，占用过多时间				✓	对模具的固定方式进行改造，实现快拆快装，使用换模台车运输模具	3	岗位工	3月10日
5	把拆下的模具送回模架	2	✓			✓			✓	停机后才做准备，浪费时间				✓	待生产启动和稳定后，再把模具送回模架	0	备模工	3月5日
6	领取新模具	2	✓		✓				✓	停机后才做准备，浪费时间				✓	事前把模具领出来，就近摆放在设备的旁边	0	备模工	3月5日
7	把新模具安装在设备上	5	✓			✓		✓		安装工作太频繁，占用过多时间				✓	对模具的固定方式进行改造，用检具设定模具的安装基准	4	岗位工	3月10日
8	调整位置	8	✓				✓	✓		调整位置缺少精度，定位占用太多时间	✓					0	岗位工	3月10日
9	试加工	1		✓			✓	✓		在试加工时没有做好所有的准备工作						0	岗位工	3月10日
10	产品尺寸检查	2	✓				✓	✓		产品尺寸检查时缺少工具和检查工作		✓				0	岗位工	3月10日
11	调整模具行程	5	✓				✓	✓		安装模具时没有一步定位到，也没有办法直接检查出来	✓				在安装模具时，就一次性调整到位，避免多次调整和检验	0	岗位工	3月10日
12	再次加工	1		✓			✓	✓		如果一次调整到位，就不需要二次试加工	✓					0	岗位工	3月10日
13	产品尺寸检查	2	✓				✓	✓		如果一次调整到位，就不需要二次检查	✓					0	岗位工	3月10日
14	品质首检	2	✓				✓	✓		员工送工作到QC的工作站			✓		事前通知QC做好准备，到设备旁检验	1	QC	3月11日
15	收尾工作	3	✓		✓				✓	先收尾后生产，增加了设备的停机时间				✓	先让生产启动，稳定后，再收尾	0	物料员	3月5日
16	正式生产	1		✓				✓								1	岗位工	3月11日
	时间合计（分钟）	50														9		

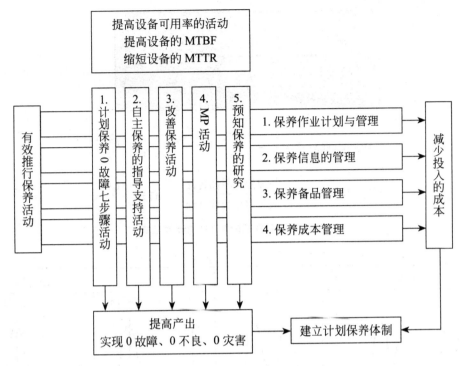

图8-20　设备计划保养体制系统图

8.5.2　确保设备处于完好状态

设备在任何时候都能发挥最大功能，意味着设备一直处于完好状态，随时可以启动生产。要想让设备处于随时可用的状态，需要提高设备的可信性，也就是说使设备不发生故障。设备不发生故障，或者设备的故障间隔时间长，说明设备的稳定程度高。所以通常会使用MTBF（mean time between failure，平均故障间隔）作为衡量设备可信性的指标。

设备处于随时可用的状态，又意味着需要提高设备的维保效率，也就是说，设备发生故障后，可以得到快速有效处理，实现迅速维修和保养。故障发生后，设备的修复时间越短越好。所以通常会使用MTTR（mean time to repair，平均修复时间）作为衡量设备修复效率的指标。

MTBF和MTTR的计算公式，可参照图8-21。

从提高设备可靠性的角度来看，企业应消除设备故障、短暂停机、不良等异常，尽量延长设备保养作业的间隔时间，缩短设备保养的工时，使设备时时处于可用的完好状态。

提高设备的可用率，延长设备的MTBF和缩短设备的MTTR，共需要五项活动。

8.5.2.1　开展0故障的七步骤活动

这是以设备0故障为目标而开展的活动，按照设备实现0故障的四个阶段，可细分为七个活动步骤，见图8-22。

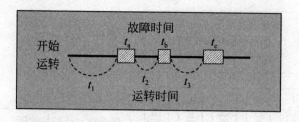

$$平均故障间隔时间 = \frac{总运转时间}{总故障次数} \qquad MTBF = \frac{t_1+t_2+t_3}{3}$$

$$平均故障修复时间 = \frac{故障停止时间合计}{故障停止次数合计} \qquad MTTR = \frac{t_a+t_b+t_c}{3}$$

图8-21　MTBF和MTTR的计算公式

阶段	阶段一	阶段二	阶段三	阶段四
主题	强制劣化→自然劣化	延长固有寿命（设计弱点改善）	定期更换 劣化的定期复原（点检效率化）	设备诊断 预知寿命
效果	故障100→70	故障70→30	故障30→20	故障20→0
周期	1年	2年	1年	3~4年
自主保全	0Step：事前准备 1Step：初期清扫 2Step：发生源、困难部位对策 3Step：制定暂行基准书	4Step：总点检 4-①：润滑系统 4-②：连接系统 4-③：油压系统 4-④：空压系统 4-⑤：传动系统 4-⑥：电气系统	5Step：自主点检	6Step：标准化 7Step：自主管理
计划保全	1Step：使用条件与基本条件的差距分析 2Step：差距对策 3Step：制定暂行基准书	4Step：延长寿命（自然劣化对策）	5Step：点检整备的重新评估与效率化	6Step：设备总合诊断 7Step：设备的极限使用（预知化）

图8-22　设备0故障活动步骤

8.5.2.2　自主保养活动的指导支援活动

为了能够让设备维修人员集中精力研究设备，应将一部分日常保养工作移交给生产部门。

一方面，释放了维修人员的时间，有助于其更深入地钻研设备。另一方面，由操作和看管设备的生产人员来负责设备的日常保养，有助于提高生产人员的技能及发现设备异常的能力。这样，生产部门人员可以在设备出现微缺陷时采取措施，预防设备异常的发生。为了能够让生产部门的普通员工掌握设备的操作、保养技能，必须对生产部门进行设备相关知识的指导和教育训练，鼓励其参与设备日常保养。

为了减少生产部门在设备日常保养上花费的时间和精力，需要维修人员持续不断地减少保养项目、缩短保养用时。这是对生产部门自主保养活动的指导和支援。在TPM专项活动中，有非常详细的步骤和要求。

8.5.2.3　改良保养

改良保养活动是为了提高设备的运转效率，对设备存在的弱点进行改造。比如，通过延长配件的寿命、拉长配件的更换周期，能够有效减少设备停机保养的次数，延长设备的停机时间间隔，减少配件成本的投入等。

改良保养是针对当前设备存在的不足之处，制订计划，并实施专项改善。维修人员必须精通设备的构造、原理、性能等，这也是维修人员提升自身专业技能必须实施的研究工作。能够主导改良保养的维修人员，一定是精通设备的人。这也是TPM活动提升维修人员技能的一个重要体现。

常见的改良保养，一般围绕以下课题来展开。

（1）设备硬件安全风险的改善。

（2）延长配件寿命的改善。

（3）稳定加工工艺的改善。

（4）缩短设备CT、提升设备效率的改善。

（5）减少设备能源耗用的改善。

（6）降低设备操作、保养难度的改善。

（7）隔绝设备污染源的改善。

（8）降低设备污染排放的改善。

（9）其他。

8.5.2.4　MP 活动

MP（maintenance preventive，保养预防）活动是指为了开发更好的设备，而制作的设备改善提案。在设备日常使用、保养过程中，发现问题点时，应做专门记录。一项改善建议使用一张纸，把提案的内容记录下来，归档到设备档案中。在购买新设备时，把设备相关的提案，反馈给设备的选型、设计、制作人员，用来对新设备进行改良。

8.5.2.5　预知保养的研究

预知保养是指对设备的劣化状态进行诊断，以定量的数据确定配件的更换时机，在配件寿命刚好到期时，更换配件。预知保养意味着对设备诊断技术的研究。运用诊断技术，对设备故障进行预测，能够在早期发现设备的故障苗头，及时做好维修的准备。运用诊断技术，能够预知不良的产生，在不良发生之前，对设备进行调整。运用诊断技术，能够掌握配件的寿命，简便地监控设备运行状态。

8.5.3 建立计划保养体制

减少设备的使用和维保成本，意味着将设备保养的人工、备件成本等降到最低，这需要建立计划保养体制。推行有效的计划保养活动，具体有四项管理内容：保养作业计划与管理、保养信息管理、保养备品管理、保养成本管理。

8.5.3.1 保养作业计划与管理

为了确保设备日常保养和定期保养的内容得到有效执行，通常会把设备的保养信息按保养的频度，整理为年历、月历、周历、日历。把频度一样的内容整合在一起有两个好处，一是相同频度的内容，可以一起实施；二是可以确认保养工作的分配是否均衡。

另外，为了确保保养计划如期有效执行，应制定稽核监督制度。

8.5.3.2 保养信息管理

保养信息的管理，是指为设备建立台账和维修保养履历。设备的维修履历，等同于设备的"病例本"，对设备导入、改造、移交、保养、维护等全部工作进行记录和整理，确保设备的信息在一本档案内可以完整地体现。

8.5.3.3 保养备品管理

设备的备品备件管理，有两个方面的内容，一是备品备件的库存管理，需要对备件仓库进行整理、整顿，做好配件的三定（定容、定量、定位）管理，确保30秒内可以迅速拿到配件，减少不必要的寻找。二是尽可能减少备品备件的库存量，减少配件库存的资金占用。所以有必要重新检查库存的种类和数量，确定备品备件的管理流程。同时还要运用改善保养技术，对采购周期长、成本高、专用的配件等进行改善。通过缩短配件采购周期、提升通用化率等，减少备件的库存金额。

8.5.3.4 保养成本管理

保养成本管理是按LCC（Life Cycle Cost，设备全生命周期成本）的思维，将设备总成本降到最低。延长设备故障间隔，确保设备良性高速运转，能够有效削减设备使用成本。通过改良保养和预知保养，能够有效削减设备的保养成本。实施保养成本的预算目标管理，可确保保养费用按计划使用，对保养成本的管控会有很大的帮助。

第 9 章
稳定技能的改善

9.1　稳定技能的思考

生产效率的稳定，离不开稳定的物料供应、产品品质、设备效率等。而所有的稳定都不离开人员的稳定。在以人为主的企业里，人才是一切工作的决定因素。所有的工作都需要人的主导或参与，即使是实现了自动化生产的企业，依旧需要专业技术人员看管和维护设备。寻找和培养能够支撑企业长足发展的人才，是企业必须长期坚持的策略。

企业在不同的发展阶段，需要不同的与经营战略匹配的人才。从这个意义上来说，企业对人才的需求是动态的，一切都由经营需求决定。笼统地说，企业需要德才兼备的人才，也就是有意愿、技能高的人员。意愿决定了工作态度，技能决定了工作成效。理想的人才，应当兼具这两种特质。图9-1是根据意愿和能力对人员做的大致分类。

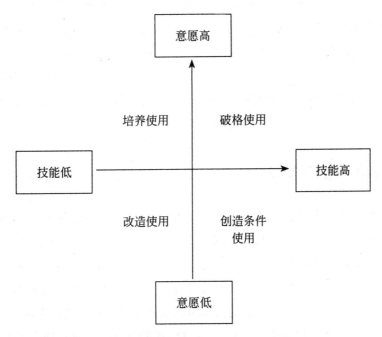

图9-1　根据意愿和能力对人员做的大致分类

根据意愿和能力对人员大致分类的说明如表9-1所示。

表 9-1　根据意愿和能力对人员大致分类的说明

序号	类别	说明
1	意愿高、技能高	这类人是企业需要的千里马，也是最能为企业创造价值的人才。应当破格使用，为其创造平台，给予其施展才能的机会
2	意愿低、技能高	这类人技能高，也是企业不可或缺的人才。只不过他们过于有个性，有时显得与企业或同事格格不入。之所以出现这样的现象，是因为观点和认知有差异。应对他们进行耐心的引导，为他们创造良好的工作条件，营造施展才能的氛围，他们是能够作出巨大贡献的。这类人，可以快速转变为高技能、高意愿的千里马
3	意愿高、技能低	这类人追随意愿高，解决问题的能力略弱。他们往往因为意愿高，成为上级青睐和关照的对象。这类人应该培养使用，重点在于培养和提升技能。如果技能没有得到提升，即使给予他们再大的机会，也达不到理想的效果
4	意愿低、技能低	这类人通常不会被安排在重要岗位。如果他们能够严格按标准来执行，不会因为自己分担的工作，影响到其他同事的工作和进度，就是合格的工作者

企业不妨按照上述观点，对人员进行简单的分类。值得注意的是，这四类人也是动态变化的。

人员的稳定，尤其是掌握关键技能、核心岗位人员的稳定，可以有效降低企业的经营风险。然而，在当前员工高离职率的社会现状下，员工的变动非常频繁，追求人员的稳定，既需要很大的成本，又非常困难。所以企业有必要思考，如何使人员变动不影响企业的良性运行。如何在人员流失的情况下，保证关键岗位不受影响，或影响最小。

如果要降低关键岗位变动对企业经营的影响，就应当考虑如何稳定关键岗位的技能。即使关键岗位的人员留不住，也要把关键岗位的技能保留和传承下去，这就是对稳定技能的思考。

9.2　各阶层能力开发

企业的每个岗位，都有各自的功能和职责。角色决定了各自需要关注的焦点。负责企业经营的高层，是企业的决策中心，决定了企业的发展方向和目标。负责企业运营的中层，是企业的利润中心，以各自的专业能力，成为企业运营的核心支柱，共同分担了运营职责，是企业目标和组织绩效的直接贡献者。企业基层管理人员和员工，是企业的成本中心。核心运营流程能否完美地发挥作用，取决于基层管理的稳定性。

组织分工决定了各岗位的工作重点以及对经营的贡献度。确保每个岗位在各自的职责范围内实现经营贡献最大化，是人力资源开发的目的。确保每个岗位具备所属领域的管理能力，是人力资源的工作重点。图9-2是各阶层管理能力开发的重点和关联。

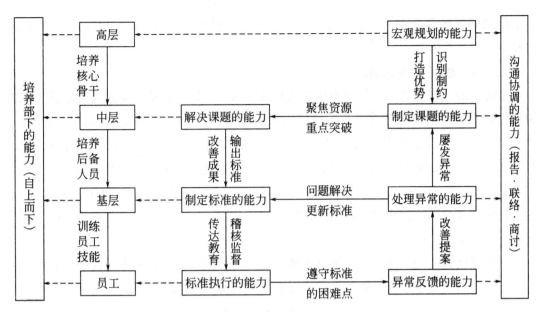

图9-2　各阶层管理能力开发的重点和关联

9.2.1　经营层（高层）

经营层的视野是企业的天花板。经营层的雄心决定了企业的发展战略。打造精益企业的目的，就是实现企业的永续良性经营。永续经营的前提是企业能够长期拥有核心竞争优势。良性经营要求企业拥有持续不断的盈利能力。所以，制订中长期战略规划，确定经营方向，是经营层的首要任务。这需要经营层拥有宏观规划的能力。

9.2.1.1　战略部署的能力

宏观规划能力，就是战略部署的能力。经营层需要根据企业的战略定位，提出中长期的战略规划，确定企业的经营方针和持续发展的经营目标。根据企业的中长期规划，重新审视企业当前的资源配置；识别企业每个发展阶段，影响经营的制约因素；努力突破制约因素，打造绝对领先的核心竞争优势，实现企业持续不断的盈利。

9.2.1.2　方针目标展开的能力

宏观规划能力，就是方针目标展开的能力。经营层需要对企业的经营方针和经营目标进行系统性分解；制定市场和产品开发的策略，以及企业内部管理策略；根据经营需要反推企业必须突破的经营制约；集中经营资源，持续突破经营瓶颈。

9.2.2　运营层（中层）

运营层的工作重点，是确保核心运营流程高效运行。核心运营流程指的是接单、生产、交货、回款等。站在经营的角度，企业的核心竞争力通常在于市场、产品、服务和运营模式等几个方面。市场、产品、服务又都需要运营流程提供强有力的支撑。所以运营层既要确保运营流程的正常运行，又要根据经营需要对运营流程作出突破性的改变，以打造核心经营优势。

9.2.2.1 制定课题的能力

运营层的工作重点，一是负责运营流程的日常运行，二是集中资源实现运营模式的突破。日常运营工作，通常由各支撑部门的具体人员负责，各部门领导需要进行确认、监督和稽核，然后在其遇到问题时给予及时指导。所以，参与企业运营的各部门领导，其工作重点是实现运营流程的优化和突破。这是建立企业核心竞争优势，最应集中精力突破的工作。基于这样的目的，运营层需要重点提升制定课题的能力和解决课题的能力。这里所讲的课题，既是指根据战略反推出来的经营制约因素，又是日常运营过程中无法得到彻底解决的管理顽疾。

制定课题的能力，是能够以经营方针和经营目标为依据，识别出当前和未来运营的重点工作，明确需要重点突破的课题。课题本身的特性已经决定了当前不具备解决问题的条件，甚至资源也不够充分，意味着无法利用现有资源实现突破。此时，需要运营层重点思考，如何利用自己的专业知识识别课题的解决路径以及解决课题所需的资源；如何制定方案和行动计划，确保课题能够如期解决。

9.2.2.2 解决课题的能力

如果说制定课题的能力，是聚焦资源，实现课题的重点突破。解决课题的能力，则强调的是如何对课题的改善过程进行管控，并运用改善手法彻底解决课题。解决课题需要使用新思维、新方法、新工具，需要中层管理干部快速学习、快速运用、快速突破，同时做好项目进度管理，防止项目延期、成本超标、达不到预定成果等不良后果的产生。

精准制定课题和精确解决课题，需要创新思维。这与日常管理追求平稳、有序的要求，完全不一样。如何在创新和守成之间，实现完美的自治，也是运营层需要注意的。

9.2.3 基层

运营层集中资源成功解决了课题，会对提升运营效率带来很大的贡献。如果要把这些成果长期保持下去，需要完善现有的流程和标准。基层管理人员的工作重点，就在于如何制定和完善标准，并确保员工能够遵守。

9.2.3.1 制定标准的能力

基层管理人员需要重点提升制定标准的能力。把企业的制度、流程等各项管理要求细化为员工容易遵守的指导文件，是制定标准的基本要求。标准输出后，基层管理人员应做好表率，亲自检验标准是否容易遵守。对于无法遵守和不易遵守的标准应进行修订和完善，然后对员工进行传达教育，确保员工掌握遵守标准的能力。

9.2.3.2 遵守标准的能力

对于众多员工来说，最基本的工作就是遵守标准，即按照标准的要求进行操作，在平凡的岗位上，分担产品的生产加工任务。保质保量地完成各项生产任务，是员工层面最大的贡献。

9.2.3.3　异常反馈的能力

在员工执行标准的过程中，会出现标准执行不到位或标准不易遵守的情况。这就需要员工具备发现问题、反馈问题的能力。把日常工作中无法有效执行的问题、脱离标准的异常情况，及时快速地向基层管理人员反馈，是员工应该掌握的能力。

9.2.3.4　异常处理的能力

员工反馈的异常问题，需要基层管理人员快速回应和解决。此时，要求基层管理人员掌握异常改善的工具和流程，一来运用工具分析问题、解决问题。二来运用改善流程确保异常问题及时解决，并形成闭环。防止问题再次发生。如果问题得到解决，需要更新标准，重新对员工进行传达教育，确保标准有效执行。

基层管理人员和员工之间的四项能力，即制定标准的能力、遵守标准的能力、异常反馈的能力、异常处理的能力，正是日常维持管理的SDCA循环。

如果员工反馈的异常问题，基层管理人员没有彻底解决，导致问题屡次发生。那么这些问题应当被定义为课题，需要提报给运营管理人员，制定课题、调配资源、寻找方法、彻底解决。

运营层和基层管理人员之间的四项能力，即制定课题的能力、解决课题的能力、制定标准的能力、改善异常的能力，也恰恰是遵循了PDCA改善循环的原则。

9.2.4　共通能力

高、中、基层人员除了具备上述各自需要掌握的能力外，还需要共同具备两项能力，一是培养部下的能力。二是沟通协调的能力。

9.2.4.1　培养部下的能力

培养部下的能力（见图9-3），对管理人员来说，是培养工作代理人和部下的专业技能。对基层管理人员来说，是对员工操作技能的培养。

自古以来就有"教会徒弟饿死师傅"的传统观念，导致管理人员在培养部下时顾虑重重。企业人力资源部门，应当在培养部下和人员晋升机制上下功夫，为培养部下创造有利条件。

在过去的辅导经历中，我们也发现很多有趣的案例。有相当一部分管理人员，因为没有培养出代理人，没有人能够顶替他现有的工作，反而使其无法晋升。

9.2.4.2　沟通协调的能力

沟通协调能力是指报告、联络、商讨工作的能力。企业内各岗位的角色和职责决定了各自的工作重心，但企业的资源是有限的，各岗位彼此抢占资源，必然会带来工作上的争执和误解。建立有效的协调机制（见图9-4所示），是提升管理人员工作效率的润滑剂。

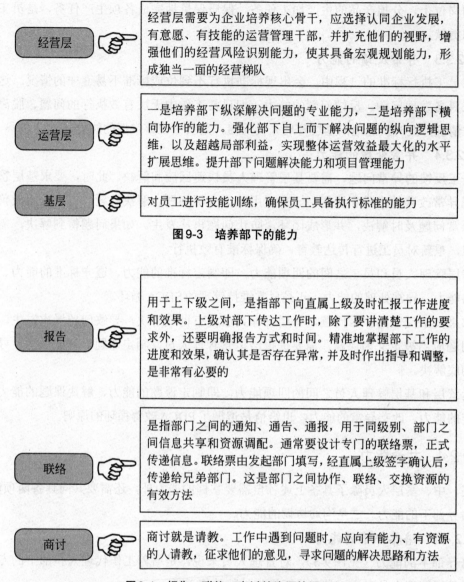

图9-3　培养部下的能力

图9-4　报告、联络、商讨的沟通协调机制

报告、联络、商讨的沟通协调机制，是简便有效的内部沟通方法，运用得当，效果惊人。

9.3　岗位能力的定义和开发

从各岗位的具体工作来说，对岗位的工作能力作出更精准的定义，才有助于人才的开发和培养。基于工作的实际需要，可以把各岗位需要开发的能力定义为图9-5所示的四大类。

基础力	专业力	改善力	管理力
指与企业相关的基本信息，比如企业所属领域和特性、企业生产加工的基本要求、各项管理制度和标准等	指岗位所需的专业技能，每个部门的岗位技能都不同	指本岗位需要具备的工作改善程序和工具，用于提升和优化岗位的工作	指本岗位需要具备的管理知识和技能，包含领导力、目标设定、制定标准和行动计划、进度管控等内容

基础力是共通要求，是全体人员必须掌握的内容。专业力、改善力、管理力则根据部门的不同而有所变化。各岗位应聚焦所属领域的内容

图9-5 需要开发的能力类别

图9-6是各职级能力的区分。职级越高，管理力占比越大，专业力占比越小。企业的人力资源部门，应当根据企业的实际需要，制定清晰具体的教育训练体系。表9-2是某乳制品企业的教育训练体系，供大家参考。

教育训练体系，为企业的人力资源开发提出了清晰具体的要求。人力资源部门应当根据教育训练体系，确定各层级技能提升的方法和途径。一般来说，外训、内训、内部课题专项指导，是比较有效的途径。

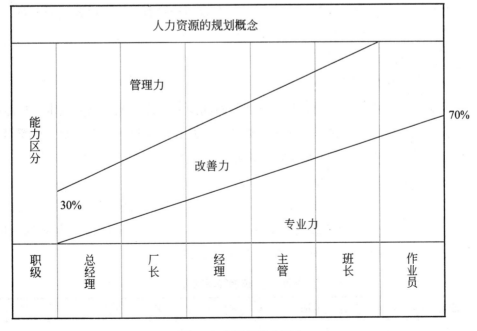

图9-6 各职级能力区分

表 9-2　某乳制品企业的教育训练体系

职级		新进员工	操作工	检验员	质检/工艺员	维修工/电工	TPM/工程师/班/组/线长	主管	经理
OJT		部门制度、要求及须知	辅导式、小组式传达教育，相关课程、教导				工厂、事业部辅导式相关课程		
自我启发		外部培训、网络学习、图书、音频教育、视频教育							
OFFJT	基础力	职业健康与安全、乳制品GMP、质量管理体系、食品安全与防护、过程管理、食品相关法律法规、诚信体系、5S							
	专业力	岗位技能	一般岗位技能关键岗位技能设备机构原理	检验技术微生物学仪器分析	品质控制工艺技术乳制品国家标准不合格品控制	岗位技能机械技术电气技术	加工技术研究	加工技术研究	IE流程改善
	改善力	提案改善	F条流程差距分析4M分析Where-Where分析Why-Why分析目视化改善原理原则分析QC-StoryIE基本方法MP回馈	品质管理抽样检验数据测量分析	QC-StoryWhy-Why分析4M分析8字展开法Qc七大工具FMEA分析	零故障七步骤QC-StoryWhy-Why分析原理原则分析4M分析差距分析PM分析IE基本方法	QC-Story8字展开法零故障七步骤EM推进流程以上改善程序所属工具	QC-Story8字展开法零故障七步骤EM推进流程以上改善程序所属工具	QC-Story8字展开法零故障七步骤EM推进流程以上改善程序所属工具
	管理力	5S基础知识	小组活动开展	小组活动开展	小组活动开展	小组活动开展	方针管理VSM、损失分析管理起航5+15S现场管理工作教导标准化和稽核管理	方针管理VSM、损失分析绩效管理目标选才工作教导标准化和稽核管理	方针管理VSM、损失分析绩效管理领导力TTT标准化和稽核管理

9.4　技能岗位的教育训练

接下来重点谈谈专业力的提升。从生产的角度看，绝不能因员工离职导致生产停顿或产量大幅度下降。虽然员工流失不可避免，但如果能够事前做好员工技能的教育训练，就可以把技能人员流失导致的损失降到最低。有效的途径有三个：储备技能人员、降低岗位的作业难度、培养多能工。

9.4.1　储备技能人员

企业内部对技能的定义，通常是指需要长时间反复训练才能掌握的技术。技能的难度越高，需要的培训周期就越长。正因为如此，一旦技能岗位的员工离职，重新培训和补充的周期太长，会对生产产生比较大的影响。

9.4.1.1　对技能岗位进行定义

企业应当优先对技能岗位进行定义，识别出哪些是技能岗位，哪些是普通岗位。一般来说，我们把企业的岗位技能分为A、B、C、D、E五级，A等级最高，培训周期最长；E等级最低，为普通岗位。表9-3是某个公司的技能等级定义。

表 9-3　技能等级定义

技能等级	培训周期	岗位
A	6个月	中控操作工

续表

技能等级	培训周期	岗位
B	3个月	全检工、机械手操作工、配料员
C	1个月	焊接工、点胶工、物料配送工、制冷工
D	15天	投料工、包装工、条码打印工
E	1天	上述工程以外的工位

9.4.1.2　对技能岗位进行调查

企业应对技能岗位进行调查，确定需要储备的人员数量。如表9-4所示，企业应把技能岗位全部罗列出来，调查每个岗位的数量和离职率。然后为了确保该工序不会因人员离职而产生影响，设置技能人员的余量。技能岗位人员数量加上必要的余量，就是该岗位需求的人员数量。需求数量减去现有人员数量的差值，就是企业需要补充的技能人员数量。按需求补充技能岗位的差异人数，是企业技能岗位人员储备的重心。习惯上，我们会把岗位现有人员名单，连同后备人员名单，一同罗列出来。

表 9-4　技能岗位训练看板

岗位	等级	岗位数量	需求数量	现有人数	差异	现有人员名单	计划培养人员名单
中控操作工	A	4	6	4	−2		
全检工	B	15	20	16	−4		
机械手操作工	B	6	8	6	−2		
配料员	B	4	5	5	0		
焊接工	C	18	22	20	−2		
点胶工	C	12	16	13	−3		
物料配送工	C	5	6	5	−1		
制冷工	C	6	8	6	−2		

9.4.2　降低技能岗位的作业难度

技能岗位的培养周期之所以长，是因为岗位存在难以掌握的高难度作业。降低员工的作业难度，可以有效缩短员工的培训周期。

降低技能岗位的作业难度，通常使用IE（工业工程）方法，根据动作经济原则，运用E（eliminate取消）、C（combine合并）、R（rearrange重排）、S（simplify简化）改善方法，降低作业的难度。如果我们对技能岗位的作业步骤进行细分，可以发现，并不是所有的步骤都需要很长时间才能掌握。只是某一些步骤、某一些动作有难度，这时可以使用ECRS改善方法，来降低作业难度。动作难度的改善，有时也需要借助一些工具或装置来实现，比如夹具、治具、工具、道具、装置、局部的自动化等。

降低技能岗位作业难度，是最有效的改善方法。当然，改善的难度也比较大，建议企业成立专门的技改小组，进行技术攻关。有些情况下，也可以通过设计变更、调整产品的加工工艺来实现改善。

9.4.3　培养多能工

在精益企业里，多能工是掌握相邻三个工序技能的员工。众所周知，企业的生产批量受订单波动的影响比较大。为了降低生产成本，订单出现变化时，生产批量也会随之改变，生产人员数量也会随着生产批量的变化而增减。比如，订单饱和时，一条线每天生产1000件产品。订单不饱和时，生产线每天只生产500件。生产数量从1000减到500时，生产线投入的人数也会同比例减少。这是根据客户需要确定生产能力的少人化弹性生产方式，目的是"无论生产多少件产品，单件产品的成本都相同"。当订单减少一半，人员也同比例减少时，一个人负责的操作工序就会增加，从原来的单工序，可能会增加到2～3个工序。所以，需要每个员工掌握相邻三个工序的技能。

生产岗位理想的技能储备，是一人会操作相邻的三个工序，一个工序同时有三个人掌握技能。如果能做到这一点，说明企业实现了技能稳定。

另外，多能工和万能工是有区别的。万能工是精通多个岗位技能的员工。虽然万能工越多，对企业越有利。但培养万能工，需要很长的时间，也需要很大的成本投入。相对来说，培养掌握三个相邻工序技能的多能工，是投资收效比最大的做法。

9.5　技能训练的流程和方法

无论是储备技能人才，还是培训多能工，都需要掌握技能训练的流程和方法。技能岗位的训练，通常按以下步骤实施：培养指导老师→制作教材、教具→开展技能训练→技能认定。

9.5.1　培养指导老师

实施技能训练，选定和培养内部的训练指导人员，是企业必须优先完成的工作。能够成为内部训练指导讲师，一来要求其自身就能够熟练掌握需要指导的技能，二来要求其掌握训练指导的方法和技巧。

首先，我们需要对内部人员技能进行调查。人员对技能的掌握程度，通常有5个阶段：

0——完全不会做（不知道）。

1——需要他人指导才能做（脑中知道，但不知道怎么做）。

2——耗费一点时间，才能完成（知道一些，速度跟不上）。

3 ——可以按照标准，在规定的时间内完成（会做，但不会教）。

4——自己可以独立完成，还能够教导他人（会做，又会教）。

通常要选择评分为"4"的员工，作为内部指导老师。

选定的内部指导老师，需要接受TTT培训（training the trainer，培训师培训），以便其掌握培训的专业知识和技巧。

内部指导老师的认定流程，如图9-7所示。

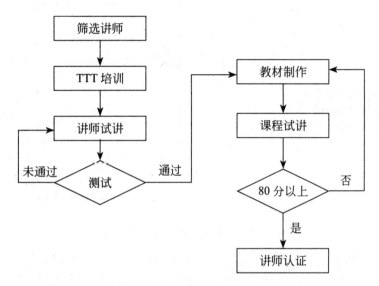

图9-7　内部指导老师的认定流程

9.5.2　制作教材、教具

选定了内部指导老师后，要开始着手准备教材。技能训练与传统的教育方式不同，见图9-8。教育是教导不知道的事情。训练是重复进行已知的事情，直到能够熟练完成。以前的培养方式是教育＋练习。现在的培养方式是教育＋训练，通过精细化训练，每个员工都能逐渐掌握专业技能。

技能训练的教材，理论部分占30%，实操部分占70%。要以每个人能够自我学习和操作为准则，把作业内容分解为一个连接一个的动作（IE的动作研究），并明确每个动作的基本要素和作业要点。图9-9是紧固螺丝的动作分解案例。

为了确保技能训练的效果，教材应该简洁、清晰，步骤应该明确、具体，要点描述应该精准。教材的形式，最好是图文并茂的PPT演示文档，以便于向员工展示图片、动画、视频、实物、道具等。训练道具不建议直接使用原料或不良物料，应当根据训练的目的来选择。图9-10是某公司用来训练员工的道具。

除了训练教材外，企业还应当设置专门的区域，用于训练员工。有条件的企业，还可以设置专门的训练教室，购置专门的训练器具，打造全面系统的技能训练基地。

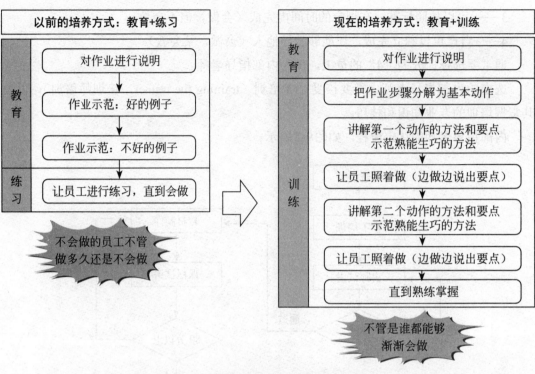

图9-8　技能训练与传统教育方式的区别

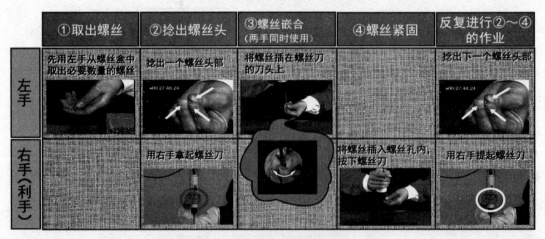

图9-9　紧固螺丝的动作分解

螺丝供给机

螺丝整列盘

螺丝紧固训练治具

图9-10　紧固螺丝的训练道具

9.5.3 开展技能训练

教材、教具准备妥当后，就可以开展技能训练了。技能训练应当遵循TWI（training within the industry，督导人员训练）工作指导方法。企业应事前做好充分的准备，对操作步骤进行逐一训练，确保每个受训员工都能熟练掌握。值得注意的是，技能训练时，先确保技能训练的精准度，再提升速度。图9-11是某公司紧固螺丝的训练方法。

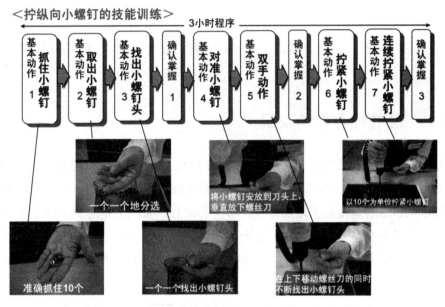

图9-11 紧固螺丝的训练方法

9.5.4 技能认定

技能训练完成后，需要对员工掌握技能的程度进行评价。通常采用理论测试和实操评价的方式，对员工的技能作出评价，并给通过技能认定的员工颁发技能资格证书。

为了提升员工的技能认定意愿，建议企业向通过技能认定的员工支付技能津贴，合理地拉开技能岗位和普通岗位的工资差距，使技能岗位的员工更有优越感。

第 10 章

基础管理 5S

5S 是整理、整顿、清扫、清洁、素养的简称，是早已普及到员工层面的基础管理工具。

10.1　5S 管理存在的误解

作为企业最基础的管理活动，5S 能够提升日常工作的效率，创造有序的工作环境，营造良好的工作氛围。一些国内企业，在 5S 的基础之上，又创造了 6S、7S，甚至有了 10S 的说法。在 5S 的基础之上增加安全、节约等内容，实际上是对 5S 活动的误解。5S 活动本身就包含了安全、节约等内容，之所以把 5S 变成 6S、7S，恰恰说明了众多管理人员对 5S 活动的理解还停留在字面意思上。表 10-1 的内容，足以说明 5S 和"误"S 的区别。

表 10-1　5S 和"误"S 的区别

区分		5S		"误"S	
	状态	职场、工作、生活等应有的状态要描绘出来，并根据应有的状态罗列出全面的、必须遵守的基本要求		只是口头上的 5S，按照字面意思，把眼睛看得见的地方变干净，注重表面工作	
	表现	事前管理，认真仔细地工作，5S 是整体的共鸣		事后处理，潦草地工作，5S 只进行了简单的分工	
1	整理	（1）区分了必要物和不要物 （2）没有不要物，不产生不要物	（1）职场功能的重新定义和盘点 （2）挖掘存在的不符合和损失，排除不要物	对杂乱的物品进行收纳	收纳	只是做了收纳，却不舍得废弃
2	整顿	（1）需要的物品在需要的时间可取用需要的数量 （2）正确设置物品摆放位置，确定摆放的布局	3定：定容、定量、定位 2直：直线、直角 2垂：垂直、垂平 "寻找"的排除	只对物品进行"整列"摆放，未考虑物品的定容、定量、定位	整列	未考虑"寻找"的浪费

区分		5S			"误" S		
3	清扫	（1）没有异物、灰尘、脏污 （2）清扫并点检机械装置、工作台、角落、工作时无法达到的地方	一眼就能够发现异常的目视化管理	对于机械装置、工作台、设备等，只清扫了眼睛看得见的地方	扫除	潜在污垢清除不彻底
4	清洁	3S（整理、整顿、清扫）彻底实施，维持干净状态，包含安全卫生和职业伤害	（1）基准书的制作 （2）制作能够简便维持的遵守制度	职场3S（整理、整顿、清扫）维持困难，分不清污垢产生的原因	换新	无法维持
5	素养	（1）养成能够遵守规定的习惯 （2）打造有规律的职场	对自己的工作自始至终自己检查，并开展职场竞赛活动	企业没有尽力对员工进行素养教育，认为这不是企业的责任	他责	缺少干劲，不情愿

很多企业，把整理理解为收纳，把整顿理解为美观漂亮，把清扫当运动，每次客户来厂、外人参观时，都集中精力搞卫生。至于清洁和素养，也很难被企业重视。

10.2　5S 管理的核心

为了让5S活动更好地发挥作用，直接为生产、运营创造贡献，企业有必要掌握5S的核心原则，化繁为简，灵活运用。

10.2.1　整理

整理的意思，是区分要和不要的物品，保留需要使用的物品，移除不要的物品。

整理的核心是什么？把不要物挪走就可以吗？工作场所为什么会积累物品？为什么会存在不需要使用或使用频率很低的物品？这些多余的不要物从哪里来？是从仓库领出来的吗？为什么要领用它们？它们属于成本吗？

反问了上述问题，我们就不会觉得整理只是为了区分必要物和不要物。

很多企业的5S活动导入不成功，实施不彻底，都和对整理的理解有关。解决问题的同时，如果不对制造问题的环节进行管控，是没有办法真正解决问题的。

在整理物品之前，应先调查工作场所当初领用物品的理由，从物品产生的角度来管控，避免物品越来越多。并对低值易耗品仓库进行盘点，调查当前物料的种类，整体确认有多少种物品的功能是重复的，有多少种物品只是一次性使用。然后对工作场所的不要物进行调查。把不要物整理出来，并移除掉。

很多企业在处置不要物时，往往心生不舍，认为废弃不要物会导致账面损失。实际上，不要物的处理，不在于购买单价和账面残值，而在于它的功能。

整理的工作不单单是针对物品，应当把所有影响工作的因素识别出来。

10.2.2　整顿

整顿的目的是消除寻找。需要使用的物品应该唾手可得。物品能否方便取得，取决于物品离使用场所的距离。物品务必要摆放在使用场所附近，而且是员工触手可及的位置。如果不能保证物品被方便获得，就丧失了整顿的意义。

整顿活动需要遵循"易取、易放、易管理"三易原则。易取是指员工需要物品时，可以方便取用。最简单的方式是，不与其他物品混放。如果能够做到使用物品的唯一化，就可以实现不用寻找，立刻取用。方便取用的要求，决定了物品的排放位置。没有必要为了形式上的美观，把物品摆放在"定置板"上，非用目视化的方式，画出物品的形迹。如果使用场所，只有一件物品，定置管理就会非常容易。

易放是指物品使用完以后，应方便归位。用过的物品应归位，以便下次使用。根据易取易放的原则，物品必须在使用场所附近摆放。进行整顿时，企业应当在物品摆放方式上下功夫，切记以方便取放为主。

易管理是指物品应能一目了然地被识别出来。管理人员不需要花费很大的精力，就可以直观地确认物品是否在位，这主要是方便管理人员稽核和监督。

整顿活动应符合上述三易原则，大家不要被整顿的形式误导，应真正做到方便取用。

生产用物料的整顿，要以定容、定量、定位为原则。尤其是在选择容器时，要方便员工拿取物料。物料的三定管理有多个目的，一是满足物料的保管要求；二是方便员工取用；三是方便清点数量；四是方便周转。

10.2.3　清扫

清扫的字面意思就是清扫污垢。那么，污垢从哪里来？工作场所有什么样的污垢？污垢的污染范围有多大？污垢产生的源头在哪里？污垢的传播方式是什么？在清扫前，请先把这些问题了解清楚。

接下来需要考虑，使用什么样的工具才能够将污垢清扫干净，清扫的频度是多久，每次的清扫用时是多少，干净的标准是什么，清扫过程中的注意事项是什么？

做足以上准备，就可以对工作场所进行清扫，把平时无法清扫的位置，全部集中清扫一遍，确保工作场所恢复到原来的面貌，露出干净的本色。

清扫的过程，会接触到原来不曾接触的部位，也能发现原来不曾发现的异常。这时有必要对存在的异常进行记录，并按部位统计异常的数量。

清扫活动，要重点考虑以下工作，一是污垢的清扫方法。二是要对污垢进行断根治理，抑制污垢的扩散范围，继而堵住污染的源头，而这往往需要改造方案和费用。三是记录清扫时发现的异常，制订异常的复原和点检计划。防止异常恶化、延缓异常扩大、点检异常的状态，对严重异常进行复原，才是清扫的价值所在。值得注意的是，污染源没有得到治理，不要开始进行美化工作，否则会很快反弹回去，甚至比原来更糟糕。同时还要确保清扫活动不会带来新的问题。

经过上述整理、整顿、清扫活动，对工作场所的物品、污染源进行了改善和整理，从而创造了有序、整洁、方便作业的工作场所。

接下来，应把前面三个活动的成果，制成标准固化下来。没有形成标准，就无法真正维持下去。标准制定后，应验证其是否可行，然后再正式使用。

10.2.4　清洁

清洁是持续地开展前面的三个活动。企业应把前面三个活动制度化、规范化地推行下去，使工作场所维持在干净、整洁、有序、高效的状态。

应该首先把根据前三步制定的标准明确化，展示在工作场所，并对工作区域进行分工，明确每个区域的负责人。然后制定相应的工作制度，从流程上、制度上来维持前面3S的成果。

10.2.5　素养

我们更愿意把素养称为习惯。习惯是经过反复工作养成的。当员工养成习惯时，不需要经过大脑思考，就会行动。而素养被很多人理解为素质，通过素质又联想到员工的知识、认知、谈吐，甚至是出身。最后，素质成了没有做好5S的借口，而不是最终实现的目的。也就是说，谈素质时，总是会想到人的主观能动性。

每个人都有自己的独特性，要求所有人都一样，是不现实的。企业不需要高素质员工，因为社会没有培养出足够多的高素质员工。企业只需要遵守企业规定和标准的员工。过分强调员工的素质，而忽略员工的工作行为，是错误的。如果企业认为，正是因为员工的素质不够高，所以5S（或其他工作）工作没做好，实际上是管理人员推卸责任的表现。

员工工作习惯的养成，需要用行为规范来引导；需要大量直观的演示案例（见图10-1、图10-2、图10-3、图10-4），给员工指出可以模仿的对象、可以参照的对象。如果没有管理人员的表率、实用的教材、可模仿的案例，只是一味地宣讲，不但没有意义，还会适得其反。

让员工养成习惯，不能依靠洗脑，可以先从一些小习惯开始，比如见面打招呼、规范着装等，然后逐步扩大到工作的行为。改变人的行为，有效的做法是，用一伙人的行为，影响另外一伙人。

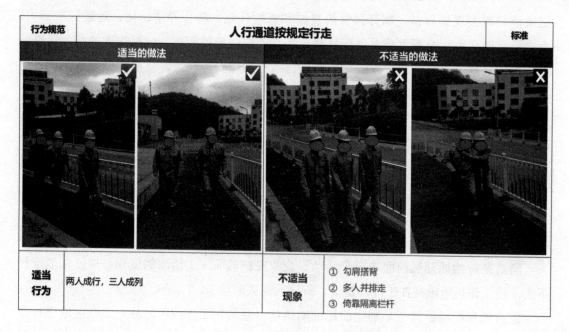

图 10-1 人行通道按规定行走

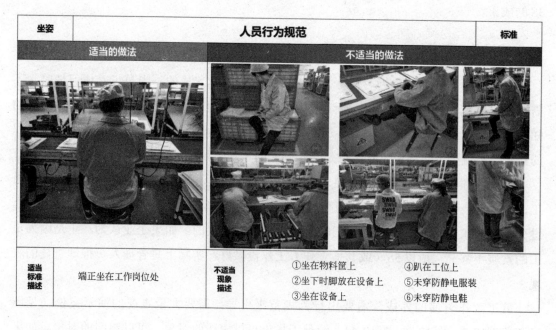

图 10-2 人员行为规范

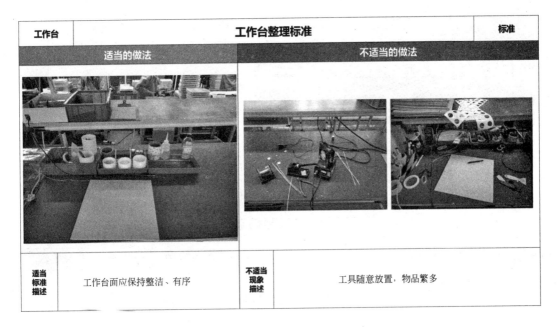

图 10-3　工作台整理标准

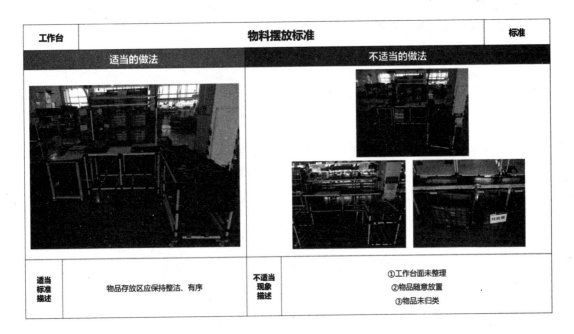

图 10-4　物料摆放标准

10.3　5S 活动的推行步骤

建议 5S 活动按图 10-5 所示步骤推行。

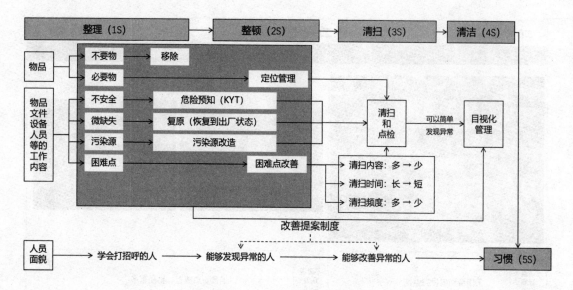

图 10-5　5S 活动的推行步骤

10.3.1　整理

除了移除不要物外，还需要识别以下内容。

（1）不安全：是指工作中存在的安全风险，包括硬件的风险、人的不安全行为、物的不安全状态。

（2）污染源：识别工作场所的污染物，识别污染源，调查污染传播的方式，并进行第一次清扫。

（3）微缺失：通过污染物的清扫，发现工作场所存在的缺陷，尤其是早期缺陷。

（4）困难点：工作时存在的难操作、难整理、难清扫等问题点。

应对工作场所，进行彻底的调查，扩大整理的工作内容。

10.3.2　整顿

除了对必要物进行定置管理外，还应预知工作场所的安全风险，并对安全风险进行改善；控制和治理污染源头；识别工作中的困难点，并及时改善；对初次清扫识别出的缺陷进行改善。

10.3.3　清扫

对工作区域进行分工，并制定清扫标准，见图10-6。除了明确清扫方法外，还要明确清扫前后的判定标准，然后按标准进行清扫并维持。

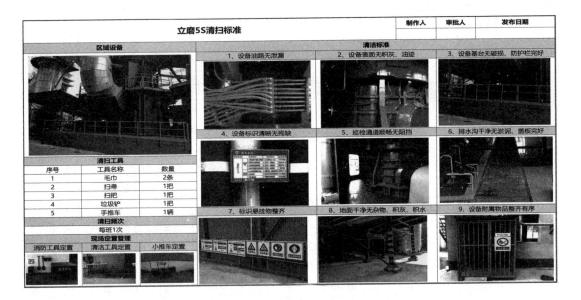

图 10-6 立磨 5S 清扫标准

10.3.4 清洁

对于清洁，应重点做好以下工作。

（1）落实3S（整理、整顿、清扫）工作。

（2）制定目视管理、颜色管理的基准（建立目视化的管理标准）。

（3）制定稽核方法（见表10-2）。

（4）制定奖惩制度，并加强执行。

（5）高层主管经常巡检，督促落实。

10.3.5 素养

企业应重点引导员工的行为，制定涵盖员工所有工作的行为规范。制作行为规范时，以员工从入厂到工作、就餐、休息、下班出厂的工作过程为主线，涵盖员工所有的工厂行为。

另外，还要营造改变习惯的氛围。人行为的变化，受周围环境的影响，如果身边人发生了变化，自己也会慢慢跟着改变。所以我们要致力于让员工的行为发生改变，建议变化的幅度不要太大，可以以系列活动为主题来推行，比如彼此打招呼、见面微笑示意、不大声喧哗、走路规范、工作规范等。

5S活动的开展，要立足企业的实际，作出顶层设计，然后形成制度、标准，持续不断地深入推进。5S活动是稳定生产的基础，物料供应、品质、设备、人员技能等方面的稳定，也都以5S活动为基础。所以企业有必要认真、彻底地做好5S活动。

表10-2　5S检查评价表

评价日：　　　　　评价者：　　　　　受检现场名称：

项目	评价事项1	评价事项2	评价事项3	评价事项4	评价事项5	分数合计	件数合计
通道	通道用区分线标识得很清楚	材料、工具、产品台车没有超出通行路线的范围	通道上无垃圾（纸屑、生活垃圾等）				
作业场所	作业区通道标识得很清楚	物品放置在规定的区域内，且已标识清楚	作业场所清洁、无垃圾	物品（空箱、垫板等）、设备摆放整齐	照明灯无异常，门锁无故障		
作业台	作业台面上无不用物品	台面上物品摆放整洁、干净，且已标识清楚	台面下物品放置整齐、干净	作业指导书摆放正确、整齐			
防静电对策	现场有静电测试场所	作业现场按规定实施防静电措施（佩戴静电手环）	作业员对作业台、静电手环每日进行点检	点检记录正确、完整，有责任者签字			
物品识别（产品/材料）	材料/成品状态有明确标识	材料区分明确（国内/国外）	材料区域有品牌标识，物料卡与实物相符	物品堆放高度在1.5米以下，且按"重低轻高"原则堆放	对危险品有特殊标识（警告、注意标识等）		
现场文书（机密区分）	文件按规定进行机密分类，并盖章识别	无过期作废文件、纸	文件分类标识清楚，文件中无隔页纸或背页纸	无破损，脏污文件			
揭示物	有指定的揭示板	揭示物已提示责任者、期限	提示内容干净、整洁、美观，且是最新版本	提示内容清晰、有条理，让人很容易看懂			
休息场所	有固定的休息场所	口杯等放在指定的柜子里	休息场所地面非常干净，桌椅摆放整齐	吸烟人员在指定场所吸烟，并将烟头放在指定烟灰缸内			

续表

项目	评价事项 1	评价事项 2	评价事项 3	评价事项 4	评价事项 5	分数合计	件数合计
工作人员	工作时穿规定的工作服、鞋，工作时按规定佩戴厂牌	工作服、工鞋等干净、整洁	现场无随意走动人员	工作中无闲聊、大声喧哗	工作人员严格按规定操作		
机器设备	设备上和周围没有堆放任何物品	工作中的设备有日程对应，修理中的设备有警告标识，机器编号清楚、易懂	设备非常干净，没有任何油污、灰尘等	按规定对设备进行了点检，并且记录完整	有对设备每天清扫的日程安排		
治工具	没有不用的、生锈的治工具	对治工具进行了明确的标识、分类保管	治工具干净，且存放处干净、整洁				
不合格品管理	合格品与不合格品分开放置	对不合格品标识很清楚（不良项目明确分类）	不合格品放置处干净、整洁，且有数据管理	修理品放置处已明确标识，且放在指定场所			
废弃物	废弃物分类放置	废弃场所及垃圾桶标识得很清楚	废弃场所干净、整洁，垃圾桶也非常干净				
应急备品	灭火器放置处有灭火器，且无过期灭火器	灭火器放置处有明确标识，责任者明确	灭火器存放在便于拿取的地方（一般在门侧边）	灭火器放置高度不超过1米，且前方1米处没有放置物品	备品附有通俗易懂的使用说明	件数合计	分数合计
评价规则	1. 每个评价事项满分为2分（满意度在90%以上为2分，70%～89%为1.5分，50%～69%为1分，30%～49%为0.5分，30%以下为0分） 2. 没有相关评价事项的空白处，不计算 3. 计分＝（评价分数合计/评价件数合计）（2分满分）						
管理重点	整理 区分要与不要的东西，工作场所只放置要的东西		整顿 将物品放置好，工作场所便于拿取和放回			检印	